权威·前沿·原创

皮书系列为
"十二五"国家重点图书出版规划项目

广州蓝皮书

BLUE BOOK OF
GUANGZHOU

广州市社会科学院／编

广州社会保障发展报告（2015）

ANNUAL REPORT ON SOCIAL SECURITY OF GUANGZHOU
(2015)

养老保障

主　　编／蔡国萱
执行主编／黄　玉

社会科学文献出版社
SOCIAL SCIENCES ACADEMIC PRESS（CHINA）

图书在版编目（CIP）数据

广州社会保障发展报告. 2015：养老保障/蔡国萱主编.
—北京：社会科学文献出版社，2015.12
（广州蓝皮书）
ISBN 978 - 7 - 5097 - 8571 - 3

Ⅰ. ①广…　Ⅱ. ①蔡…　Ⅲ. ①养老 - 社会保障 - 研究
报告 - 广州市 - 2015　Ⅳ. ①D632.1

中国版本图书馆 CIP 数据核字（2015）第 312823 号

广州蓝皮书
广州社会保障发展报告（2015）
　　——养老保障

主　　编／蔡国萱
执行主编／黄　玉

出 版 人／谢寿光
项目统筹／丁　凡
责任编辑／丁　凡　李　闯

出　　版／社会科学文献出版社·皮书出版分社（010）59367127
　　　　　　地址：北京市北三环中路甲 29 号院华龙大厦　邮编：100029
　　　　　　网址：www. ssap. com. cn
发　　行／市场营销中心（010）59367081　59367090
　　　　　　读者服务中心（010）59367028
印　　装／北京季蜂印刷有限公司

规　　格／开 本：787mm × 1092mm　1/16
　　　　　　印 张：17　字 数：225 千字
版　　次／2015 年 12 月第 1 版　2015 年 12 月第 1 次印刷
书　　号／ISBN 978 - 7 - 5097 - 8571 - 3
定　　价／69.00 元

皮书序列号／B - 2014 - 394

广州社会保障蓝皮书编辑委员会

主　　编 蔡国萱

执行主编 黄　玉

编　　委（按姓氏笔画排序）

杜家元　张　强　陈　杰　苗兴壮　林敏华

董克难　童晓频　曾俊良

主要编撰者简介

蔡国萱　广州市社会科学院副院长，社会学研究员，广州市社会学人类学学会副会长，多年从事社会保障、医疗社会学、社会变迁等研究。曾在《社会学研究》《城市管理》《中国青年研究》《中国残疾人》、*Qualitative Sociology*、*Urban China in Transition*、*Chinese Ethnic Business* 发表论文数十篇。合著出版了《文明的尺度》《社会政策新论》。

黄　玉　广州市社会科学院社会学与社会政策研究所所长，副研究员，广州市社会学人类学学会秘书长、广州市劳动保障学会第七届常务理事。研究领域为经济社会学、组织社会学、社会政策。曾在《开放时代》《中国残疾人》《中国工人》《广州金融白皮书》《广州农村发展报告》等发表多篇论文。

摘　要

　　《广州社会保障发展报告：养老保障（2015）》是由广州市社会科学院主持编写的"广州蓝皮书"系列之一。随着对老龄化社会日益增加的认识与关注，公众以及政府对养老保障的关切与重视也越来越凸显，养老保障成为一个社会热点。2015年广州社会保障发展报告将关注点置于广州养老保障体系的发展，分析养老保障体系内部养老保险、养老服务、老年福利等领域的现状与发展态势，并提出具有针对性的建议。全书共包括五部分的内容。

　　第一部分为总报告。梳理广州养老保障体系的发展脉络，总结广州养老保障体系的特点。结合广州市经济社会发展现状，从人口老龄化、养老保险、养老服务、老年福利等方面分析广州养老保障体系面临的新挑战，以及调整方向与建议。

　　第二部分为养老保险篇。社会养老保险作为一项重要的社会保障制度，关乎社会稳定与发展。本篇主要回顾广州养老保险制度的发展，分析目前存在的挑战与问题，提出养老保险未来的发展思路。并对广州城乡居民基本养老保险的保险金水平，进行适度性测算，提出未来5年城乡居保基础养老金的增长方式。

　　第三部分为养老服务篇。经过"十二五"期间的发展，广州以居家为基础、社区为依托、机构为支撑的养老服务体系基本确立，但在机构养老、社区居家养老服务体系建设、居家养老的社区支持等方面，广州依然存在养老服务的挑战，尚未能有效满足社区居家养老、机构养老的需求，需要在养老服务领域中进一步明确政府角色，整合资源，扩大社会参与，加强养老服务行业的人才培养。

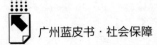

第四部分为老年福利篇。完善的老年福利体系是促进老年人参与社会、实现自身价值的重要支持。本篇回顾了广州老年福利政策的构成与实践，专题分析了广州基层老年协会的发展，并结合积极老龄化的理论视角，探讨了影响积极老龄化的主要因素。

第五部分为大事记。该篇摘录了2014年广州社会保障的主要政策和重要事件。

关键词： 广州　养老保障　养老保险　养老服务　老年福利

Abstract

Annual Report on Social Security of Guangzhou: *Pension Security* (*2015*) is part of the *Guangzhou Blue Book* series edited by Guangzhou Academy of Social Sciences. This book focuses on development of Guangzhou's pension security system. The book is divided into 5 parts.

Part 1 is the general report. It discusses the historical development of Guangzhou's pension insurance system by summarizing characteristics of the system. Combined with Guangzhou's socio-economic situation, the report points out challenges confronting the current medical insurance system, including aging population, sustainability of pension insurance fund, old-age care and elderly welfare.

Part 2 is focusing on pension insurance. It discusses the existing challenges and issues of pension insurance. It then proposes suggestions for future development of pension insurance.

Part 3 is about old-age care. It analysis main features and challenges of Guangzhou's old-age service system from the perspectives of institution for old-age care, demand for home-based care for the aged, the service system of home-based care for the aged, and community support for home-based care for the aged.

Part 4 is on old-age welfare. It introduces Guangzhou's development and exploration in the fields of old-age welfare policy, elderly social participation, elderly association.

Part 5 is about the main policy and major events related to Guangzhou's social security during the year 2014.

Keywords: Guangzhou; Pension Security; Pension Insurance; Old-age Service; Old – age welfare

目 录

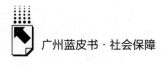

B Ⅳ　老年福利篇

B Ⅴ　大事记

皮书数据库阅读使用指南

CONTENTS

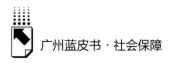

总 报 告

General Report

B.1
2015年广州养老保障发展报告

广州市社会科学院课题组 *

摘　要： 本报告通过对广州人口老龄化的趋势与特点，以及广州养老保障体系建设现状的分析，指出广州已搭建养老保障的基础框架。但在养老保险、养老服务、老年医疗保障、老年福利等领域还面临着挑战，应对各项问题，本报告提出了进一步完善广州养老保障体系的建议。

关键词： 养老保障　养老保险　养老服务　老年福利　广州

---

* 课题组成员：蔡国萱，广州市社会科学院副院长、研究员；黄玉，广州市社会科学院社会学与社会政策研究所所长、副研究员；陈杰，广州市社会科学院社会学与社会政策研究所副所长、副研究员；董克难，广州市社会科学院社会学与社会政策研究所助理研究员；林敏华，广州市社会科学院社会学与社会政策研究所助理研究员。

随着对老龄化社会认识与理解的深化，养老保障已成为社会备受关注的民生问题。发展至今，广州养老保障已搭建起基础的体系框架，在提供老龄人口经济保障、服务保障，提高老龄人口福利，维护社会稳定发展等方面取得诸多成就，为进一步完善广州养老保险、养老服务、老年医疗保障、老年福利奠定了较好的基础。

一 广州人口老龄化的趋势与特点

发达国家的老龄化进程经验告诉我们，人口老龄化对社会的影响是全方位的，会带来整个生活方式的改变、文化价值判断的改变，特别是对整个养老保障体系的影响。广州的人口发展态势也说明，随着多年来的人口出生率持续下降和平均寿命年龄延长，城市人口老龄化已经成为社会发展历程的一个重要议题。

（一）广州老年人口规模扩大，人口老龄化程度加剧

广州市老年人口规模、人口老龄化的程度呈现出持续增长和加剧的态势。第一，从户籍人口来看，截至 2013 年底，广州市户籍人口总量为 829.85 万人，其中 60 岁及以上老年人口为 133.04 万人，占 2013 年户籍人口总量的 16.03%；截至 2014 年底，广州市户籍人口为 842.42 万人，其中 60 岁及以上老年人口上升至 140.65 万人，占 2014 年户籍人口总量的 16.70%，相比 2013 年增加 7.61 万人，增长了 5.72%。从老龄化社会的标准来看，广州市的人口老龄化程度已较深入。①

第二，从常住人口来看，根据 2010 年全国第六次人口普查公

---

① 1956 年，联合国在《人口老龄化及其经济和社会意义》的报告当中，对老龄化社会的界定是：60 岁及以上人口达到社会总人口的 10% 及以上，或 65 岁及以上人口达到社会总人口的 7% 及以上。

报显示，截至 2010 年 11 月 1 日零时为标准时点，广州市常住人口中，0~14 岁人口为 14.56 万人，占常住人口总数的 11.47%；15~64 岁人口为 1040.35 万人，占 81.91%；65 岁及以上人口为 84.09 万人，占 6.62%。与 2000 年第五次全国人口普查的数据相比，14 岁及以下人口的比重下降 4.97%，而 65 岁及以上人口的比重则上升 0.6%。[①] 如果简单按照每年 0.4% 的增速预测，到 2020 年，广州市老年人口数将达到 175.07 万人，人口老年化比例将达到 18.78%。[②]

（二）广州老年人口抚养系数持续上升

2013 年，广州市户籍 65 岁及以上人口数为 90.13 万人，占常住人口总数的 10.86%；少年人口总数为 114.44 万人，占 13.79%；劳动年龄人口，即 15~64 岁人口总数为 625.28 万人，占常住人口总量的 75.35%（见表 1）。社会总抚养比为 32.72%，其中老年抚养比为 14.41%，占社会总抚养比的 44.04%；少年人口抚养比为 18.3%，占社会总抚养比的 55.93%（见表 2）。

表 1　2012~2013 年广州市各年龄组人口比重

单位：万人，%

年龄组	2012 年	占总人口比重	2013 年	占总人口比重
0~14 岁	112.22	13.69	114.44	13.79
15~64 岁	621.26	75.76	625.28	75.35
65 岁及以上	86.50	10.55	90.13	10.86

资料来源：2013 年广州市老年人口和老龄事业统计。

---

① 广州市统计局官方网站，http://www.gzstats.gov.cn/rkpc/wjtz/201105/t20110517_25217.htm。

② 广州市民政局官方网站，http://www.gz.gov.cn/business/htmlfiles/gzsmzj/mtgz/201408/2717091.html。

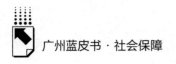

表2 2012~2013年广州市社会抚养比数据

单位：%，个百分点

抚养比	2012年	2013年	增加
社会总抚养比	31.99	32.72	0.73
少年人口抚养比	18.06	18.30	0.24
老年人口抚养比	13.92	14.41	0.49

资料来源：2013年广州市老年人口和老龄事业统计。

与2012年相比，广州社会总抚养比增加0.73个百分点，其中，少年人口抚养比增加0.24个百分点，老年人口抚养比增加0.49个百分点，老年人口抚养比的增幅是少年人口抚养比增幅的一倍。这一趋势呈现出广州人口结构的底部在逐步缩窄，而顶部不断扩大的过程。低生育水平与人口寿命提升双重效应加剧了人口老龄化的问题。

（三）广州中、高龄老年人口占老年人口的比例较大

从2013年广州户籍老年人口分年龄段来看，60~64岁组老年人口数量最多，为42.91万人，占老年人口总数的32.25%；65~69岁组人口数为28.63万人，占老年人口的21.52%；70~74岁组和75~79岁组人口数量较为接近，分别为20.62万人和19.65万人，分别占老年人口的15%左右；其他各年龄组人口数相对较少（见表3）。

表3 2013年广州市老年人口年龄结构

单位：万人，%

年龄段	人口数	占老年人口总数的比重	年龄段	人口数	占老年人口总数的比重
60~64岁	42.91	32.25	85~89岁	6.10	4.58
65~69岁	28.63	21.52	90~94岁	1.90	1.43
70~74岁	20.62	15.50	95~99岁	0.46	0.34
75~79岁	19.65	14.77	100岁及以上	0.08	0.06
80~84岁	12.69	9.54			

资料来源：2013年广州市老年人口和老龄事业统计。

按照人口学划分标准，在65岁及以上老年人口中，65~69岁属于老年人口的低龄组，低龄组老年人口总数为28.63万，占65岁及以上老年人口比例为31.77%；70~79岁属老年人口中龄组，人口数40.27万，中龄组占65岁及以上老年人口的比例是44.68%；80岁及以上年龄段为高龄组，其人口数是21.23万，占23.55%。由此可见，在65岁及以上老年人口的年龄结构中，中、高龄老年人口已经占了大多数。

老龄人口规模、老龄化趋势、老龄人口的高龄化等特点给广州老年照顾资源带来越来越大的压力，使得广州的养老保障面临更大的挑战。

二　广州养老保障体系建设现状

从广义而言，养老保障包括对老年人的经济保障与服务保障，主要有养老保险、养老服务、老年人医疗保障，以及老年福利等方面，这四大领域构成广州养老保障体系的基本现状。

（一）广州养老保险的发展现状

从经济配套制度到社会制度，从补缺型保障到适度普惠型保障，过去20年间广州养老保险不断发展完善，统筹层次逐步上移，待遇水平不断提高。一方面，养老保险的覆盖面持续拓展，从城镇职工到灵活就业人员，乃至城镇居民、农村居民，养老保险实现了制度上的全覆盖；另一方面，养老保险在城乡统筹方面迈出重要一步，城镇居民社会养老保险与农村居民社会养老保险实现制度合并，推动城乡居民社会养老保险的一体化发展。

1. 广州养老保险制度发展完善，城乡统筹实质推进

在养老保险制度的建立以及规范化运行上，广州养老保险的发展

都处于全国前列。20 世纪 90 年代以来，一系列规定、条例的出台，明确了社会养老保险要逐步实行社会化管理的发展方向。面向城镇职工，广州市政府于 1999 年制定了《关于广州市建立统一的企业职工基本养老保险制度实施意见的通知》，其中对国家、单位和个人的责任做了明确规定，并对缴费比例、个人账户管理、职工流动的处理、待遇享受做出清晰指引。广州同时还开始着手处理养老保险统筹层次过低的问题，提出要增加基金的抗风险能力，按照统一管理、统一费率、统一调剂的原则，逐步实现全市统筹。

面向城乡居民，2010 年以后广州社会养老保险的政策制定重点放在城乡居民养老保险的逐步并轨，以及居民养老保险与职工养老保险的转移接续上。2008 年广州先后颁布了《广州市城镇老年居民养老保险试行办法》和《广州市农村社会养老保险试行办法》，首次将养老保险的对象从职工扩大到居民，从城市延伸到农村，实现了养老保险制度人群的全覆盖。2010 年《广州市新型农村社会养老保险实施办法》，在原有农村社会养老保险的基础上，吸收合并了被征地农民养老保险。2012 年《广州市城乡居民社会养老保险试行办法》的颁布，将城镇居民养老保险和新农保合并。2013 年，广东省人民政府印发《广东省城乡居民社会养老保险实施办法》，在整合新农保和城居保两个制度的基础上，建立了全省统一的城乡居民社会养老保险制度，明确了两个保险制度的合并方式。2014 年《城乡养老保险制度衔接暂行办法》实施，解决城镇职工养老保险和城乡居民养老保险跨制度转移接续的问题。此外，随着 2014 年《广州市农转居人员基本养老保险办法》的出台，农转居保险覆盖的人群只减不增，对新增的农转居人员将根据实际情况参加职工养老保险或居民养老保险，此举有利于社会养老保险的进一步整合。

在社保基金管理领域，广东省在 1998 年和 2004 年分别颁布了《广东省社会保障基金财政专户财务会计管理办法》和《广东省养老保险市级统筹基金会计账务处理暂行办法》。社保基金专户管理要求各管理机构在当地国有商业银行或广东发展银行开设一个"社会保障基金财政专户",该财政专户按各项保险基金分账核算,并设专人管理。基于基金安全的考虑,该办法还明确规定了基金保值增值的唯一途径是购买国债。全省养老保险基金已基本实现税务部门主管征收,财政部门监督财政资金专户,银行社会化发放,社保监督执行和基金收支平衡的管理格局。

2. 广州养老保险的保障水平逐步提高

根据目前"统账结合"的养老保险制度,参保人享受的养老保险待遇由基础养老金、个人账户养老金、过渡性养老金三部分组成,其中基础养老金与社会平均工资挂钩,避免将行业间、职工间工资收入的差距和社会分配不公延伸至退休以后,以体现养老保险的再分配和公平原则;个人账户养老金标准则与参保人缴费年限长短和缴费基数挂钩,使参保人的整个参保期间收入水平得到充分反映,缴费的年限越长,基数越高,养老金水平越高。过渡性养老金则专门针对在1998年7月1日以前参加工作,在1998年7月1日后达到法定退休条件的参保人,以保障其在养老保险制度建立的过渡期参保人的公平待遇。

经过基础养老金计算的重新分配,养老金的缴费水平和待遇水平并不成正比,而是差距缩小。因此,缴费水平越低,工资替代率相对越高。比如,缴费工资为社会平均工资60%的低收入人群,养老金的替代率为60%;缴费工资与社会平均工资持平的中等收入人群,养老金的替代率为50%;缴费工资为社会平均工资3倍的高收入人群,养老金的替代率仅为40%。

对于1998年7月1日前参加工作,1998年7月1日后达到法定退休条件,且缴纳养老保险(含视同缴费)年限累计满10年的参保人,除了以上两部分的养老金收入外,还有过渡性养老金,过渡性养

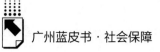

老金由视同缴费年限和享受比例共同计算得出。

3. 广州养老保险的多元构成

广州养老保险制度的建立过程紧密回应社会的快速变迁，从针对具体问题出台具体政策到有意识地搭建一个科学的体系，广州仅仅用了20余年的时间。从1990年起，针对改革开放和经济结构的变化，广州陆续出台了针对不同经济性质从业人员的养老保险制度。进入2000年以后，快速城市化使失地农民和城乡差异成为主要的社会矛盾之一，扩大养老保险的制度覆盖面，打破制度设计的城乡分割、区域分割、社会人群分割，是实现养老保障代内公平与代际公平的基础，也是养老保险制度重要的调整方向之一。

目前广州养老保险制度主要由城镇职工基本养老保险、城乡居民养老保险、农转居养老保险三大块构成。在2012年开始实施《广州市城乡居民社会养老保险试行办法》，不与工作单位和就业情况挂钩的养老保险制度覆盖城乡，填补了职工养老保险体系的空白，养老保险在制度上已经实现人群的全覆盖。但三大类养老保险各自仍有其突出的存在问题，其中，城镇职工基本养老保险中单位缴纳的部分，外资单位20%，省属单位18%，私企单位12%，缩小甚至统一缴费费率，仍然是重点改革方向之一；城乡居民养老保险的实施，彻底消除了城市和农村居民之间的养老待遇差异；2014年《广州市农转居人员基本养老保险办法》实施后，农转居保险覆盖的人群只减不增，新增的农转居人员根据实际情况参加职工养老或居民养老保险，制度的整合缩小了人群的差距，也降低了管理的成本。

目前广州的多支柱养老保险体系是结合了中国特色和广州当前发展水平和特点的复杂体系。参照世界银行五支柱的模型，广州的养老保险朝向多元支柱发展。面对人口老龄化的压力和养老保险运行的压力，养老保障体系也在传统的社会保险基础上进行了创新和探索，在世界银行提出的第三支柱的概念下推出了新的商业保险模式。2014

年7月，广州以房养老政策正式启动，广州成为全国4个政策试点城市之一，开展为期两年的老年人住房反向抵押养老保险试点。60周岁及以上拥有房屋完全独立产权的老年人，通过将房屋抵押给保险公司的方式，在继续拥有房屋居住权的同时按照约定条件领取养老金。身故后，保险公司获得抵押房屋处置权，处置所得将优先用于偿付养老保险相关费用。

（二）广州养老服务的发展现状

根据居住地点、服务供给方式的不同，养老服务模式主要区分为机构养老、家庭养老和社区居家养老。

1. 广州养老服务的政策导向与基本构成

2013年，根据国务院发布的《关于加快发展养老服务业的若干意见》（国发〔2013〕35号）目标要求，广州养老服务基本形成居家、社区、机构养老的格局。截至2013年底，广州市各类养老机构达到167个，养老床位为3.9万张，每千名老人拥有养老床位29张；广州社区居家养老覆盖面较广，包括星光老年之家、社区居家养老服务部、社区居家养老服务示范中心、日间托老机构、农村老年人活动站等。广州市养老服务体系建设的基本目标是"9064"，即90%的老年人通过自我照料和社会化服务实现居家养老，6%的老年人通过社区提供的各种专业化服务实现社区照料养老，4%的老年人通过入住养老机构实现集中养老。

2. 广州居家养老的实践探索

由于老龄化开始早、毗邻港澳等原因，广州市很早就开始探索居家养老服务的社区支持。荔湾区作为广州市中心区和老城区，老年人口占的比例较大，远远超过广州市的平均线。据统计，2005年荔湾区与芳村区60岁及以上的老人占总人口的17%，2005年行政区划合并前老荔湾的老年人口比例更高，达21%，是广州市典型的人口密度高和人口老龄化城区，荔湾区是率先开始对居家养老服务展开探索。1997 年，逢源街道与香港合作的康龄社区服务中心成立，专门服务于老人。自 1998 年开始，荔湾区的逢源街道与香港邻舍辅导会创办"文昌邻舍康龄社区服务中心""逢源邻舍服务中心"等，为老年人提供社区服务支持。这种居家养老模式受到了社区老年人和大多数家庭的欢迎和肯定，被中国社会科学院誉为"文昌现象""荔湾模式"。

2012 年广州市政府印发《广州市社区居家养老服务实施办法》，从定义、原则、管理机构、管理流程、服务对象和内容、居家养老服务机构的评估和资助扶持、法律责任等方面对社区居家养老服务进行了规定，广州市社区居家养老服务进入全面规范化发展阶段。

广州市的社区居家养老服务是在没有顶层制度设计的条件下，由各个街道或社区自发的、根据自身特点由下而上发展起来的，因此存在模式多样化的特点。

3. 广州居家养老服务的社区支持

"十二五"期间，广州市坚持政府主导、部门协同、社会参与、公众互助，不断建立健全政策法规体系，加快养老机构、社区居家养老服务设施建设，进一步拓展养老服务功能，初步形成了以居家为基础、社区为依托、机构为支撑的适度普惠型社会养老服务体系。截至 2013 年底广州市共有星光老年之家 1460 个，社区居家养老服务部 146 个，社区居家养老服务示范中心 19 个，日间托老机构 80 个，农村老年人活动站点 700 个。

广州市政府对于社区居家养老服务的社区支持主要是通过购买服务的模式进行。主要以专业职能部门——民政部门为依托，按照特殊的、专业的服务项目向服务提供者（主要包括社团、民办非企业、企业、个人等）进行专业性购买。该模式主要是以街道社区为依托，以社工组织为主要服务提供者，购买内容为打包的各项服务。具体做法是，根据服务内容，将项目进行整合打包，向社会组织购买。例如广州市以十九条街道为试点，建立社区综合服务中心，根据各个街道社区的特点，将社会服务内容打包，向专业的社会组织购买综合服务。其中所购买内容中的一项即为养老服务。而卫生部门则利用社区服务资源，拓展社区为老服务工作，为有需要的老人提供家庭病床、家庭出诊、社区护理、社区康复等服务。在居家养老方面，广州市自2008年开始推行政府购买服务开展居家养老，并大力培育民办社会工作服务机构，标志着以"政府购买、民间运作"为基本特征的社会工作制度开始探索建立。政府把居家养老服务委托给具备资质的家政公司或中介组织（如民营养老机构），由他们派出人员上门为老人服务，政府根据不同的标准给予补偿。2009年广州市出台《广州市社区居家养老服务实施办法》，对政府在社区居家养老服务购买方面，即服务所提供的对象、购买标准、经费来源、服务人员岗位设置、批准程序、合同签订等方面做出了全面而详细的规定，提供了一个政府购买服务很好范式。各区则采用发动社会力量参与的模式。例如，越秀区积极引导民营资本投入养老服务业，带动社会资金的支持和参与，全区先后有656万元的民营资本投入社区居家养老服务；同时充分发挥民间组织开展居家养老服务的独特优势，积极推进公众福利服务，全区居家养老服务的4个分部全部由民间机构承担。

（三）广州老年医疗保障的发展现状

医疗保障直接面向的是老年人的健康问题，理想的老年医疗保障政策须降低老年人口疾病或失能的风险，并维持老年人口良好的心智和身体功能。老年医疗保障系统主要包括基本医疗保险、大病医疗保险、医疗救助、老年人口的医疗卫生服务等方面。

1. 广州老年人口的基本医疗保险

广州老年人口的基本医疗保险主要由广州市城镇职工医疗保险与

广州市城乡居民医疗保险构成。广州市城镇职工医疗保险是广州市医疗保障体系中最为重要、制度最为完善的一项制度。早在 2001 年 12 月广州市开始实施《广州市城镇职工基本医疗保险试行办法》，建立了城镇职工基本医疗保险制度，将广州市城镇用人单位的在职职工及退休人员纳入了基本医疗保险范围。2011 年《社会保险法》正式实施后，城镇职工基本医疗保险作为国家法律强制的基本医疗保险之一，以法律的强制效力促进了企业为职工参保。2012 年 9 月广州市人力资源和社会保障局公布了关于修改《广州市城镇职工基本医疗保险试行办法》的决定，通过采取强制执行措施，极大地提高了企业的参保率。另外，《劳动合同法》的颁布，使职工自我保护意识的不断提高，促进了城镇职工医保参保率的提升。截至 2013 年底，广州市参加城镇职工基本医疗保险人数达到 538 万人。根据 2013 年广州市老年人口和老龄事业的统计数据，2013 年全市老年人口中有 66.02 万人参加城镇企业职工基本医疗保险，其中 35.13 万人年龄在 60~69 岁，占参保总数的 53.21%；年龄为 70~79 岁的参保人口有 20.53 万人，占 31.10%；80~89 岁的参保人口 9.35 万人，90 岁以上的参保人口有 1.01 万人，两者占 15.69%。总体来看，老年人口参加城镇职工医疗保险人数占全市老年人口的 49.6%。在待遇方面，自 2012 年 7 月 1 日起，广州市城镇职工基本医疗保险统筹基金年度最高支付限额由 326970 元提高至 344808 元，年度累计超过医保统筹基金最高支付限额后，重大疾病医疗补助金最高还可支付 15 万元，由此参保职工符合规定的基本医疗费本社保年度累计最高能报销约 50 万元。

广州市城乡居民医疗保险由过往的城镇居民医疗保险，以及保障农村居民的新农合并轨而来，从 2015 年 1 月 1 日起，广州将全面实施城乡居民医保及大病医保政策。城镇居民医疗保险的制度框架主要由 2008 年 5 月广州市政府颁布实施《广州市城镇居民基本医疗保险试行办法》，2008 年 7 月广州市劳动和社会保障局颁布实施《广州市城镇基本医疗保险实施细则》共同搭建。根据规定，城镇居民包括在校学生、未成年人、非从业人员和老年居民。[①] 其中除了在校学生外，其他三类人群为具有广州市城镇户籍的居民。随着广州市经济社会的发展，为了完善广州市的基本医疗保险制度，保障城镇居民基本医疗需要，广州市曾经对城镇居民医保进行过三次政策调整，分别为 2009 年、2010 年和 2013 年，政府资助和筹资水平都在不断上调。对于广州市范围内的农村居民，2004 年广州正式开始推行新型农村合作医疗制度。由区（县级市）组织实施，实行区（县级市）统筹。实行个人缴费、集体扶持和政府资助三者相结合的筹资机制。农民以家庭为单位自愿参加新型农村合作医疗。不同经济发展水平的地区可有不同的筹资标准和比例，以保大病、保住院为主。截至 2013 年底，参加城乡（镇）居民基本医疗保险共计 265.61 万人，参加新型农村合作医疗 211.84 万人。广州老年人口当中，2013 年参加城镇居民医疗保险人数为 15.53 万人，占全市老年人口总数的 11.67%。

2. 广州老年人口的医疗保障待遇

广州老年人口的医疗保障待遇除了一般参保人员的基本医疗保险的规定外，还有以下特点：一是建立重大疾病医疗补助制度，对超出基本医疗保险基金最高支付限额以上的医疗费用给予补助 95%，年度最高支付限额达 15 万元；二是退休人员免费享受补充医疗保险待遇，年度个人自付医疗费累计超过 2000 元以上部分，由补充医疗保险金报销 70%；三是医疗保险待遇逐渐提高，门诊个人医疗账户的年度金额

---

① 根据《广州市城镇居民基本医疗保险试行办法》第二条第（一）款，在校学生包括在广州市公办或民办中小学校、各类高等院校、中等职业技术学校及技工学校全日制就读的学生。未成年人是指学龄前儿童及未满 18 周岁的其他非在校人员。非从业居民是指男年满 18 岁、未满 60 岁和女年满 18 岁、未满 55 岁的非从业人员。老年居民是指男年满 60 岁以上、女年满 55 岁以上，不能按月享受基本养老保险待遇的人员。

不断提高；四是将老年人多发病高血压、冠心病等 17 种慢性病门诊专科药物治疗纳入基本医疗保险统筹基金支付范围，患有老年慢性病的参保人，每月每病种可报销 200 元药费；五是将恶性肿瘤放疗、化疗等 8 种门诊特定治疗项目医疗费用纳入基本医疗统筹基金支付范围，退休人员门诊特定项目医疗费用负担减轻至 10% 以下；六是按照普通门诊医疗费用统筹待遇支付办法，每月每人可报销 100 ~ 300 元医疗费用；七是退休参保人员住院及门诊特定项目起付标准和共付段自付比例要低于在职职工，加上补充医疗保险待遇，现退休参保人住院平均医保报销待遇可达到 95% 左右；八是通过制定实施《广州市困难群众医疗救助试行办法》和《广州市慈善医疗和应急救助试行办法》，建立与医疗保险制度相衔接的政府医疗救助和慈善医疗救助制度。

3. 广州老年人口的医疗卫生服务

广州老年人口的医疗卫生服务分布于不同层级的医疗卫生服务机构。在三级或二级医院开设老年医学科，比如广东省人民医院、广州医科大学附属第一医院、广州医科大学附属第三医院的老年医学科，集中科研力量于老年人常见病多发病防治和衰老机制的研究工作以及治疗预防。根据《广州市医疗卫生设施布局规划（2011 - 2020年)》，广州也在积极推进二级以上综合医院康复医学科、老年医学科建设，或通过存量调整，支持符合条件的一级、二级医院转型为康复医院、老年医院或护理院，同时，大力鼓励社会资本举办康复医院和护理院。在社区医疗卫生层面，到 2013 年，广州已经设立社区卫生服务中心（站）316 个，并逐步加强社区卫生服务中心和镇卫生院康复、护理服务能力建设。多数社区卫生服务中心开展了家庭病床、家庭护理、老年护理、临终关怀、社区康复等多样化服务。此外，在基本公共卫生服务领域，根据《广州市基本公共卫生服务包》（2012年版）的规定，在 11 项服务包当中包括一项老年人健康管理项目服务包，服务对象为辖区内 65 岁及以上常住居民，服务项目共有三大类，分别是：老年人健康管理服务、老年人健康教育、老年保健项目信息管理。

（四）广州老年福利的发展现状

老年福利主要是指从狭义定义来看，起补充性作用的老年社会福利政策。主要内容有养老福利补贴、老年社会救助、老年优惠政策、特殊老人服务和老年发展政策等。

1. 广州老年福利事业的政策体系

在中央政策的指导下，广州结合全市经济发展目标和老龄工作实际，颁布相关的政策制度来积极配合与贯彻全国、全省老年福利政策。2001年广州市委、市政府发出《关于进一步加强老龄工作的通知》，并第一次发布《广州市老龄事业发展"十五"计划和2015年远景目标规划纲要》，2001年5月广州市政府常务会议通过《广州市老年人优待办法》，2003年广州市老龄工作委员会颁布《广州市老年人优待证管理暂行规定》，同年根据国务院批准颁布实施的《中国老龄事业发展"十五"计划纲要（2001－2005年）》，2006年制定《广州市老龄事业发展第十一个五年规划纲要》，2009年广州市民政局发布《关于报送90岁至99岁老人长寿保健金发放情况的通知》，2010年发布《广州市民政局、广州市财政局关于向全市80周岁以上长者统一发放长寿保健金的通知》，2010年印发《广州市星光老年之家管理办法》，2011年广州市民政局联合广州市财政局制定《关于扩大我市长者长寿保健金发放范围和提高发放标准的工作程序的通知》《广州市老龄事业发展第十二个五年规划纲要》，新出台《广州市老年人优待办法（修订稿草案）》，2014年广州市民政局印发《广州市公办养老机构入住评估轮候试行办法》《广州市养老服务机构设施布局规划（2013－2020年）》等，形成一系列保障老年福利事业的规范性文件。

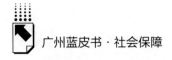

纵观 2000 年后的广州市老龄工作政策，不难发现其中蕴含的政策思路以及未来可能的趋势。

第一，老年福利与老龄服务意识逐渐加强。广州市老年福利与老龄服务事业起步于 2000 年，以党中央、国务院开展老年福利与老龄服务工作为精神，结合广州市地方实际，在广州市委、市政府的领导下，以及广州市民政局、财政局、人力资源和社会保障局等相关部门的紧密配合下，陆续推出针对老年人的各项优惠政策和权益保障法规；将进一步扩大老年福利范围，落实在社区居家养老与机构养老的推行中。

第二，老年福利资金投入不断增加，长寿保健金覆盖面逐步扩展。长者长寿保健金发放范围从 90 岁至 99 岁高龄老人逐步扩展到 70 周岁以上具有广州市户籍的长者，以及由部队服务管理的离退休干部等；长寿保健金标准为 70~79 周岁长者每人每月 30 元，80~89 周岁长者每人每月从 50 元提高到 100 元，90~99 周岁长者每人每月从 100 元提高到 200 元，100 周岁及以上长者每人每月从 200 元提高到 300 元。

第三，老年福利从救助、优待走向全面发展。广州市老年人福利最早从老年人社会救助起步，向全市老年人提供经济、法律救助等；2011 年修改后的《广州市老年人优待办法》提高了老年人的优待标准，部分优待项目惠及非户籍老人。近年来，为提升老年人幸福生活指数，老年福利在丰富老年人精神文化方面做出更大努力，老年大学课程更加丰富、新颖，老年艺术团办得有声有色，广州老年人的晚年生活更加丰富多彩。

第四，广州市老年福利与老龄服务在适度普惠性的同时，突出特殊老人群体照料。经过十多年的实践发展，广州市老年福利覆盖面已有了明显扩展，部分优待项目惠及非广州户籍老人，在适度普惠性上做出了较大成绩。同时也充分考虑老年群体的特殊性，对高龄、"三无"（无劳动能力，无生活来源，无赡养人和扶养人或者其赡养人和扶养人确无赡养和扶养能力）老人、低保低收入老人、残疾老人等特殊群体实行重点照料，体现了"以人为本"的发展精神。

2. 广州老年福利津贴的安排

（1）企业退休人员生活补贴。2007年10月广州市政府常务会议审议并原则通过《关于提高本市企业退休人员生活保障水平的方案（暂定名）》。广州将对本市已参加本市城镇企业职工基本养老保险，2006年6月30日（含本日）以前的企业退休人员发放生活补贴。同年11月采取"普调"＋"年值"＋"限幅"的办法上调每月生活补贴，广州企业退休人员的养老保障是同期全国所有省会城市中的最高水平。

（2）试点农村60岁以上老人养老补贴。2009年广东试点农村60岁以上老人领取养老补贴工作，试点县符合条件的老人每月可拿55元的补贴。

（3）高龄老人津贴。广州市老年福利津贴是由广州市政府及其相关部门对不低于法定退休年龄，未达到相应的收入标准，并且无法从基本社会养老保险制度中获得养老金的老年人发放的一种非缴费型的生活补贴。目前，广州市各区县老年福利津贴的发放起点为具有广州市户籍的70周岁以上的高龄老人。

自2010年7月起，广州市对具有本市户籍且年满80岁及以上的老年人发放高龄老人津贴。津贴最低标准按年龄呈阶梯式分布：80～89岁的老人每人50元/月；90～99岁的老人每人100元/月；100岁及以上的老人每人200元/月。津贴以现金的形式按月存入老人的个人账户。2011年7月，广州市委、市政府决定，将长寿保健金发放范围扩大至70周岁以上长者，并提高80周岁以上长者长寿保健金发放标准。

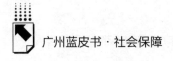

3. 广州老年社会救助

老年社会救助是老年群体在低于生活底线和面临困境时，通过申请程序得到国家和社会按照法定标准提供的现金、物质或是其他任何形式的救助以脱离困境。2003 年，广州市财政全额拨款 500 万元，启动"广州市社会化管理退休人员特困救助资金"，以后每年增加投入 300 万元。2003 年 12 月 31 日实施《广州市社会化管理退休人员特殊困难临时救助暂行办法》，在经济、法律、生活、医疗、住房和心理等方面为老人提供救助。

（1）经济救助。广州市主要通过完善城乡居民最低生活保障制度、推进养老金制度、扩大养老保险覆盖面以及老年福利津贴制度等方式，针对无收入和低收入的老年群体提供经济救助。在敬老月期间，100 周岁以上老年人由其户籍所在地的区、县级市人民政府发放每人不少于 1000 元的慰问金。

（2）法律救助。近年来，老年人合法权益受侵犯的现象越来越严重，主要侵权行为有赡养纠纷、扶养纠纷、继承纠纷、房产纠纷和其他侵犯老年人的人身财产权益的行为。2000 年以来，广东省司法厅选派工作人员担任各地老龄工作机构、涉老福利机构的法律顾问，设立老年人服务网点。2003 年以来，广州市法律援助中心推出了十项便民措施，对老年人法律援助工作实行政策倾斜，对无行动能力的孤寡老人、残疾人实行上门服务；向符合条件的特困人群、老人、残疾人发放法律援助证等等。

（3）生活救助。广州市针对无法独立生活的高龄老人和残疾老人，积极兴办养老院、托老所、老年公寓等。2014 年 8 月，《广州市养老服务机构设施布局规划（2013－2020 年）》透露，将在 2014～2020 年期间，每年动工建设 8100 张养老床位，在原十区范围内新选址 53 处地块建设养老机构。同时，广州市公办养老院免费接纳"三无"老人，向低保低收入老人、经济困难老人提供无偿或低收费的供养、护理服务。

（4）医疗救助。2005年广州在全国率先推出对退休人员的特殊困难救助，纳入社区管理的退休职工除了享受医疗保险之外还可享受特殊困难救助。2012年出台的《广州重特大疾病医疗救助试行办法》将儿童和老年人报销比例相对提高了10%，同时实行的还有《广州市医疗救助试行办法》。市各公立医疗机构专设老年人优先服务窗口，持卡老人在普通门诊挂号免费；各基层医疗机构为辖区内老年人建立健康档案，为辖区内65周岁以上的老年人每年进行一次定点免费体检和保健指导。

（5）住房救助。孤寡老人或者符合廉租住房保障条件的老年人户享受免交租金、实物配租、租赁补贴或租金减免的优待。

4. 广州老年人优待

2011年广州市法制办向市民征求《广州市老年人优待办法》（修订稿草案）意见，草案提高了老年人的优待标准，部分优待项目扩大到非户籍老人。新出台的《广州市老年人优待办法》（修订稿草案）设定多种老年人优待项目，例如半价或免费乘坐广州市行政区域内线路公共汽（电）车、过江轮渡和地铁；半价或免费进入未免费开放的公共场所。

5. 广州市老年人发展服务

广州市各区县开办了数量较多的老年大学，开设钢琴、舞蹈、书法、烹饪等各式课程，大大丰富了老年人的精神生活。贫困老年人参加老年大学（学校）学习，凭广州市老年人优待卡、五保证、广州市最低生活保障金领取证和广州市低收入困难家庭证享受学费全免或半价优待。

6. 广州特殊老人服务

针对广州市特殊老人群体，如"三无"老人、低保低收入老人、残疾老人、高龄老人，已实行社会化管理，在市区内居住并已交纳了

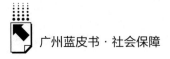

特殊人员安置费，但本人不愿意在养老院实行终身安置的孤寡退休人员等，广州市制定了《广州市社会化管理特殊人员参加居家养老暂行办法》《广州市社会化管理退休人员特殊困难临时救助暂行办法》《关于规范我市养老服务收费问题的通知》《广州市公办养老机构入住评估轮候试行办法》《广州市残疾人社会保障体系和服务体系建设先行市工作方案（2014－2016年)》等一系列专项政策。

在实践方面，广州市公办养老机构优先为"三无"老人、低保低收入老人、经济困难老人提供无偿或低收费的供养、护理服务，通过特殊保障通道入住的农村"五保"老年人，免费入住公办养老机构，其供养费用由同级财政部门保障。对残障老人群体则建立困难残疾人专项补助金、重度残疾人护理补贴的增长机制，探索建立残疾人综合津贴制度。确保困难残疾人纳入社会救助体系，优先纳入保障房、廉租房和农村危房改造的范围，以及为80岁以上高龄老人免费安装平安钟等等。

三　广州养老保障体系建设的挑战

（一）养老保险制度并轨的压力

随着社会的进步，公平性成为各种基础社会制度中最受关注的问题。养老保险中的城乡差异、人群差异成为制度改革中的重点领域。

从2008年以后，农村养老保险制度从无到有，改革幅度大，短时间内经历了三次重大改革，包括第一阶段在2008年探索建立农村养老保险制度；第二阶段在2010年统一农村养老制度；第三阶段在2012年实现城乡一体化。短短的四年间实现了城乡居民养老保险制度并轨。但是，并轨以后的居民养老待遇过低的问题仍然十分突出。截至2014年9月，广州共有124万城乡居民参保，42万人享受养老金待遇，平均养老金 559 元/月，其中基础养老金为 150 元/月。但 2014 年广州企业退休人员人均养老金达 3019 元/月，呈现出城乡居民和城镇职工之间的较大差距。

在职工养老保险中，不同企业性质同样存在制度的差异，削弱了养老保险在不同企业之间的调节能力。例如，在城镇职工基本养老保险中单位缴纳的部分，外资单位的缴纳比例为 20%，省属单位为 18%，私企单位为 12%，缴费比例偏高且不统一。统一缴费比例并调整至合理水平是广州完善职工基本养老保险制度的一个要求。

公务员、事业单位职工和企业雇员之间的养老保险制度差异，同样是亟待改革的领域。2015 年 1 月，国务院发布《关于机关事业单位养老保险制度改革的决定》后，事业单位职工和城镇职工养老金并轨问题有了实质性进展。机关事业单位养老保险制度改革将会是全国 "全民参保登记计划" 中的主要措施之一，随着 2015 年方案的提出，预计 2016~2017 年将全面实施。这也将是今后几年广州养老保险制度并轨的重点工作方向。

（二）养老保险基金保值增值的挑战

各个国家实行的养老保障制度各有差异，有的是现收现付，有的是完全积累，还有的是部分积累。在全国统一的制度框架内，广州目前运行的统账结合的养老保险制度也吸取和学习了大量国际经验，其中社会统筹实行现收现付制，个人账户实行基金积累制。

近年来，对于养老基金的描述似乎处于矛盾状态，一方面养老基金赤字的新闻不间断地成为社会关注的焦点；另一方面，广东养老保险基金累计结余规模全国第一，导致养老保险待遇提升的压力突出。养老保险基金的不平衡主要有三方面的原因：一是养老金当期收支，即社会统筹部分的不平衡，导致统筹账户赤字；二是做实个人账户仍然在试点阶段，截至 2013 年底，全国共有 13 个省份开展了做实企业职工基本养老保险个人账户试点，但部分个人账户仍然是虚值，广东养老基金的累计结余主要来自个人账户；三是累计结余基金缺乏良好的投资运营渠道，导致结余基金贬值。因此，在描述养老保险基金时，通常有累计节余和空账、赤字同时存在，累计结余实际上是个人账户中的做实部分，赤字是统筹基金超付，空账则是个人账户中的虚值。养老账户统账结合是我国养老保险制度的一个创新探索，但目前的部分累计制度，在现实中由于基金管理的效率和制度转型的成本，正逐步演变为现收现付的名义账户制度。如果不能及时解决养老基金保值增值的难题，将使养老保险制度的可持续性受到威胁。

传统上，养老保险基金的平衡主要通过开源完成，但随着覆盖比例的不断上升，节流也成为基金管理的重点。在养老保险制度开始执行的早期，扩面一直是保持基金平衡的重要手段。从 2011 年开始，"扩面"已经到达平台期，保障基金安全成为工作重点，2011 年相继出台《广州市社会保险基金现场监督工作制度》《广州市社会保险基金监督举报工作管理办法》，2013 年颁布《广州市社会保险义务监督员管理办法》，同时广州市人力资源和社会保障局与公安局联合开展打击社保领域欺诈骗保专项行动。

然而，开源和节流都不能从根本上解决基金增值的需求问题。社保基金实行分账核算、统一管理的模式，养老保险基金与工伤、失业、生育保险的基金统一存入社会保障基金财政专户。在目前政策监管的要求下，专户资金收益率低，不利于养老金的保值和增值。报经国务院批准，广东省政府和全国社保基金理事会于 2010 年 3 月 19 日在北京签订了委托投资协议，1000 亿元养老金结余资金委托全国社保基金理事会投资运营，最初委托投资期限定为两年。广东成为全国首个将养老金部分结余资金委托给专业机构投资运营的地方。基金会有更广泛的境内外投资许可，管理也更透明、严谨，因此比普通的养老基金有更高的回报。2012 年委托投资的千亿养老金年化收益率达到 6.73%，广东省政府将委托协议延长三年。根据《全国社会保障基金理事会基金年度报告（2013）》，到 2013 年末，1000 亿元基金的累计投资收益为 94.50 亿元。广东省"入市"的千亿元养老金来自有累计结余的七个县市和省直的基金统筹单位，对于更大范围的基金管理，仍然有待探索。

（三）居家养老服务供给资金渠道单一，社会化、专业化程度有待提高

目前，广州的居家养老社区服务资金主要依靠政府拨款，资金的供给过于单一。随着广州市老龄化的进一步发展，居家养老的老年人必然会不断增多，单纯依靠政府投入势必无法满足日益增多的居家养老服务需求。发展社区居家养老服务应当有效整合各种资源，避免过于依靠国家资金，多渠道吸收各类社会资源，或者通过制定优惠政策，鼓励社会其他资本进入居家养老服务领域中。

目前社会居家养老服务站中的从事养老服务的人员，大多是社区居委会招聘的临时人员，这些服务人员综合素质不高，工资待遇也不好，这就导致养老服务水平很低。这些低水平的养老服务制约着我国社区居家养老模式的进步，为满足老年人更深层次和多元化的需求，就必须引进一支专业的服务团队从事基本养老服务。

（四）居家养老服务覆盖范围和内容有待进一步拓宽

广州市居家养老服务的对象为社区内居住的 60 岁以上老年人，然而实际无法全部覆盖，特别是在老龄化问题严重的老城区。例如，海珠区沙园街道辖内有 9 个社区，总人口 6 万多，其中 60 岁以上老年人 1.3 万多，约占全街道总人口 21.67%，人口老龄化情况较为突出。但沙园街社区居家养老服务部共有不到 30 名服务员，与服务对

象严重不成比例。

就服务内容而言，大部分社区提供的养老服务内容单一，仅提供一些生活照料、家政、餐饮等服务，而不能提供心理慰藉、情感关怀等人性化服务。服务设施不足，覆盖范围小。缺乏针对老年人口的家庭病床、医生上门出诊等人性化服务；为老年人提供的休闲活动项目较少、社会参与度较低；星光老人之家管理制度不完善，场地闲置或被挪作他用，有的成了纯粹的"麻将馆""扑克馆"。

（五）为老服务资源缺乏优化整合，为老服务体系尚未形成

近年来，政府在为老服务方面投入了不少的人力、物力和财力，也建成了一批敬老楼（院）、"星光老年之家"、老人活动中心等社区服务设施，为养老服务提供了一定的条件。但对这些养老服务设施的管理，行政色彩很浓，况且部门与部门之间缺乏沟通和合作，没有基本的评估标准和有效的监督管理机制。生活照料、家政服务、康复保健、医疗卫生、学习娱乐等为老服务社区资源缺乏有机整合和统一管理，养老公共服务资源的整合达不到边际效益最大化，达不到专业要求。[1]

四 进一步完善广州养老保障体系的建议

进一步完善广州养老保障体系需要强化老年人口经济安全保障、医疗保障，规划好养老保障的社区化服务以及多元化的连续性服务，倡导更专业的养老服务以促进老年人权益、促进老年人口的社会参与和社会发展等思路来推进。

---

[1] 《广州市养老服务工作情况汇报》，http://wenku.baidu.com/view/b9ca07dcce2 f0066f53322c9. html。

（一）强化养老保险基金的可持续发展

开源、节流以及基金的保值增值，是强化养老保险基金可持续性发展的重要保障。开源要求劳动者以及更多的居民参保，同时也要根据人口结构、预期寿命、平均劳动年限等因素适时调整缴费年限。节流要求提高保险基金的管理效率，加强监督，确保基金安全。

2014年《广州市完善和创新社会保障体系总体方案》中提出，要创新社会保险基金监督，建立部门联合打击欺诈骗保的工作机制。方案还提出，积极探索建立随财力增长的财政性资金投入长效机制，多渠道筹集保障资金。完善社会保险基金增值管理，在确保支付待遇的前提下，采取定期存款、购买国债和其他方式，做好节余基金的保值增值工作，完善社会保险基金预决算制度。

（二）完善养老保险关系衔接与多支柱养老体系

养老保险制度的衔接包括不同险种之间的关系转移续接，也包括不同地域之间养老保险关系的转移续接。地域之间的转移涉及地区经济发展不平衡，以及制度之间的差异，更需要上级政府予以政策支持和财政资金的转移支付，广州作为地区政府，在跨地域保险关系的推进上，更多的是扮演参与和配合的角色。

在不同养老保险险种的衔接上，广州需要通过对管理机构、执行机构、待遇水平、缴费制度等各方面的科学设置和差距缩小，逐步缩小人群间、行业间、险种间的差距，使得不同险种之间的转移续接更加顺畅。

面对老龄化社会的到来，养老保险制度的完善应该成为养老保障的坚实支柱，但不是唯一支柱，不同保障制度之间应该能相互配合，以适应和保障不同人群的需求。以房养老是商业养老保险的大胆尝试，未来应该提供更多不同的制度和产品供给，满足不同群体的养老保障

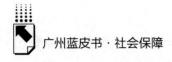

需求。广州的养老保险体系建设已经有相当的基础，其他支柱的建设应该同步推进，互为支持，才能够更好地发挥养老保险的保障作用。

（三）扩充社区养老的服务可及性

虽然广州市的社区居家养老服务已经初具雏形，但调研发现，很多市民对此并不是很清楚，这一方面是由于政府宣传力度不够，另一方面也是由于在家庭综合服务中心的辐射范围有限。因此今后要加大对社区养老服务的宣传，将社区能够提供的服务明确列表，张贴于各个社区的显著位置，也可以设置专线电话，及时解答群众的相关问题。增加对社区养老服务的投入，不断扩大服务项目和服务人群，使更多的居家养老的老年人可以得到社区服务的支持和帮助。另外还可以在辖区面积较大的街道增加设立社区养老服务机构，使社区服务可以覆盖到辖区内更多的老年人口。

（四）丰富社区养老服务的内涵，提升专业化水平

为老年人提供服务，仅有亲情和热情是不够的，必须讲究科学化和专业化，必须提高服务的知识和技巧。因此，引进社工，培训专业养老服务人员，提高养老护理队伍素质，就成为当前的迫切任务。2014年，国家教育部等九部门联合出台《关于加快推进养老服务业人才培养的意见》。社区在提供居家养老服务时要收集辖区内老年人的不同情况，分析社区中的老人正面临哪些问题，包括心理、生理、社交、经济等，哪些问题需要优先解决，应当如何解决，方案是否可行，所需要以及能够得到的支持，方案实施后的效果评估。只有这样，才能真正为生活在社区的老年人提供最为有效的服务和帮助。

另外可以引入香港"持续照顾"理念。该理念是养老机构按照老人的身体状况分类的，有高度照顾、中度照顾、低度照顾三类。同

样道理，在社区服务上，也可以照此对老年人进行分类建档，不仅要给老人提供起居照顾，而且要随着老人身体的转差，提供相应的专业的护理服务。

增加老年人心理治疗和康复训练。目前广州市的社区居家养老服务多为提供膳食、娱乐、身体保健、疾病防治等生理需求方面，而忽略了老年人的心理问题，事实上由于家庭结构、居住模式、工作方式等的改变，很多老人不同程度存在心理上的大问题。借鉴香港成熟经验，开展老年人心理辅导与干预服务。

（五）完善多层级老年医疗保障

老年人经济状况、身体健康状况的差异性以及需求的分层性，要求建立多层级医疗保障。

多层级医疗保障体系应该由基本医疗保险、退休职工大病医疗保险、老年人口社会医疗救助和老人医疗专项基金、互助医疗基金等不同层次组成。这五个层次构筑了多道的防护，其中基本医疗保险的个人账户、社会统筹基金是第一层防护线；大病保险成了第二层防护线；对于那些无经济来源的贫困老人，应通过社会医疗救助来资助，这是老年人医疗保险的一条底线。社会互助基金和老人专项医疗基金则应主要作为患重病、长期患病和高龄老人的医疗补充资金。这样，便形成了以基本医疗保险为基本保证，社会医疗救助为托底，大病保险、互助医疗基金、老人专项医疗基金为补充的老年人口医疗保障体系。

（六）探索建立老年护理保险制度

逐步建立和完善老年护理保险制度。在人口老龄化、少子化、高龄化、空巢化的叠加效应之下，建立老年护理保险已成为社会所需。

在商业性老年保险与政府强制性老年保险两者之间，可考虑从低水平起步，建立不同层次的长期护理保险计划，或在基本社会医疗保险中开设长期护理险种，在服务成本、管理成本、费率等方面进行试点。政府应对此类保险做出适当补贴以便更多愿意购买此类保险的民众能够有能力买，促使更多适保群体购买此类保险，并最终转化为准强制保险乃至强制保险。对于中高收入的中老年人发展商业性长期护理保险项目，以满足他们更高层次的保险需求。

（七）坚持老年福利政策的公共性与社会性

新时期的老年福利政策应以普惠、均衡为目标，体现老年福利的优待性、公共性与社会性。要实现短期目标与中远期战略的整合，切忌只注重眼前的诉求，而忽视老年福利完整性、持续性、发展性的特点。并从公共的、社会的角度完善老年福利，超越基本养老保障的物质层次，大力发展老年心理卫生咨询服务。

根据《宪法》和《老年人权益保障法》规定，我国老年社会福利事业的主体责任者是国家。广州市政府应根据经济发展水平，不断增加对社会福利事业的资金投入和政策扶持，不断提高老年社会福利事业的发展水平，建立起一种适度普惠的、以满足整个老年群体中需要社会帮助的老年人需求的福利服务体系。

考虑到广州市经济社会发展实际，今后一个时期，广州市老年社会福利事业仍然面临较大程度的供需不平衡现象，政府力量独木难支，必须建立起一个以家庭自我服务为基础、以老年社区福利服务为依托、以政府兴办的社会福利机构为补充的社会化老年福利服务体系。

老年社会福利服务体系应该由多性质、多种类、多层次的服务网络组成，在保障公益性的同时稳妥推进养老产业发展。走一条以非营利公益性服务为主体，商业性盈利服务和纯福利性质服务为补充的专业性社会福利事业发展道路。

为突破广州市老年福利面临的困境，实现老龄人口"老有所住、老有所养、老有所医、老有所为、老有所乐"，推动老龄事业的进一步发展。

参考文献

董克用、孙博：《从多层次到多支柱：养老保障体系改革再思考》，《公共管理学报》2011年第1期。

吴瑞坚：《新时期"农转居"人员养老保障均等化研究——以广州四个转制社区为例》，《探求》2013年第6期。

龙朝阳、申曙光：《养老金制度融资方式转轨的理论思辨》，《经济学家》2013年第2期。

阳程文：《城镇灵活就业人员参加社会养老保险制度影响因素实证分析——基于对广州中心城区的调查研究》，《社会科学论坛》2014年第9期。

余伟：《关于广州人口老龄化及养老问题的思考》，《探求》2010年第2期。

赵立航：《基本养老保险省级统筹问题及对策——以广东省为例》，《广东社会科学》2009年第4期。

丁建定：《居家养老服务：认识误区、理性原则及完善对策》，《中国人民大学学报》2013年第2期。

郭风英：《城市社区居家养老服务多元供给机制探析》，《经济研究》2010年第11期。

养老保险篇

Report on Pension Insurance

B.2

广州养老保险的发展状况及挑战

林敏华*

摘　要： 养老保险是一项重要的社会保障制度，在广州人口老龄化背景下的养老保险制度对社会的平稳发展起到了核心的作用。本文描述了广州养老保险制度的构成、实施以及法律保障，分析了当前制度下养老保险面临的制度并轨、养老基金保值增值以及人口流动带来的挑战，并为养老保险的发展方向提出了政策建议。

关键词： 社会保险　广州老龄化　养老金

* 林敏华，广州市社会科学院社会学与社会政策研究所研究实习员，硕士，主要研究方向为社会保障、社会组织。

当代社会保障的理论与实践发展起源于"第二次世界大战"时期。养老保险作为重要的社会保障制度,其本质是通过国家强制制度,在个人生命周期和不同时代的人群中提供调节机制,从而为个人年老后的生活提供经济保障。社会保障作为一种经济和社会权利的观念,起源于1942年英国威廉·贝弗里奇爵士发表的《贝弗里奇报告》。该报告奠定了英国福利国家制度的雏形,并成为影响世界各国社会保障发展的开山之作。报告提出了"社会权利"的制度建设,包括建立一整套以社会保险为核心的社会保障制度,把社会保险作为提供收入保障、消除贫困的一项基本社会政策。之后的半个多世纪,世界各国根据自身国情纷纷建立起养老保险制度。

养老保险制度在中国,不仅是一项基本的社会制度,更是决定中国社会可持续发展的核心制度。相对欧美后工业化国家和福利型国家而言,中国在社会积累不足、人口基数大、制度建设未完善的背景下快速进入老龄化社会,面临着更艰巨的挑战。新中国成立以来经济发展和社会稳定在短时间内使人口寿命大幅度的延长,20世纪六七十年代的高生育率在短时间内转变为80年代以后的独生子女制度,都加剧了人口老龄化的程度。全国老龄工作委员会预测报告(2006)指出:2001~2020年是快速老龄化阶段,至2020年,全国老年人口将达到2.48亿。广州户籍人口老龄化的速度远超过全国平均水平,已经步入较深层次的老龄化社会。建立一个科学、可持续的养老保险制度,成为社会稳定和发展的基础。

一 人口老龄化背景下的广州养老保险体系

养老保险是一系列的机构、措施、权利、义务及资金转拨安排,其主要目的在于为个人年老时提供收入,以便在失去收入来源后仍能获得生活保障,并且帮助防止或减轻贫困。养老保险的设计必须充分考虑人口结构特征和经济社会发展状况，包括死亡率、预期寿命、保险费率、退休制度以及工资上升浮动率等指标，才能维持养老保障基金的收入与支出的长期平衡。其中，抚养比是养老保险制度的设计和运作中的核心。抚养比指非劳动力人口数与劳动力人数之比，人口老龄化导致劳动年龄人口比重下降，抚养比上升，给现有的养老保险体系造成了巨大的压力。

（一）广州人口老龄化的趋势

自 21 世纪以来，广州的老龄化问题愈显突出，户籍人口年龄结构不断老化。0～14 岁人口比重不断下降，65 岁及以上老年人口比重逐年上升。计划生育国策实施超过 20 年，家庭规模日趋缩小，根据《广州统计年鉴》对历年广州年末户籍常住户口户数、常住户口人口数的统计计算得出，1978 年，广州常住户籍家庭平均人口为 4.2 人，2000 年下降到 3.3 人，到 2012 年末，再下降到 3.1 人。家庭养老模式的保障能力变得十分脆弱。

根据全国第六次人口普查的数据，截至 2010 年 11 月 1 日，广东以 1.04 亿人口之众成为我国人口第一大省，而广州常住人口达到 1270 万，是广东人口第一大市，也是联合国 2011 年统计的全球人口最多的 30 个城市[①]（人口总量排名全球第 21）之一。与此同时，这个庞大的城市又进入了快速老龄化的时期。

第六次人口普查统计显示，广州 60 岁以上的常住人口为 123.72 万，占常住人口总数的 9.74%，而在 2000 年第五次人口普查时，广州 60 岁以上的常住人口为 86.99 万，占当时常住人口总数的 8.75%。十年间，老年人口的比例增加约 1 个百分点。在人口结构上，2000～

---

① 数据来源：United Nations PopulationDivision，World Urbanization Prospects：The 2011 Revision（New York：UN，2012）。

2010 年，常住人口总抚养比显著降低，主要是由于 0 ~ 14 岁人口占总人口的比例从 16.43% 下降到 11.47%，15 ~ 64 岁人口的比重从占 77.54% 上升到 81.91%，少儿抚养比大幅下降（见表 1）。老年人抚养比上升，常住人口中大量的外来青壮年劳动力大大缓解了广州人口老龄化的趋势。作为一个典型的人口流入地，常住人口的老龄化程度远低于广州户籍人口的老龄化速度，一方面，青壮年劳动力为当前养老保险基金的稳定提供了良好的条件；另一方面，未来劳动力流动又成为基金不可预测的波动因素。这是因为常住人口包含了近50%的外来常住人口，其中又以青壮年劳动力为主。

表1　广州常住人口抚养比变化

单位：%

类别	总抚养比	少儿抚养比(0 ~ 14 岁人口/ 15 ~ 64 岁劳动力人口)	老年人抚养比(65 岁及以上人口/ 15 ~ 64 岁劳动力人口)
第五次人口普查	29.07	21.20	7.89
第六次人口普查	22.16	14.00	8.15

从人口结构看，未来人口老龄化的趋势会不断加速。根据广州市民政局在广州市政府常务会议上的报告，截至 2012 年底，广州 60 岁以上老人共有 125.74 万，占户籍人口总数的 15.4%，高于全国平均水平，预测将以每年 4% 的速度递增，2015 年将达到 140 万人。[①]

（二）人口老龄化对养老保险的影响

养老保险是在工业社会发展和社会结构变迁后，回应养老风险的重要社会制度安排，其目的是通过强制的制度安排，在社会代际和代

[①]　数据被广州市政协提案引用，摘录自政协网站，http://www.gzzx.gov.cn/tagz/zdtazb/ 201404/69428.html，2014 年 9 月 21 日访问。

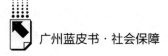

内实现再分配。这种制度安排不仅会影响个体在整个生命周期的消费、储蓄、投资以及生活保障，还会影响社会整体的公平、和谐，影响经济效率和社会发展。

社会人口结构与养老保险制度的运作效率紧密相连。发达国家进入人口老龄化时，人均国内生产总值一般都在5000～10000美元之间，甚至更高，而且养老保险体系以及各种社会保障制度已经建立，即所谓"先富后老"；而我国目前尚处于发展中国家的阶段，在21世纪之交迈入老龄化社会时，人均国内生产总值仅在1000美元上下，应对老龄化的经济和制度基础都相对薄弱。与此同时，由于生存条件的极大改善和生育政策的调整，我国老龄化发展速度快，是属于典型的"未富先老"社会。广州是全国最早开始探索社会保险制度的城市之一，20世纪80年代初，广州就试行国有企业职工养老保险制度。同时，得益于广州改革开放前沿地的影响，广州经济发展迅猛，同时持续有大量的青壮年劳动力进入广州，大大缓解了常住人口的老龄化危机，但户籍人口的老龄化问题依然严峻，且青壮年劳动力的高流动性给稚嫩的养老保险制度带来了挑战。

广州现有的养老保险体系建立于20世纪90年代，在制度建立初期，由于覆盖人群、政策内容、人口结构都在不断地调整变化，老龄化的影响并未直接体现在一些关键指标上。广州从1999年以来，随着养老保险参保人数覆盖面的不断扩大，职工养老保险抚养比（参保职工人数/享受待遇人数）稳步上升，快速扩大的参保人数掩盖了老龄化的趋势。如图1所示，广州的基本养老保险抚养比从1999年的1.77上升到2012年的5.74，主要受益于广州城镇职工基本养老保险参保人数从1999年的78.2万人上升到2012年的728.3万人，上升了931%；而同期享受待遇人数从44.2万上升到126.8万，仅上升了287%。由于广州经济基础好，缴费基数高，人口红利仍然存在，养老保险基金的结余数的绝对值应该处于全国前列，根据广州人社局公布的数据，到 2013 年，广州养老保险基金的结余超过 300 亿元。

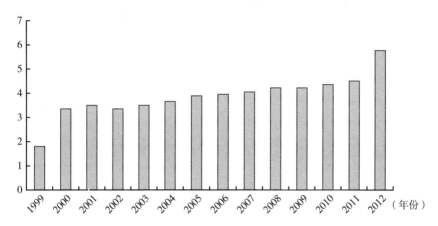

图 1　1999～2012 年广州养老保险抚养比（参保职工人数/全年享受待遇人数）变化

　　从户籍人口结构和年龄结构来看，广州人口老龄化的趋势严峻。广州市民政局和统计局发布的《2013 年广州市老年人口和老龄事业数据手册》显示，2013 年广州 60 岁及以上老年人口为 133.04 万人，占广州户籍人口总量的 16.03%，65 岁及以上人口数占常住人口总数的 10.86%，老年抚养比为 14.41%。除了老龄人口比重上升，老龄化的程度也在加深，广州人口平均预期寿命不断延长，高龄老人的比例增加。如图 2 所示，1999～2012 年，广州人口的人均预期寿命处于持续上升状态，男性和女性的平均预期寿命分别从 1999 年的71.96 岁和 77.19 岁分别上升到 2012 年的 76.54 岁和 82.5 岁，分别增长 4.58 岁和 5.31 岁。

　　抚养比上升，要提高养老金替代率，就会使养老基金承受巨大的压力。国际经济合作组织（OECD）2013 年发表的调研报告显示，34个经合组织国家的劳动者养老金平均替代率水平为 54%，其中，最低的是墨西哥和英国，替代率小于 1/3，最高的为荷兰，超过 90%。在

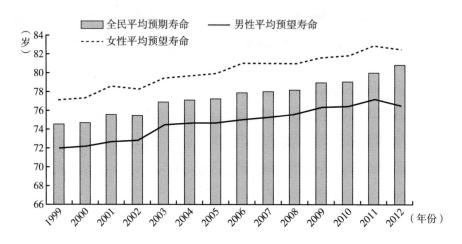

图2　1999~2012年广州分性别平均预期寿命

公平性上，34国的低收入劳动者（以平均工资的50%为例）退休金的替代率水平为71%；高收入者（以平均工资的1.5倍为例）退休金替代率水平为48%。如表2所示，中位数收入的男性养老金替代率是82.5%，女性是65.1%[1]。国际经合组织的报告采取的计算方式是以退休后享受的待遇/退休前的收入，中国的退休金替代率水平与国际经合组织成员国及世界主要经济体相比，处于高水平，主要的问题是由于退休年龄导致的男女退休金替代率差异，以及不同收入人群之间的差异。

表2　不同性别及人群的养老金替代率水平

单位：%

性别	中位数收入	平均收入50%	平均收入	平均收入150%
男性	82.5	97.9	77.9	71.2
女性	65.1	78.5	61	55.2

---

① OECD, "Pensions at a Glance 2013：Retirement-Income Systems in OECD and G20 Countries", http：//www.oecd.org/pensions/public-pensions/OECDPensionsAtAGlance2013.pdf, 2014年9月22日访问。

与国际经合组织的计算方式不同，国内计算养老金替代率一般使用退休人员月平均工资/其所在地区在职职工平均工资，由于目前平均工资统计并未包括全体劳动者，存在一定的偏差。因此，一方面，从替代率数值上看，国内养老保险替代率水平偏低，存在不断调升的压力；另一方面，统计的职工平均工资水平偏高，在职职工养老金缴费基数不断提升，缴费压力大。2013 年，广州全市企业离退休人员月人均养老金达到 2833 元，同年广州城镇非私营单位在岗职工月平均工资 5805 元，养老保险待遇水平的替代率为 48.8%。从 2005 年起，全国养老金以每年约 10% 的升幅调整，而广州由于基数高，升幅百分比稍低，2013 年及 2014 年的增长幅度约为 8.4%。由于替代率的计算方式，虽然养老金的绝对数额在逐年增加，但是替代率的下降仍然备受诟病。工资的刚性和人口结构的加速老化，会带来不断增加的给付压力，养老保险基金的可持续性面临严峻挑战。要回应人口结构的变化，科学设置养老金的增长机制，需要一个动态的、更加科学的、更多元的统计方式。

二　广州养老保险的沿革与现状

从经济配套制度到社会制度，从补缺型保障到适度普惠型保障，过去 20 年间广州养老保险体系不断发展完善，统筹层次逐步上移，待遇水平不断提高。截至 2013 年 12 月，广州养老保险参保人数达到 749.6 万（含城镇职工养老、新农保、农转居、居民养老等险种），比 2012 年末增加 2.92%，2014 年的企业退休职工的平均养老金突破 3000 元，居全国前列。

一方面，养老保险朝着一体化的方向改革，城乡之间、不同人群之间的缴费和待遇水平差距不断缩小；另一方面，养老保险层次日益丰富，城镇职工养老保险中不仅考虑到企业雇员，也考虑到了灵活就

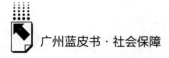

业人员，城镇居民养老保险既考虑了农村居民，也考虑到城镇居民，养老保险体系的弹性增加，照顾到不同群体的实际负担能力和需求。

（一）广州城乡养老保险体系的构成

广州养老保险建立之初，是作为经济配套制度设计的，目的是为了解决企业办社会的问题，减少企业支付养老金的压力，降低企业的生产经营成本，增加企业竞争力，降低职工的风险。因此，最早的养老保险只关注国有企业职工的养老社会化问题，制度涵盖人群较窄。随着改革的深入和社会发展观念的改变，经济的发展从目标变为手段，关注民生成为各级政府的重要工作。让全社会共享改革发展成果，劳动者有尊严地劳动，就必须提供完善的社会保障制度。养老保险制度与其他社会保障制度一样，从经济配套制度发展为社会基本制度，覆盖范围从职工扩大到全民。

广州养老保险制度的建立过程紧密回应社会的快速变迁，从针对具体问题出台具体政策，到有意识地搭建一个科学的体系，广州仅用了 20 余年的时间。表 3 列举了广州历年有关养老保险制度的部分重要政策。从 1990 年起，针对改革开放和经济结构的变化，广州陆续出台了针对不同经济性质从业人员的养老保险制度。进入 2000 年以后，快速城市化使失地农民和城乡差异成为主要的社会矛盾之一，扩大养老保险的制度覆盖面，打破制度设计的城乡分割、区域分割、社会人群分割，是实现养老保障代内公平与代际公平的基础，也是养老保险制度重要的调整方向之一。国务院批转社会保障"十二五"规划纲要的通知指出："推进制度整合和城乡衔接，促进城乡一体化社会保障体系建设"；十八大报告也指出："统筹推进城乡社会保障体系建设"，"改革和完善企业和机关事业单位社会保险制度，整合城乡居民基本养老保险和基本医疗保险制度"。

表 3　广州建立城乡养老保险制度出台的政策

年份	政策	对象
1990	《广州市区街集体单位职工退休养老保险试行办法》（已失效）	区、街两级经营管理的集体所有制企业的固定职工
1993	《广州市企业补充养老保险与个人储蓄养老保险试行办法》	广州所有企事业单位
1998	《广州市私营企业和个体工商户从业人员基本养老保险实施办法》	在广州行政区域内经工商行政管理部门登记注册的私营企业、个体工商户的业主和雇工
1999	《关于广州市建立统一的企业职工基本养老保险制度实施意见的通知》	所有企业、企业化管理的事业单位、机关事业单位聘用干部和工勤人员以及个体劳动者
2006	《广州市农转居人员基本养老保险办法（试行）》	户籍"农转居"人员
2008	《广州市被征地农民养老保险试行办法》	户籍被征地农民
2008	《广州市农村社会养老保险试行办法》	户籍农村居民
2008	《广州市城镇老年居民养老保险试行办法》	户籍城镇老年居民
2010	《广州市新型农村社会养老保险实施办法》	户籍农村居民
2012	《广州市城乡居民社会养老保险试行办法》	户籍城乡居民
2014	《广州市农转居人员基本养老保险办法》	办法实施时已参加农转居人员、基本养老保险的人员
2014	《广州市城乡居民基本养老保险实施办法》	户籍城乡居民

目前广州养老保险制度主要由城镇职工基本养老保险、城乡居民养老保险、农转居养老保险三大块构成。2012 年开始实施《广州市城乡居民社会养老保险试行办法》，不与工作单位和就业情况挂钩的养老保险制度覆盖城乡，填补了养老保险体系的空白，养老保险在制度上已经实现人群的全覆盖。但与职工养老保险相比，居民养老待遇仍然过低；2014 年《广州市农转居人员基本养老保险办法》实施后，农转居保险覆盖的人群只减不增，新增的农转居人员根据实际情况参加职工养老或居民养老，制度的整合缩小了人群的差距，也降低了管理的成本。

从更广义的范畴看，广州的养老保险体系，不同的制度之间仍然需要进一步整合，需要更多的顶层设计。世界银行 1994 年提出养老金制度"三支柱"，后在 2005 年将模型拓展为"五支柱"，其中，增加了提供最低水平保障的非缴费型"零支柱"，意在保障终身贫穷者以及资源不足或不适用任何法定年金制度的非正式部门和正式部门的年老劳工，为贫穷老人提供最低生活保障。如表 4 所示，广州现行的养老保险制度，与世界银行的五支柱模型有一定的差距，这既反映了国内在社会变迁过程中因应实际情况而做出的制度创新，同时也产生了机构重叠、重复建设、重复参保、资源浪费、规模效应低、转移接续不畅、待遇攀比等问题，在社会结构快速变迁后，各种制度的整合成为当前养老保险制度改革的方向。

表 4　世界银行五支柱养老模型与广州养老制度现状

支柱	内容	广州具体制度
零支柱	普惠型、非缴费型基本退休金计划	2010 年 7 月起发放的 80 岁以上老年人长寿金； 机关事业单位养老制度(非缴费型)； 城乡居民养老保险、被征地农民养老保险(缴费型、自愿性、非与收入相关)
第一支柱	与收入相关的强制性政府管理支柱,包括社会保险或社会津贴	城镇职工基本养老保险制度
第二支柱	与收入相关的强制性私人管理支柱,包括强制个人储蓄计划或职业退休金计划	暂无(香港的强积金为此类)
第三支柱	自愿性商业保险储蓄制度	商业保险,以房养老
第四支柱	伦理性的家庭供养制度	家庭赡养

广州目前的多支柱养老保险体系是结合了中国特色和广州当前发展水平和特点的复杂体系。参照世界银行五支柱的模型，能对现行的养老保险体系结构有更深入的认识。第一支柱是普惠制养老金，不考

虑社会成员收入和工作年限，管理结构简单，管理成本低，适合工资收入信息不充分的发展中国家，也是消除老年贫困的安全网。广州从2010年开始发放的老年人长寿金就是零支柱的性质。广州现有的机关事业单位养老制度（非缴费型）和城乡居民养老保险（缴费型、自愿性、非与收入相关）介于零支柱和第一支柱之间，在理论上缺乏足够的支持，在操作上增加了管理的成本，在社会公平性上，长期为保障对象和缴费群体所诟病，事业机关单位养老保险制度朝第一支柱改革势在必行。被征地农民保险已经从制度上并入了城乡居民养老保险，如何从自愿参保到强制参保，参保的缴费如何与收入挂钩，决定着城乡居民养老退休待遇能否得到合理的提升。

面对人口老龄化的压力和养老保险运行的压力，养老保障体系也在传统的社会保险基础上进行了创新和探索，在世界银行提出的第三支柱的概念下推出了新的商业保险模式。2014年7月，广州以房养老政策正式启动，广州成为全国4个政策试点城市之一，开展为期两年的老年人住房反向抵押养老保险试点。60周岁以上拥有房屋完全独立产权的老年人，可以将其房屋抵押给保险公司，继续拥有房屋居住权，并按照约定条件领取养老金直至身故。身故后，保险公司获得抵押房屋处置权，处置所得将优先用于偿付养老保险相关费用。

（二）广州养老保险制度的实施

人口老龄化对养老保险制度的直接冲击体现在基金支付，而筹资模式是影响基金运行的核心问题。通常认为，人口老龄化对现收现付制的冲击比较大，因为随着人口赡养率的提高，年轻人会不堪重负，现收现付制难以有效持续运行。20世纪90年代，我国提出了"社会统筹与个人账户相结合"，其中社会统筹部分采用现收现付制，力求实现社会再分配的公平性；个人账户部分采用基金积累制，体现个人就业和收入差异，激励就业，提高效率。

目前广州三大类养老保险的缴费制度（见表5），城镇职工和农转居养老保险中的个人缴费部分进入个人账户，符合条件时，可享受养老保险待遇，参保人去世后，个人账户部分可以继承；城乡居民保险的集体经济缴费和政府补贴也计入个人账户，参保人去世后，个人账户也可以被继承，但其中政府补贴部分除外。

表5　不同类型养老保险个人、企业及政府的筹资方式

险种	基数	个人缴费	单位/集体经济缴费	政府补贴	合计缴费
城镇职工养老保险	上年度城镇职工平均工资	8%	12%~20%	—	20%
城乡居民养老保险	—	10元	5元	15+5元	
		30元	10元	35+10元	
		50元	20元	50+20元	
		70元	30元	60+25元	
		90元	40元	70+30元	
		110元	50元	75+35元	
		130元	60元	80+40元	
农转居养老保险	下限为本市上年度在岗职工月平均工资的30%，上限为60%（经济条件许可的经济组织和农转居人员，上限调整为300%）	≤8%	≥12%	—	24%

基本养老保险缴费的参保人员，缴费年限达到规定要求[1]，在达到政策规定退休年龄后[2]，可享受养老保险待遇。退休后按月享受基本养老保险待遇。缴费年限累计不满上述规定年限的，退休后不享受按月领取基本养老金待遇。其个人账户储存额，一次性支付给本人，

---

[1] 且1998年7月1日以前参加工作，缴纳养老保险年限和视同缴费年限累计满10年，1998年7月1日以后参加工作缴纳养老保险年限累计满15年的。

[2] 在男性年满60周岁，女性干部年满55周岁，女性工人年满50周岁，特殊工种男性年满55周岁，女性年满45周岁。

同时终止养老保险关系。

参保人享受的养老保险待遇由基础养老金、个人账户养老金、过渡性养老金三部分组成，其中基础养老金与社会平均工资挂钩，避免将行业间、职工间工资收入的差距和社会分配不公延伸至退休以后，以体现再分配和公平原则；个人账户养老金标准则与参保人缴费年限长短和缴费基数挂钩，使参保人的整个参保期间的收入水平得到充分反映，缴费的年限越长，基数越高，养老金水平越高，有利于缩小参保人退休前后收入差距，又能适应不同企业、不同用工形式和不同工资分配制度的各类职工，有利于劳动力的合理流动。过渡性养老金则专门针对在 1998 年 7 月 1 日以前参加工作，在此之后退休的参保人，以保障在养老保险制度建立的过渡期参保人的公平待遇。基础养老金和个人账户养老金的计算方式分别如下：

● 基础养老金 =（参保人员退休时当地上年度在岗职工月平均工资 + 本人指数化月平均缴费工资）÷2×缴费年限×1%；

其中：本人指数化月平均缴费工资 = 全省上年度在岗职工月平均工资×本人平均缴费指数，个人的平均缴费指数就是自己实际的缴费基数与社会平均工资之比的历年平均值。低限为 0.6，高限为 3。

根据基础养老金的计算方法，广州从 2004 年开始连续 11 年每年提升企业退休人员基本养老金。此外，广州市还根据部分群体的特殊情况，进行了养老金的特殊调整。2014 年 11 月，针对广州在 2006 年 7 月 1 日至 2013 年 6 月 30 日达到法定退休年龄并申领基本养老金的企业退休人员，由于出现了养老金倒挂的问题，分别给予这个时段退休人员不同的定额和定比加发养老金。2014 年 12 月颁布的《广州市城乡居民基本养老保险实施办法》规定，对广州户籍的部分困难群体，包括残疾人、正在享受最低生活保障或低收入困难待遇期间的人员、农村五保供养对象，政府对其养老保险个人缴费部分按第一档标准进行资助。

经过基础养老金计算的重新分配，养老金的缴费水平和待遇水平并不成正比，而是差距缩小。因此，缴费水平越低，工资替代率相对越高。比如，缴费工资为社会平均工资 60% 的低收入人群，养老金的替代率为 60%；缴费工资与社会平均工资持平的中等收入人群，养老金的替代率为 50%；缴费工资为社会平均工资 3 倍的高收入人群，养老金的替代率仅为 40%。

• 个人账户养老金月标准 = 本人首次领取基本养老金时个人账户储存余额/计发月数。

对于 1998 年 7 月 1 日前参加工作，1998 年 7 月 1 日后达到法定退休条件，且缴纳养老保险（含视同缴费）年限累计满 10 年的参保人，除了以上两部分的养老金收入以外，还有过渡性养老金，过渡性养老金由视同缴费年限和享受比例共同计算得出。

广东省养老保险基金基本上实现了税务部门主管征收，财政部门监督财政资金专户，银行社会化发放，社保部门监督执行和负责基金收支平衡的管理格局。养老保险基金的使用包括基本养老金支出、丧葬抚恤补助支出、转移支出和其他支出四大类。其中，基本养老金和丧葬抚恤金的计算如下：

• 基本养老金支出 = 上年社会年平均工资 × 养老金替代率 × 参保退休享受待遇人口 × 养老金支出调整系数；

• 丧葬抚恤费支出 = 上年社会月平均工资 × 参保退休享受待遇人口 × 人口平均死亡率 ×3。

截至 2014 年，广州已经连续十年提高退休人员养老待遇。2010～2014 年，城镇职工基本养老保险的待遇累计上升 31.32%，养老金的绝对数额长期居全国前列，甚至在某些年份是五个国家中心城市之首。但三类养老保险之间的待遇差距仍然显著，绝对值的差距甚至一直在扩大。2010～2014 年广州三类养老保险的参保人数和待遇水平见表6。

表6　2010～2014年广州三类养老保险参保人数及待遇水平

单位：万人，元/月

年份	城镇职工基本养老保险		城乡居民基本养老保险		农转居人员养老保险	
	参保人数	待遇水平	参保人数	待遇水平	参保人数	待遇水平
2010	375.00	2299	N/A*	450**	N/A*	559
2011	396.41	2413	115.91	450**	22.48	615
2012	583.42	2614	122.71	456	22.19	671
2013	602.93	2833	123.77	559	22.90	738
2014	925.56	3019	123.32	574	21.66	805

说明：*2010年基本养老保险统计范围包括职工、农转居等，2011年后调整；**2010年、2011年数据为城镇居民养老保险数据，为定额待遇。

资料来源：《广州市统计年鉴》，广州人力资源和社会保障局社保信息披露通告。

广州城镇职工的养老金平均替代率维持在一个较为合理的水平，2010～2014年，基本维持在50%左右（见表7）。

表7　广州城镇职工养老金平均替代率水平

单位：元/月，%

年份	城镇职工养老金	城镇职工平均工资	城镇职工养老金替代率
2010	2299	4508	51
2011	2413	4718	51
2012	2614	5216	50
2013	2833	5716	49
2014	3019	N/A	N/A

资料来源：历年《广州市统计年鉴》。

（三）养老保险立法及政策制定

无论是在保险制度的建立，还是在规范化操作上，广州养老保险的发展都处于全国前列。广州市人民政府早在1993年7月就开始施行《广州市企业职工社会劳动保险规定》。两年后，1995年广州根据《中华人民共和国劳动法》制定了《广州市社会保险条例》，明确提出"社会保险实行社会统筹与个人账户相结合的原则，社会保险基金由国家、用人单位、劳动者三方负担，实行统一管理"，并且在其中提出了社会保险要逐步实行社会化管理的发展方向。但是由于当时条件和发展阶段的限制，社会保险基金的征集和管理分别由市社会保险基金经办机构、县级市社会保险基金经办机构，以及区、县级市工商行政管理部门实施管理和协助，统筹的级别低，管理效率也相对较低。

经历了几年的制度建设后，为了规范和扩大社会保险的覆盖面，广州市政府在1999年制定了《关于广州市建立统一的企业职工基本养老保险制度实施意见的通知》，对国家、单位和个人的责任做了明确规定，并对缴费比例、个人账户管理、职工流动的处理、待遇享受做出清晰指引。同时开始着手处理养老保险统筹层次过低的问题。提出要增强基金的抗风险能力，按照统一管理、统一费率、统一调剂的原则，在1998年底前把广州经济技术开发区和广州保税区纳入市、区的一体化社会统筹；到20世纪末把县级市纳入全市统筹。

随着参保人员数量的快速增加、基金总额的增加，基金管理的风险和保值增值的压力也在不断增大。广东省在1998年和2004年分别颁布了《广东省社会保障基金财政专户财务会计管理办法》和《广东省养老保险市级统筹基金会计账务处理暂行办法》。社保基金专户管理要求各管理机构在当地国有商业银行或广东发展银行开设一个"社会保障基金财政专户"，该财政专户按各项保险基金分账核算，并设专人管理。该办法还明确规定了，基金的支出除了拨付各项社会保险基金，向下岗职工基本生活保障基金财政专户和再就业基金财政专户拨出资金，以及向工伤、失业、女工生育保险社会保险经办机构拨款外，只能用于划拨购买国家债券基金。该办法为了基金的安全，规定了基金保值增值的唯一途径是购买国债，但由于基金运营渠道单一，限制了基金增值的额度，至今社保基金的增值仍然是管理中的难点。

从20世纪90年代末起，社会保险的立法就已经提上了日程，历经16年的立法历程后，才由第七届全国人大第七次会议通过《中华人民共和国社会保险法》，并于2011年7月1日正式实施。社会保险法以法律的形式规范了社会保险关系，规定了用人单位和劳动者的权利与义务，强化了政府责任，明确了社会保险行政部门和社会保险经办机构的职责，确定了社会保险相关各方的法律责任。社会保险自此成为一项受法律保护的社会权利。《社会保险法》确立了我国社会保险制度的框架，把城乡各类劳动者和居民分别纳入相应的社会保险制度，努力实现制度无缺失、覆盖无遗漏、衔接无缝隙，使全体人民在养老、医疗等方面有基本保障。

除了全国性的法律不断明晰外，在地方层面上，广州的政策制定从2010年以后重点在于城乡居民养老保险的逐步并轨，以及居民养老保险与职工保险的转移接续问题。2008年广州先后颁布了《广州市城镇老年居民养老保险试行办法》和《广州市农村社会养老保险试行办法》，首次将养老保险的对象从职工扩大到居民，从城市延伸到农村，正式实现了养老保险制度人群的全覆盖。2010年《广州市新型农村社会养老保险实施办法》出台，在原有农村社会养老保险的基础上，吸收合并了被征地农民养老保险，即在2010年新农保实施后被征地的主体，统一参加新农保。2012年《广州市城乡居民社会养老保险试行办法》出台，将城镇居民养老保险和新农保合并。2013年11月广东省人民政府印发《广东省城乡居民社会养老保险实施办法》，在整合新农保和城居保两个制度的基础上，建立了全省统一的城乡居民社会养老保险制度，明确了两个保险制度的

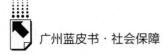

合并方式，原来的新农保和城市居民医保与新制度的转换，将参保人原来的缴费年限和个人账户合并计算。2014年《城乡养老保险制度衔接暂行办法》实施，解决城镇职工养老保险和城乡居民养老保险跨制度转移接续问题。

结合广州外来人口众多、人口流动性大的特点，广州在政策的制定和执行两个层次上都不断完善养老保险关系的转移的可行性与便利性。根据国务院2009年颁布的《城镇企业职工基本养老保险关系转移接续暂行办法》，广州明确了外地户籍参保人在广州退休及领取待遇的条件。从2014年1月起，广州把社保关系转移的权限下放到区，从非本市统筹区域转入广州的养老保险关系，可以在区社保机构一站式办理。

广州养老保险体系不断朝着提升统筹层次、制度并轨的方向改革。从2015年1月1日起，广州市企业职工基本养老保险的单位缴费比例由20%和12%两种单位缴费比例统一调整为14%，个人缴纳比例保持8%不变。统一企业缴费比例没有影响个人养老保险待遇，为不同经济性质的企业创造了更公平的竞争环境。

三 广州养老保险面临的挑战

（一）养老制度并轨的压力

随着社会的进步，公平性成为各种基础社会制度中最受关注的问题。养老保险中的城乡差异、人群差异成为制度改革中的重点领域。

从2008年以后，农村养老制度从无到有，改革幅度大，短时间内经历了三次重大改革，即第一阶段在2008年探索建立制度；第二阶段在2010年统一农村养老制度；第三阶段在2012年实现城乡一体化。短短的四年间实现了城乡居民养老保险制度并轨。截至

2014 年 9 月，广州共有 124 万城乡居民参保，42 万人享受养老金待遇，平均养老金 559 元/月，其中基础养老金为 150 元/月。但2014 年广州企业退休人员人均养老金达 3019 元/月，城乡居民和城镇职工之间差距巨大。

公务员、事业单位职工和企业雇员之间的养老保险制度差异，同样是亟待改革的领域。2014 年 5 月，国务院发布《事业单位人事管理条例》，事业单位职工和城镇职工养老金并轨问题有了实质性进展。条例规定"事业单位及其工作人员依法参加社会保险，工作人员依法享受社会保险待遇"。事业单位养老保险制度改革将会是全国"全民参保登记计划"中的主要措施之一，2014 年会在部分地区试点，2015 年完善方案，2016～2017 年全面实施。这也将是今后几年广州养老保险制度并轨的重点工作方向。

（二）养老基金的保值增值

养老保险基金平衡，是指在一定的核算期内养老保险基金的筹集与支付总量对等。基金保持平衡是养老保险制度正常运行的基础，养老保险制度是确定基金收支的依据。各个国家实行的养老保障制度各有差异，有的是现收现付，有的是完全积累，还有的是部分积累。在全国统一的制度框架内，广州目前运行的是统账结合的养老保险制度，该制度吸取和学习了大量国际经验，社会统筹部分现收现付，个人账户实行基金积累制。

近年来，对于养老基金的描述似乎处于矛盾状态，一方面养老基金赤字的新闻不间断地成为社会关注的焦点；另一方面，广东养老保险基金累计结余规模位居全国第一，导致养老保险待遇提升的压力突出。养老保险基金的不平衡主要有三方面的原因：一是养老金当期收支，即社会统筹部分的不平衡，导致统筹账户赤字；二是做实个人账户仍然在试点阶段，截至 2013 年底，全国共有 13 个省份开展了做实企业职工基本养老保险个人账户试点，但部分个人账户仍然是虚值，广东养老基金的累计结余主要来自个人账户；三是累计结余基金缺乏良好的投资运营渠道，导致结余基金贬值。其中一和二属于制度性缺陷，三则属于政策性缺陷。因此，在描述养老保险基金时，通常有累计节余和空账、赤字同时存在，累计结余实际上是个人账户中的做实部分，赤字是统筹基金超付，空账则是个人账户中的虚值。养老账户统账结合是我国养老保险制度的一个创新探索，但目前的部分累计制度，在现实中由于基金管理的效率和制度转型的成本，正逐步演变为现收现付的名义账户制度。如果不能及时解决养老基金保值增值的难题，将使养老保险制度的可持续性受到威胁。

传统上，养老保险基金的平衡主要通过开源完成，但随着覆盖比例的不断上升，节流也成为基金管理的重点。在养老保险制度开始执行的早期，扩面一直是保持基金平衡的重要手段。广东省提出"扩大覆盖、强化征缴、规范支出"的基本方针，对于短期内缓解养老金的刚性支付压力，维持养老金的收支平衡，保持一定的支撑能力。从 2011 年开始，"扩面"已经到达平台期，保障基金安全成为工作重点，2011 年相继出台《广州市社会保险基金现场监督工作制度》《广州市社会保险基金监督举报工作管理办法》，2013 年颁布《广州市社会保险义务监督员管理办法》，同时广州市人社局与公安局联合开展打击社保领域欺诈骗保专项行动。

然而，开源和节流都不能从根本上解决基金增值的需求问题。社保基金实行分账核算、统一管理的模式，养老保险基金与工伤、失业、生育保险基金统一存入社会保障基金财政专户。在目前政策监管的要求下，专户资金主要是以存入银行和用于购买国债为主，收益率低，不利于养老金的保值和增值。报经国务院批准，广东省政府和全国社保基金理事会 2010 年 3 月 19 日在北京签订了委托投资协议，千亿元养老金结余资金委托全国社保基金理事会投资运营，最初委托投资期限定为两年。广东省政府成为全国首个将养老金部分结余资金委托给专业机构投资运营的地方政府。基金会有更广泛的境内外投资许可，管理也更透明、严谨，因此比普通的养老基金有更高的回报。2012 年委托投资的千亿元养老金年化收益率达到 6.73%，广东省政府将委托协议延长三年。根据《全国社会保障基金理事会基金年度报告（2013）》，到 2013 年末，1000 亿元基金的累计投资收益 94.50 亿元。广东省"入市"的千亿元养老金来自累计结余的七个县市和省直的基金统筹单位，对于更大范围的基金管理，仍然有待探索。

（三）城市化和人口流动带来保险关系接续困境

广州作为改革开放的前沿地区，从 20 世纪 90 年代初就开始吸引大量的外来人口流入，同时，由于经济和社会环境的快速变化，人口的流动较为频繁。根据广州第六次人口普查的数据，2010 年末常住人口 1270 万，其中常住户籍人口 794 万，同"五普"时相比增长 19.76%；常住非广州户籍人口 476 万，同"五普"相比增长 43.81%。外来人口的增速高于户籍人口，外来人口在常住人口中的比重已由 2000 年的 33.29% 提高到 37.48%。根据广州市来穗人员服务管理局的数据，截至 2013 年底，广州实际居住的流动人口为 837 万人左右，常住户籍人口为 832 万，即外来人口数量已经超过户籍人口数量。

养老保险核心是实现社会再分配，职工基本养老保险社会统筹部分养老金"以本人退休时当地上年度在岗职工月平均工资和本人指数化月平均缴费工资的平均值为基数，缴费每满 1 年发给 1%"。在这种计发方式下，养老金待遇与当地社会平均工资相关，在统筹区域内能实现一定社会再分配。但由于不同区域的社会平

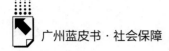

均工资不同，统筹区域之间的养老金水平相差悬殊，统筹区域间没有任何社会再分配功能，这也是当前城镇基本养老保险转移困难的关键原因之一。因此养老保险的转移必须根据经济社会发展的现实，逐步推进。

由于长三角和西部不断发展，省内流入外来人口已经成为广州外来人口的最大来源，解决省内社会保险关系的转移既符合现实的条件，也能解决大量外来人口的诉求。2008年，广东省政府颁布《关于改革完善省级养老保险调剂办法的通知》，从2009年起，将各市上缴的省级调剂金比例从单位缴费的3%提高到9%；同时出台《广东省基本养老保险关系省内转移接续暂行办法》，提出采取待遇分段计算、发放责任共担方式等原则，以实现养老保险关系省内无障碍转移。到了2014年10月以后，广东省内基本养老保险关系转移进一步简化，两地社保经办机构无须通过邮寄方式传送纸质的转移联系函和信息表，只须通过省内电子转移平台传递数据。虽然养老保险关系的省内转移已经实现无障碍转移，作为转移接续最关键基础的省级统筹仍然未能实现，经济发展的不平衡，以及各地缴费比例、缴费基数差异大，仍然是阻碍省级统筹实现的重要障碍。

四 广州养老保险的发展方向

（一）强化养老基金的可持续性

开源、节流以及基金的保值增值，是强化养老保险基金可持续性的重要保障。开源要求劳动者以及更多的居民参保，同时也要根据人口结构、预期寿命、平均劳动年限等因素适时调整缴费年限。节流要求提高保险基金的管理效率，加强监督，确保基金安全。

2014年《广州市完善和创新社会保障体系总体方案》中提出，

要创新社会保险基金监督机制，建立部门联合打击欺诈骗保的工作机制。方案还提出，积极探索建立随财力增长的财政性资金投入长效机制，多渠道筹集保障资金。完善社会保险基金增值管理制度，在确保支付待遇的前提下，采取定期存款、购买国债和其他方式，做好节余基金的保值增值工作。完善社会保险基金预决算制度。

（二）健全养老保险关系衔接政策

养老保险制度的衔接包括不同险种之间的关系转移续接，也包括不同地域之间养老保险关系的转移续接。地域之间的转移涉及地区经济发展不平衡，以及制度之间的差异，更需要上级政府予以政策的支持和财政资金的转移支付，广州作为地区政府，在跨地域保险关系的推进上，更多是扮演参与和配合的角色。

在不同养老保险险种的衔接上，广州需要通过对管理机构、执行机构、待遇水平、缴费制度等各方面的科学设置和差距缩小，逐步缩小人群间、行业间、险种间的差距，使得不同险种之间的转移续接更加顺畅。

（三）完善多支柱养老保险制度

面对老龄化社会的到来，养老保险制度的完善应该成为养老保障的坚实支柱，但不是唯一支柱，不同保障制度之间应该能相互配合，以适应和保障不同人群的需求。以房养老是商业养老保险的大胆尝试，未来应该提供更多不同的制度和产品供给，满足不同群体的养老保障需求。

在国际经合组织和G20中，不同国家公共年金占退休后收入比重最高和最低的五个国家分别列举如下（见表8），公共年金占退休后比重最小的五个国家，都有各自发展的特点，比如韩国，从1960年就开始建立养老保险制度，从一开始就将目标定为包含公立和私立的多重套餐式的养老保险制度;美国则因为没有统一的退休制度,同时有发达的金融市场,因此退休后的收入较为多元和均衡。

表 8　国际经合组织及 G20 中公共年金占退休收入比例最低的五国

单位:%

国家	智利	韩国	墨西哥	以色列	美国
公共年金(由政府支付的养老金)	6.61	16.28	25.79	33.79	37.56
劳动收入	62.15	62.97	57.89	27.23	32.21
资本收入	31.24	20.75	16.32	38.98	30.23

如表 9 所示,公共年金占比最高的五个国家全是欧洲高福利国家,且占收入的比例均超过 80%。进入 21 世纪以后,欧洲福利国家纷纷遭遇金融危机,过高的社会福利被指为许多社会问题的根源。

表 9　国际经合组织及 G20 中公共年金占退休收入比例最高的五国

单位:%

国家	芬兰	奥地利	比利时	卢森堡	匈牙利
公共年金(由政府支付的养老金)	80.41	80.99	81.31	81.45	86.08
劳动收入	10.79	15.49	11.27	13.17	12.06
资本收入	8.79	3.52	7.42	5.38	1.87

资料来源:国际经贸合作组织养老金报告"Pensions at a Glance 2013 OECD and G20 indicators",http://www.oecd.org/pensions/public-pensions/OECDPensionsAtAGlance2013.pdf。

国际经合组织和 G20 的经验表明,多支柱养老是完善养老保障体制的必然组成,但是各国需要根据各自经济社会发展的实际情况决定各个支柱在养老体系中的重要程度。广州的养老保险体系建设已经有相当的基础,其他支柱的建设应该同步推进,互为支持,才能够更好地发挥养老保险的保障作用。

参考文献

董克用、孙博:《从多层次到多支柱:养老保障体系改革再思考》,《公共管理学报》2011 年第 1 期。

吴瑞坚:《新时期"农转居"人员养老保障均等化研究——以广州四个转制社区为例》,《探求》2013 年第 6 期。

龙朝阳、申曙光:《养老金制度融资方式转轨的理论思辨》,《经济学家》2013 年第 2 期。

阳程文:《城镇灵活就业人员参加社会养老保险制度影响因素实证分析——基于对广州中心城区的调查研究》,《社会科学论坛》2014 年第 9 期。

余伟:《关于广州人口老龄化及养老问题的思考》,《探求》2010 年第 2 期。

赵立航:《基本养老保险省级统筹问题及对策——以广东省为例》,《广东社会科学》2009 年第 4 期。

OECD (2013), "Gross pension replacement rates", in Pensions at a Glance 2013: OECD and G20 Indicators, OECD Publishing. Available at: http://dx. doi. org/10. 1787/pension_ glance – 2013 – 12 – en.

UNFPA, "Ageing in the Twenty-First Century: A Celebration and A Challenge", Published by the United Nations Population Fund (UNFPA), New York, and HelpAge International, London.

B.3
广州城乡居民基本养老保险金
水平的适度性测算[*]

许永舜　陈康成　白铭文[**]

摘　要：　社会养老保险是一项重要的社会保障制度，对社会的平稳发展具有重要影响。本文以供需理论为基础，广泛收集有关数据，测算广州市城乡居民基本养老保险金水平的适度性，主要目的为政府出台相关政策提供参考，以保障市民养老基本生活需要，建设幸福广州。本研究从三个维度展开：首先，养老保险水平及其适度性内涵研究，明确衡量指标及水平适度性的判断标准；其次，从财政支出、替代率等角度，全面分析、评价广州市城乡居民基本养老保险适度性现状；再次，根据适度替代率预测，分析测算到2020年广州市城乡居民基本养老保险金的适度水平，并在兼顾前瞻性和现实性的前提下，提出相关政策建议。

关键词：　城乡居民基本养老保险金　适度性

---

　* 广州市城乡居民基本养老保险金水平适度性研究课题由广州市人力资源和社会保障局农村社会保险处承担。

** 课题组成员：许永舜，农村社会保险处处长，主要研究方向为农村社会保障；陈康成，农村社会保险处副处长，主要研究方向为农村社会保障；课题执笔人白铭文，北京大学人口学硕士，主要研究方向为农村社会保障。

一 研究的理论背景及方法简述

养老保险制度是现代社会保险制度的基础内容，是城乡老龄人获取基本生活资源的主要途径，它通过构建养老保险体系、发放养老金来实现对老年人基本经济生活的保障。养老金的适度性水平不仅关系到老年人生活的稳定性，影响着参保人员的供给压力，也关系到整个养老保险制度的可持续性，是养老保险领域中的一个重点，具有很强的理论性。

广州市城乡居民基本养老保险制度自 2008 年开展以来，经过不断调整完善，逐步受到广大市民的认可，参保人数不断增多。截至 2014 年 8 月底，全市基本实现参保全覆盖；目前，已有 40 万人正在领取城乡居民养老金，平均养老金水平为 559 元/月。城乡居民基本养老保险覆盖的人群是非从业的户籍居民，其缴费方式、待遇水平均与城镇职工养老保险有巨大差异。2012 年，广州市城镇老年居民养老保险和原新农保将统筹并轨，对于养老金水平的适度性再次提出挑战。在城乡居民基本养老保险制度不断探索和完善的过程中，养老金额度设定的适度性成为制度可持续和良性发展的根本要求，也成为制度不断完善的重点和难点。

（一）养老金适度水平的含义

养老保险的基本功能是：保持社会稳定和促进经济发展；保障退休人员基本经济生活，鼓励就业劳动者的劳动积极性。养老金水平有高低之分，同样养老金水平有适度与不适度之分。贾洪波（2005）[①]提出适度养老金的具体测定标准是养老金支出要与国家生产力发展水

[①] 贾洪波、李国柱：《养老金适度水平分析》，《辽宁工程技术大学学报》（社会科学版）2005 年第 7 期。

平及各方面承受能力相适应，它应该在保障老年人基本经济生活的同时促进国民经济的健康发展。所以，笔者认为适度养老金水平要与养老保险的基本功能相适应，适度养老金水平标准应是能够保障老年人基本经济生活，也与财政负担能力相适应。城乡居民基本养老保险金低于适度水平，不仅不利于城乡老年人基本生活保障，而且抑制城乡消费增长、降低老年人生活水平。城乡居民基本养老保险金高于适度性水平，又会压制就业人员的工作积极性，增加财政负担和延缓国民经济增长。

（二）养老金适度性测量办法和指标选择

养老保险适度水平研究围绕养老金替代率指标开展，基于三个方面进行。第一，从保证养老保险基金良性运行为目标，通过建立稳态经济和均衡状况下的养老金替代率模型，测算养老金替代率的适度水平，尝试实现供需平衡。但不同学者选取关键因素的侧重点有所不同，贾宁、袁建华（2010）[①] 以个人账户养老金与农民人均纯收入的比值作为替代率，分析新农保替代率的影响因素；杨翠迎、郭光芝（2012）[②] 基于新农保替代率分析财政参保补贴增长的确定；于宁（2007）[③] 侧重需求和供给条件、人口老龄化程度等。第二，从需求与消费的角度，贾宁、袁建华（2010）以个人账户养老金与农民人均纯收入的比值作为替代率，分析新农保替代率的影响因素；米红、邱晓蕾（2005）[④] 根据不同收入群体消费结构的差异进行养老金替代

---

① 贾宁、袁建华：《基于精算模型的新农保个人账户替代率研究》，《中国人口科学》2010 年第 3 期。
② 杨翠迎、郭光芝：《各地新农保养老金及补贴标准合意增长水平研究》，《西北农林科技大学学报》2012 年第 5 期。
③ 于宁：《基本养老保障替代率水平研究》，上海人民出版社，2007。
④ 米红、邱晓蕾：《中国城镇社会养老保险替代率评估方法与实证研究》，《数量经济技术经济研究》2005 年第 2 期。

率确定。第三，从保险精算的角度，邓大松、薛惠元（2010）① 运用保险精算的方法，以替代率作为指标对国家新农保制度进行评价。

我们基于以上学者的研究结果，拟对城乡居民基本养老保险金适度性的研究从经济学上的供需理论出发，从供给和需求两个方面并选取目前主流指标开展研究，同时兼顾整体养老保险制度分析，对广州市城乡居民基本养老保险金适度水平现状进行测算、分析和评价。一是城乡居民基本养老保险需求方面，包括：享受城乡居民基本养老保险的人口总量，城乡居民基本养老保险保障程度的高低，这里我们选取养老金替代率作为指标代表。二是城乡居民基本养老保险供给方面，包括：财政收入、农民收入和储蓄、城乡居民基本养老保险基金增值，这里我们选取财政支出作为主要测量指标，具体说明如下。

（1）从基本养老金需求角度开展比较研究。首先，从城乡居民基本养老保险金绝对值角度，与国内大城市进行对应比较，分析制度差异。其次，选取养老金替代率指标，分析现有广州市城乡居民基本养老保险金保障程度。需要说明的是，目前学术上对于替代率有三种定义：一是指每个参保人给付期第一年的养老金与给付期前一年收入的比率，指标构建以参保人为对象的目标替代率；二是平均替代率，将退休职工和在职职工作为整体进行研究，计算社会平均养老金与社会平均劳动收入的比率；三是指退休人口养老金总额与当年劳动人口收入总额之比，它能够反映整个社会的负担程度，但并不反映单个的退休人员的受保障水平（黄晓，2007②；徐颖、李晓林，2009③）。从

① 邓大松、薛惠元：《新型农村社会养老保险替代率的测算与分析》，《山西财政大学学报》2010年第4期。
② 黄晓：《中国基本养老保险基金收支均衡政府责任及其策略研究》，西南交通大学博士学位论文，2007。
③ 徐颖、李晓林：《中国社会养老保险替代率水平研究述评》，《求索》2009年第9期。

数据获得和更加客观的角度，城乡居民基本养老保险金替代率我们使用的是平均替代率的概念，即城乡居民基本养老保险金替代率是指城乡居民基本人均养老金与农村居民人均纯收入的比，由于广州市城乡居民养老保险制度主要由原广州市新型农村养老保险制度整合而来，而原新农保参保群体是农村户籍居民，结合目前广州市城乡居民养老保险全部参保人数 123 万人中，农村户籍居民大约 110 万人，考虑到普遍性，所以在选取指标口径时都用到农村居民对应指标代替，用农民人均纯收入做替代率分母。

（2）从财政供给角度进行纵向分析和横向比较研究。我们以财政对城乡居民基本养老保险财政支出增长率为指标进行分析，借此分析当前广州市城乡居民基本养老保险财政支出纵向的变化情况；然后，进行横向比较分析，即以每个参保人每年享受的政府资助为例，衡量广州财力投入与国内主要大城市财力投入力度大小，具体从财政当期投入和财政长期投入方面进行测算。

二　广州市城乡居民基本养老保险基本情况

（一）制度体系发展历史沿革

按照《社会保险法》对我国基本养老保险的制度安排，分别为城镇企业职工基本养老保险制度和城乡居民基本养老保险制度。对于在企事业单位参加工作的职工必须依法参加城镇职工基本养老保险制度；对于无雇工的个体工商户、未在用人单位工作的灵活就业人员可以参加城镇职工养老保险；城乡居民中未就业群体可以参加城乡居民基本养老保险制度。在我国，该制度最早可追溯到 20 世纪开展的农村社会养老保险制度，早在 1991 年就初步开始实行，1999 年国务院停止推行该制度。2009 年，农村社会环境已经发展巨大改变，农村养老保险制度改革重新提上日程。在全国范围内，对"旧农保"制度进行改革和完善，出台"按照个人缴费、集体补助、政府补贴相结合"新型农村社会养老保险制度（以下简称"新农保"），2011年出台《城镇居民社会养老保险试点的指导意见》；2014年2月，将两个办法合并，出台《关于建立统一的城乡居民基本养老保险制度的意见》（以下简称"城乡居民基本养老保险"）。

广州市的城乡居民基本养老保险制度体系建设，与广州城市化进程紧密相连。从2006年开展"农转居"人员养老保险工作开始，出台了《广州市农转居人员基本养老保险办法（试行）》，当时覆盖的范围为城市近郊房屋拆迁的农村居民。2008年4月实施了被征地农民的养老保险；2008年10月实施了城镇老年居民养老保险，同年11月又实施了农村社会养老保险。2010年9月，广州市在整合原被征地农民养老保险和农村社会养老保险制度的基础上，颁布实施了新型农村社会养老保险制度。但是，由于城镇与农村居民的养老保险问题分属两个不同类型的制度管理，在缴费水平、待遇享受条件、待遇水平等方面存在差异，广州市对原城镇老年居民养老保险办法和新农保办法进行了整合，形成了新农保制度，并于2012年8月全面实施。2013年以来，国家和省陆续出台新的城乡居民基本养老保险的政策，2014年，按照"全覆盖、保基本、有弹性、可持续"为指导方针，广州市以贯彻落实国家和省城乡居民基本养老保险政策为指引，修订原城乡居民基本养老保险办法，于2014年12月以《广州市城乡居民基本养老保险实施办法》正式颁布实施。广州市城乡居民基本养老保险制度实施以后，截至2014年8月底，广州市共有123万城乡居民参加了城乡居民社会养老保险，参保率达99%。全市约有40万人享受城乡居民基本养老保险待遇，城乡居民基本养老保险平均养老金559元/月。

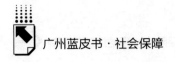

（二）广州市城乡居民基本养老保险的基本政策内容

1. 低水平，广覆盖，重制度

城乡居民基本养老保险与当地经济社会发展水平和城乡居民的承受能力相适应，这样才能做到可持续。广州市城乡居民基本养老保险制度在广覆盖方面，除在校学生外，16 周岁以上具有广州户籍的居民，都可以在户籍所在地自愿参加城乡居民基本养老保险，对于灵活就业人员，鼓励他们参加城镇企业职工基本养老保险，缴费确有困难的，也可以自愿参加城乡居民基本养老保险。这种覆盖基本可以说是一个托底政策，凡是没有参加城镇职工养老保险制度的其他本地户籍居民，都可以参保，解决老年生活保障的基本需求。

2. 政府和个人集体共同负担参保费用

广州市城乡居民基本养老保险制度按照国家要求，采取个人缴费、集体补助和政府补贴相结合的筹资方式，分为七个档次，参保人可以根据个人的经济情况选择档次参保，为激励参保人按更高档次标准缴费，政府对于个人缴费和集体缴费都按照档次标准，缴费档次越高，政府给予补贴越高。其中个人缴费每月标准分别为：10 元、30 元、50元、70 元、90 元、110 元和 130 元及以上（最高不超过 300 元）。村集体经济组织每月补助标准分别为：5 元、10 元、20 元、30 元、40 元、50 元和 60 元及以上（最高不超过 300 元）。政府根据参保人个人缴费标准给予每月的补贴分别为：15 元、35 元、50 元、60 元、70 元、75元和 80 元，同时，根据村集体经济组织补助标准给予每月的补贴分别为：5 元、10 元、20 元、25 元、30 元、35 元和 40 元。

3. 保障基本养老待遇，鼓励多渠道解决养老问题

目前我国已进入人口老龄化社会，为老年人提供更好的养老保障，政府首先应保证其基本生活需求。广州市城乡居民基本养老保险参保人待遇包括基础养老金和个人账户养老金，政府全额出资基础养

老金，标准为 165 元/人·月。此外，缴费累计年限超过 15 年的，每超过 1 年，增加发放基础养老金 6 元，个人账户养老金的月计发标准为个人账户储存额除以计发月数。经测算，广州市城乡居民基本养老保险参保人累计缴费 15 年后，按照缴费档次最低和最高，养老金水平可达 210~1097 元之间。另外，在社会养老保险之外，鼓励有条件的城乡居民建立个人和家庭养老计划，甚至购买商业保险。弘扬优良传统，发挥好家庭赡养和社会慈善在养老保障方面的重要作用。

三 广州市城乡居民基本养老保险金适度性分析

从养老金需求角度分析，广州市城乡居民基本养老保险金总额水平居前，养老金结构异于其他城市。通过与全国部分城市的比较（见表 1），就整体城乡居民基本养老保险金水平来说，广州市城乡居民基本养老保险平均养老金达到 559 元/月，与国内和省内主要中心城市相比，广州市城乡居民基本养老保险金水平高于北京、天津、深圳、南京、珠海等城市，仅低于上海，城乡居民基本养老保险金排名高于广州市 GDP 在全国大中城市的排名。由此可见广州市城乡居民基本养老保险参保人员，在养老金获取方面享受了广州市经济繁荣的成果。

从养老金构成来看，特别是基础养老金占总体养老金的比例来看，广州市城乡居民基本养老保险基础养老金所占整体养老金比例为26.83%，比例最低；但其他城市基础养老金占比都在 80% 以上，如上海，基础养老金比例高达 87.8%，比例位列表内城市之首；基础养老金占养老金绝大部分，个人账户养老金比例相对较小，为绝大城市的共性，广州与这些城市在养老金构成方面存在很大差异，也影响到各地财政在对城乡居民基本养老保险制度当期投入和远期投入方面分配财力的不同。

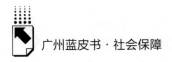

表1   我国部分城市城乡居民基本养老保险金比较

单位：元/月，%

城　市	养老金	个人账户养老金	基础养老金	基础养老金占总体养老金比例
	（1）=（2）+（3）	（2）	（3）	（4）=（3）/（1）
上　海	615	75	540	87.80
广　州	559	409	150	26.83
北　京	540	110	430	79.63
珠　海	516	186	330	63.95
深　圳	353	53	300	84.99
南　京	291	46	245	84.19
天　津	290	70	220	75.86
广东省	96	16	80	83.33
国　家	90	35	55	61.12

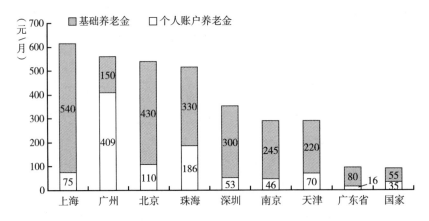

图1   我国部分城市城乡居民基本养老保险金比较

资料来源：各地人力资源和社会保障信息网。

广州市城乡居民基本养老保险金的替代率在近几年出现了明显的下行趋势。2009～2013年，我们用城乡居民基本养老保险近年来平均养老金除以农民年人均纯收入计算替代率发现，广州市城乡居民基本养老保险金替代率一直维持在30%左右水平，替代率较低；同时，广州市城乡居民基本养老保险金水平在该期间从3852元/年增加到

5952 元/年，增长了 0.55 倍；而广州市农民人均纯收入从 11067 元增长至 18887 元，增长了 0.71 倍，养老金的增幅低于农民人均纯收入的增幅，故广州市城乡居民基本养老保险替代率从 2009 年的 34.81% 降到 2013 年的 31.51%，下降了 3.3 个百分点，水平较低（见表 2、图 2）。未来，随着国家政策对农村居民增加收入方面进一步倾斜，中共中央十八届三中全会提出到 2020 年将实现农村居民收入翻一番，故未来随着农民人均纯收入进一步增长，城乡居民基本养老保险金若维持目前低增长速度，未来替代率水平将进一步下降。

表 2　广州市城乡居民基本养老保险金及其替代率

单位：元，%

年份	年平均养老金	农民年人均纯收入	替代率
2009	3852	11067	34.81
2010	4344	12676	34.27
2011	4584	14818	30.94
2012	5472	16788	31.74
2013	5952	18887	31.51

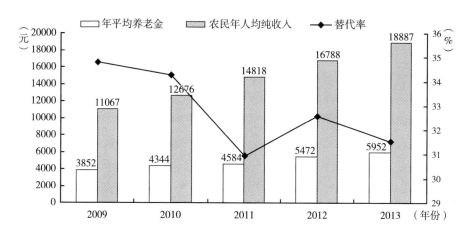

图 2　广州市城乡居民基本养老保险金及其替代率

资料来源：《广州统计年鉴》（2009～2013 年）。

从财政供给分析，广州市城乡居民基本养老保险财政支出呈现先紧后缓的现象。从表3中可以看出，2010年、2011年城乡居民基本养老保险财政支出出现大规模增长，究其原因，主要由于广州市城乡居民基本养老保险政策在2009年开始实施，广东省政府同年提出要求全省"2009～2011年三年内实现城乡居民基本养老保险制度全覆盖"的扩面工作任务影响，特别是2011年大量参保人员参保缴费，在享受参保缴费补贴方面，以及大部分60周岁达到领取基础养老金的城乡居民进入享受待遇群体，两者同时领取政府补贴和养老金待遇，造成财政在短时间内大批投入，较2010年基本翻倍增长。随着2011年扩面任务完成后，参保人员和领取待遇人数的覆盖完整、数量稳定，财政支出绝对值在2012年比2011年甚至出现了下降，之后城乡居民基本养老保险的当期财政支出也趋于平稳，形成了较稳定的政策研究人群基础，为广州市大数据角度研究分析有关政策提供了可行空间。

表3　广州市城乡居民基本养老保险财政支出增长速度

单位：%

年份	财政支出增长速度	年份	财政支出增长速度
2009	—	2012	-20.78
2010	2.62	2013	6.36
2011	140.57		

说明：表中数据为城乡居民基本养老保险市级财政和县级财政支出总计。

广州市城乡居民基本养老保险财政投入方面在全国大城市中仍有不足。在城乡居民基本养老保险制度设计原旨中，一直强调政府承担主要责任，一般采用政府兜底、超额共担方式，即参保个人和政府共同出资建立个人账户，政府全额资助基础养老金，由于全国各地财政投入数据难以获得，我们将以政府对单个参保人资助的1年政府补贴为例进行测量，个人补贴等于政府缴费补贴和基础养老金之和。如表4所示，通过政府对个人补贴额度比较，广州市城乡居民基本养老保险总补贴低于北京、上海、珠海、深圳，财政投入仍显不足。

表4 我国部分城市政府补贴比较

单位：元/年

城市	缴费补贴		基础养老金补贴	政府总补贴	
	最低档缴费政府补贴（1）	最高档缴费政府补贴（2）	基础养老金（3）	最低总补贴=（1）+（3）	最高总补贴=（2）+（3）
上海	200	575	6480	6680	7055
北京	30	30	5160	5190	5190
珠海	468	936	3960	4428	4896
深圳	30	120	3600	3630	3720
广州	240	1440	1800	2040	3240
南京	120	120	2940	3060	3060
天津	60	150	2640	2700	2790

广州市城乡居民基本养老保险金适度性总体评价。与其他大城市比较，广州市的城乡居民基本养老保险制度更具养老保险制度特点和优势，更具有可持续性，但也存在养老金替代率较低和财政总体投入相对不足的问题。

一是制度建设方面，广州市城乡居民基本养老保险制度有一定的比较优势，具备可持续发展的现实基础。广州市城乡居民基本养老保险制度设置了政府补贴随缴费增长而增长的缴费激励机制，激励参保人选择较高档次缴费，以获得高档次政府补贴，广州市城乡居民基本养老保险金的个人账户养老金约是基础养老金的2.5倍，说明个人缴费对于养老金水平的贡献度比较大，不仅强调社会化筹资，而且注重参保人个人保障责任，符合社会保险的特征，更有利于保险制度的可持续发展。而相比其他城市，基础养老金占了养老金绝大份额，以北京为例，基础养老金是个人账户养老金的4倍，政府承担了主要的支付责任，在

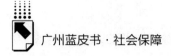

这种政策下，财政补贴占养老金支出的比重过高，过分强调了城乡居民基本养老保险的福利性特点，弱化个人责任。而政府财政支持过重会影响制度的长远发展和财政的可持续性，引起财政资金需求膨胀。

二是广州市城乡居民基本养老保险金替代率偏低，离城乡居民老年生活需求尚有差距。尽管广州市城乡居民基本养老保险政策制度运行情况良好，但通过对养老金替代率分析发现，广州市城乡居民基本养老保险金增长水平跟不上农民人均纯收入的增幅，替代率较低，一直维持在30%左右，且未来替代率有进一步降低的趋势，难以满足城乡居民的未来老年生活需求，广州的城乡居民基本养老保险金替代率亟须提高。

三是广州市城乡居民基本养老保险财政投入巨大，但与其他国家中心城市比较，仍显不足。从当期财政投入来看，广州市城乡居民基本养老保险财政支出与其他的国家中心城市比较偏高，但结合未来财政总投入来看，由于基础养老金过低，总体财政投入仍显不足，远低于北京、上海，也低于同省的深圳、珠海。

四　2014~2020年广州市城乡居民基本养老保险金标准测算

从以上分析来看，广州市城乡居民基本养老保险金水平仍存在替代率偏低和财政投入相对不足的问题，广州市城乡居民基本养老保险金达到多少才为适度，这不仅和个人缴费档次有关，同时也与财政投入相关联。因此，我们尝试结合专家对替代率的研究和广州实际数据，对广州市2014~2020年城乡居民基本养老保险金和基础养老金进行测算，期望能对将来政策发展给予一定帮助，即确定未来适度养老金的标准，据此来确定个人缴费档次标准和财政投入标准。

城乡居民基本养老保险目标替代率的水平应定位多少？汪东旭、

李青（2011）① 根据农村居民人均食品支出、消费支出、恩格尔系数等数据，确定新农保适度养老金的替代水平上下限为31%～68%。我们从替代率的本意出发，由于农民收入除了外出务工工资性收入外还包括土地收入，城乡居民基本养老保险金目标替代的是农民工资性收入，从表5中可看出，2008～2012年农民工资性收入占人均纯收入算术平均数为63%，也就是说城乡居民基本养老保险金的替代率不应高于63%；2014年9月人社部农保司在北京召开培训工作会议上提出，城乡居民基本养老保险目标替代率全国水平应定位为30%；我们认为：广州市作为国家中心城市，应比国家总体要求的目标替代率30%要高，因此，我们在30%～63%取中间数45%作为广州市城乡居民基本养老保险目标替代率，45%目标替代率也在学者测算的目标替代率31%～68%范围内。

表5　2008～2012年广州农民工资性收入占纯收入的比例

单位：元，%

年份	农民人均年工资性收入	农民人均年纯收入	比例
2008	6239	9828	63.48
2009	6772	11066	61.20
2010	7775	12675	61.34
2011	9273	14817	62.58
2012	10984	16788	65.43

资料来源：《广州统计年鉴》（2009～2013年）。

（一）城乡居民基本养老保险整体养老金适度水平测算

根据广东省《珠三角地区改革发展规划纲要》对于在2017年

---

① 汪东旭、李青：《新型农村社会养老保险合意替代率》，《分析经济研究党政干部学刊》2011年第11期。

全面建成小康社会的目标定位，养老金作为老年城乡居民重要收入，应做适度调整。我们用目标替代率45%的标准，对养老金水平进行测算。

首先推测2013~2020年农民纯收入水平，再乘以目标替代率预测适度养老金[①]。经预测，城乡居民基本养老保险适度养老金水平到2020年达到1152元/月，这水平相当于2014年广州市559元/月水平的两倍，也符合中共中央十八届三中全会提出的农民收入水平到2020年翻一番的目标（见表6、图3）。

表6　2008~2020年广州市城乡居民基本养老保险金适度水平

单位：元，%

年份	农民月人均纯收入	替代率	应达到月养老金水平	实际值
	（1）	（2）	（3）=（1）×（2）	
2008	819	45	369	—
2009	922	45	415	321
2010	1056	45	475	362
2011	1234	45	555	382
2012	1399	45	630	444
2013	1528	45	688	496
2014	1675	45	754	559
2015	1822	45	820	—
2016	1970	45	887	—
2017	2117	45	953	—
2018	2264	45	1019	—
2019	2412	45	1085	—
2020	2559	45	1152	—

① 关于农民月人均纯收入的测算，以2008~2012年的5年共60个月的数据为基础，利用线性回归模型进行预测。回归模型说明：Yt = a0 + a1Xt + Ut 通过最小化误差的平方和找到一组数据的最佳函数匹配。已知点集（x1，y1），（x2，y2），……，要拟合的模型表达式为y = f（x），最小二乘法通过使∑ | yi − f（xi）| ^2 最小，可以通过对其求导得出关于每个系数的方程，将点集代入解次超定方程组进而可求得每个系数的值，最终得到方程表达式。线性回归预测值与实际值存在一定误差。

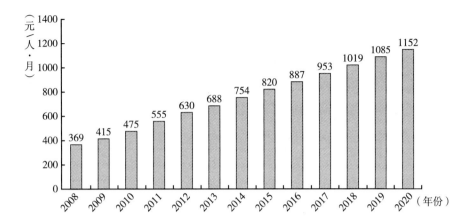

图 3　2008～2020 年广州市城乡居民基本养老保险金适度水平

（二）个人账户养老金水平测算

根据预测的养老金水平和基础养老金水平，我们同样可以算出个人账户养老金的适度水平，可以看出，个人账户养老金占的比例大，到 2020 年个人账户养老金为 900 元（见表 7、图 4），未来要提高养老金，主要在于提高个人账户养老金的水平。

**表 7　2008～2020 年广州市城乡居民基本养老
保险个人账户养老金适度水平**

单位：元

年份	适度养老金水平	适度基础养老金	个人账户养老金
2008	369	80	289
2009	415	90	325
2010	475	114	361
2011	555	127	428
2012	630	133	497
2013	688	151	537
2014	754	166	588
2015	820	180	640

续表

年份	适度养老金水平	适度基础养老金	个人账户养老金
2016	887	194	693
2017	953	209	744
2018	1019	223	796
2019	1085	237	848
2020	1152	252	900

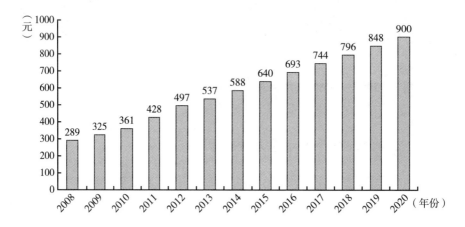

图4　2008～2020年广州市城乡居民基本
养老保险个人账户养老金适度水平

（三）基础养老金的适度水平预测

根据福利经济学理论，人的基础生存条件是满足必需的衣食住三方面需要，城乡居民基本养老保险基础养老金作为所有国民福利性待遇，至少应随着衣食住支出增长而增长。本文假设城乡居民基本养老保险基础养老金的年增长率等于广州市农村居民最低收入水平户基本衣食住支出的增长率，即以2008年基础养老金80元为标准，乘以该增长率，测算出2009年的基础养老金理论值，以此类推。

通过测算，广州市城乡居民基本养老保险适度基础养老金到2020年应达到252元。2013年广州市城乡居民基本养老保险基础养老金为

151 元，如能建立城乡居民基本养老保险基础养老金定期调整机制，按照每年 10% 的增长率调整，2020 年基础养老金能达到 252 元的目标值（见表 8、图 5）。

表 8　2008～2020 年广州市城乡居民基本养老保险基础养老金适度水平

单位：元，%

年份	农村低收入户衣食住月支出	支出增长率	应达到的基础养老金	实际值
2008	233	—	80	80
2009	261	12.02	90	80
2010	333	27.59	114	110
2011	369	10.81	127	130
2012	387	4.88	133	130
2013	441	13.95	151	150
2014	483	9.52	166	—
2015	525	8.70	180	—
2016	566	7.81	194	—
2017	608	7.42	209	—
2018	649	6.74	223	—
2019	691	6.47	237	—
2020	733	6.08	252	—

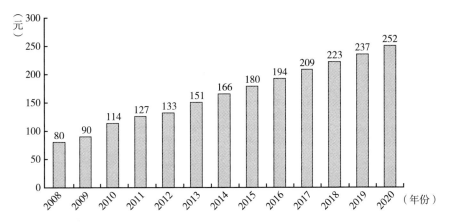

图 5　广州市城乡居民基本养老保险基础养老金适度水平

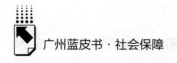

五 政策建议

一是加大"三农"扶持力度，提高农村居民缴费能力。根据养老保险制度设计，主要是个人、集体和政府三方筹资，个人要尽到缴费义务，需要提高农民收入来增强其缴费能力。在政策制定上加大对"三农"扶持力度，广州中心区域经济发展对于周边农村区域吸附性大，充分挖掘农业内部就业增收潜力的同时，应加大农村劳动力向第二、第三产业转移，促进农民收入持续增长。

二是建立城乡居民基本养老保险缴费激励机制，鼓励参保人早参保、多缴费。现行的城乡居民基本养老保险，保障水平虽在不断上升之中，但要满足人们对退休后晚年生活质量提升的期待，还有很大差距。作为政府统筹下的社会保险，在财力允许的范围内可增加投入，参考物价等因素建立缴费激励机制，通盘考虑各档缴费标准、政府补贴力度的动态调整，鼓励参保人早参保、多缴费，使得个人账户养老金也相应增长，不断接近市民的期望。

三是建立广州市城乡居民基本养老保险基础养老金正常调整机制，适度提高财政投入。总体来说，城乡居民基本养老保险制度属于近年来国家实施的一项重大民生工程，将所有未就业的城乡居民统一纳入到社会养老保险范畴，本身就需要政府适度的财政投入，广州市城乡居民基本养老保险基础养老金投入的水平与其他中心城市相比投入水平较低，建议在财力允许的范围内建立基础养老金定期调整机制，考虑物价指数和城乡居民收入增长情况，定期调整标准。

四是提高城乡居民基本养老保险个人账户基金投资收益，更好地保值增值。广州市城乡居民基本养老保险个人账户基金积累占整体基金比例较大，应增加个人账户基金收益，提高整体养老金替代率。目前广州市城乡居民基本养老保险基金仍然存入银行计息，收益较低，可将城乡居民基本养老保险个人账户基金进行市场化投资运营，如参照城镇职工养老保险投资运营做法，将基金委托给全国社会保障基金理事会运营的方式，实现基金保值增值。

参考文献

广州市人力资源和社会保障局，广州市财政局：《关于明确 2014 年城镇居民基本医疗保险过渡期有关问题的通知》，2014。

广州市人民政府办公厅：《关于印发广州市城乡居民基本养老保险实施办法的通知》，2014。

贾彦乐：《影响养老金替代率水平的制度因素分析》，《财经论坛》2004 年第 11 期。

柳清瑞、穆怀中：《中国城镇养老保险制度运行的合意性分析》，《人口与发展》2009 年第 1 期。

王晓军：《对我国城镇职工基本养老保险制度收入替代率的定量模拟分析》，《统计研究》2002 年第 3 期。

杨再贵：《企业职工基本养老保险、养老金替代率和人口增长率》，《统计研究》2008 年第 5 期。

柳清瑞：《中国养老金替代率适度水平研究》，辽宁大学出版社，2004。

养老服务篇

Report on Old-age Service

BLUE BOOK

B.4
广州社会养老服务体系发展报告

严福长 彭 杰*

摘 要： 人口老龄化对广州的经济社会发展带来了前所未有的挑战。"十二五"期间，广州市对养老服务体系建设进行了深入的探索。经过多年的努力和发展，广州市已经初步确立以居家为基础，以社区为依托，以机构为支撑的养老服务体系。但是，随着人口结构的持续老化和老年服务需求的日益增长和多样化，广州市的养老服务体系建设在服务供给的数量、服务人才的培养、老年事业用地等方面仍面临不少的挑战。因此，

---

* 严福长，广州市民政局社会福利处，研究方向为社会工作、养老保障、社会福利；彭杰，华南师范大学政治与行政学院社会工作系讲师，博士，研究方向为医疗社会学、社会政策。

> 养老事业的发展有待在进一步明确政府角色定位的基础上，调动各方面的资源，更加科学地构建以老年人为核心的养老服务体系。

关键词： 人口老龄化　养老服务体系　机构养老　居家养老　社区服务

　　自 1999 年我国进入老龄化社会以来，由于老年人口基数大、增长快且伴随着高龄化、空巢化的趋势，需要陪护及照料的老年人口数量也逐年增加。根据第六次全国人口普查数据，60 岁及以上人口接近 1.78 亿，占总人口的 13.26%；65 岁及以上人口接近 1.19 亿，占总人口的 8.87%。与 2000 年第五次人口普查相比，这两个指标分别上升 2.93 个百分点、1.91 个百分点[①]。随着老年人口比重的日益上升和人口老龄化形势的加剧，给我国的经济社会发展提出了新的课题。如何构建与经济社会发展相适应的社会养老体系，将成为一项重要的任务。国务院办公厅 2011 年 12 月发布的《社会养老服务体系建设规划（2011-2015 年）》（国办发〔2011〕60 号）首次将社会养老服务体系建设作为专项规划予以发布，在界定社会养老服务体系定义的基础上，明确指出"我国的社会养老服务体系主要由居家养老、社区养老和机构养老等三个有机部分组成"。

　　根据第六次人口普查的数据，广州有 1270 万常住人口，是除四个直辖市之外，人口过千万的两个省会城市之一（另一个是成都）。广州虽然因为有较多年轻外来人口的流入，而降低了与其他省会城市

---

① 中华人民共和国国家统计局：《2010 年第六次全国人口普查主要数据公报（第 1 号）》，2011 年 4 月 28 日，http://www.stats.gov.cn/tjsj/tjgb/rkpcgb/qgrkpcgb/201104/t20110428_30327.html。

相比而言的老龄化程度，但老龄人口的绝对数量和人口的老龄化趋势仍然十分明显，同样也面临着十分严峻的老龄化问题。[1] 根据广州市公安局数据显示，截至 2014 年底，广州市 60 周岁以上老年人共有 140.65 万人，占户籍人口总数的 16.7%；比 2013 年底增加 7.6 万人，增长 5.7%。预测到 2015 年末，广州市老年人口将超过 148 万，比 2010 年末增加 32 万人，增长 27.6%。归纳起来，广州市老年人口有如下特点：一是总量大。全市老年人已经超过 140 万，越秀、海珠、荔湾 3 个老城区老年人口已经超过 15 万，共有 8 个区老年人口超过 10 万，其中越秀区达到 25.36 万人。二是增长快。2012~2014年，老年人口增长的总量分别为 5.2 万、6.61 万、7.61 万，增长率分别为 4.3%、5.3%、5.7%，增长速度加快，老龄人口保持高速增长态势。三是空巢化。独居老人、纯老家庭数量持续攀升，2014 年，广州市纯老家庭人数达到 26.35 万，占老年人口总量已经达到 18.7%。四是高龄化。全市 80 周岁以上老年人 22.65 万，占 60 周岁以上老年人口总量的 16.1%，比 2013 年同期的 15.96% 进一步增长，高龄化加剧。五是失能化。失能、半失能老年人急剧增加。这些情况既对广州市的养老服务体系建设提出了严峻的挑战，也提供了前所未有的发展机遇。

一　广州市养老服务体系发展概况

从人口结构数据来看，广州从 1992 年就开始进入老龄化社会。由于人口老龄化开始时间早，广州市比较早开始发展养老服务体系建设。"十二五"期间，广州市对养老服务体系建设进行了更加深入的探索。养老服务连续五年被纳入广州市十件民生实事，资金投入不断

---

[1]　阎志强：《广州人口老龄化与养老机构发展分析》，《南方人口》2011 年第 6 期。

加大、政策体系建设不断完善。经过多年的努力和发展，广州市目前已经初步建成以居家为基础，以社区为依托，以机构为支撑的适度普惠型社会养老服务体系。

（一）养老服务政策框架体系初步形成

广州市相继制定出台了《关于加快社会养老服务体系建设的意见》（穗府办〔2012〕42 号）、《关于解决养老机构建设管理问题加快我市养老机构发展的实施意见》（穗府办函〔2013〕24 号）等系列政策文件，对养老服务体系进行顶层设计，明确了"十二五"时期社会养老服务体系建设的总体目标、主要任务和保障措施。在构建"以居家为基础，以社区为依托，以机构为支撑"的社会养老服务体系的基本前提下，进一步明确了"十二五"期间广州社会养老服务体系的具体目标：到 2015 年 90% 的老年人在社会保障体系和服务体系支持下通过家庭照顾养老，6% 左右的老年人可由社区提供日间照料和托老服务，4% 的老年人可入住养老机构，简称"9064"目标。[①]

广州市民政局还根据广州实际情况编制了《广州市养老服务机构设施布局规划（2013 - 2020 年）》，按照"五临近一远离"（临近医疗卫生设施、公共交通设施、公园绿地、生活配套设施、大型居住区，远离邻避设施）的要求，规划选址 53 处，净用地面积 144 公顷，规划新增床位达到 5.1 万张，确保广州市 2020 年前养老机构建设用地需求[②]。2012 年制定出台了《广州市福利彩票公益金资助公办养老机构建设的实施意见》《广州市民办社会福利机构资助办法》，扶持

---

① 广州市人民政府办公厅：《广州市人民政府办公厅关于加快社会养老服务体系建设的意见》（穗府办〔2012〕42 号），2012 年 8 月 30 日，http://www.gz.gov.cn/gzgov/s2812/201208/976187.shtml。
② 广州市民政局：《关于印发〈广州市养老服务机构设施布局规划（2013 - 2020 年）〉的通知》（穗民〔2014〕321 号），2014 年 11 月 10 日。

公办、民办养老机构发展。2014 年 1 月广州市《广州市公办养老机构入驻评估轮候试行办法》和《关于规范我市养老服务收费问题的通知》开始实施，率先建立全市统一的公办养老机构入驻评估轮候制度，"三无""低保"低收入老年人优先、无偿或低偿入驻公办养老机构。据不完全统计，"十二五"时期，广州市共出台 30 余份推进养老服务的政策文件，为养老服务体系发展奠定了政策基础。

（二）机构养老和社区居家养老同步发展

机构养老和社区居家养老是养老服务中的两项重要制度。机构养老虽然在养老服务体系中所占比重较小，但其服务对象主要是高龄、生活困难以及失能老人，解决无人照料以及生活自理能力差的老年人的生活问题。根据民政部 2011 年召开的"困难群众生活救助和养老服务体系建设"记者会的内容，将 2006 年确定的"机构为补充"的表述转变为"以养老机构为支撑"，并强调"加强机构建设"。[1]

根据广州实际，广州市在全面推进社区居家养老的同时也大力发展机构养老服务。在养老机构建设方面，广州市坚持公办、民办同时发展，互为补充。2013 年动工建设养老床位 1.2 万张，提前超额完成"动工兴建 1 万张养老床位"的目标，也超过"十一五"时期广州市新增养老床位总和（10800 张）[2]。2014 年动工兴建养老床位8325 张，新增床位 4000 多张。截至 2014 年底，广州市共有各类养老机构 170 间，占地面积 163.2 万平方米，养老床位 4.3 万张，每千名老人拥有床位数 31 张，高于全国和广东省的平均水平。预计到2016 年底，广州市养老机构床位将达到 6 万张，每千名老人拥有床位将达到 40 张，将提前实现《国务院关于加快发展养老服务业的若

---

① 央视网，http://news.cntv.cn/special/2011lhzb/ylfwtx/。
② 广州市民政局社会福利处：《2014 年工作总结和 2015 年工作设想》，2015 年 1 月 5 日。

干意见》（国发〔2013〕35 号）的目标。尤其是着力推进市第二老人院和天河区、花都区、原萝岗区、南沙区、从化区公办养老机构"1＋5"新建项目，以及市老人院和越秀区、海珠区、白云区、黄埔区、番禺区、增城区公办养老机构"1＋6"扩建项目建设，这些项目建成后，不仅实现每个区有一个公办养老机构，而且将新增约10000 张公办养老机构床位，使公办养老机构床位翻一番，极大地增强公办养老机构兜底保障的作用。

对于民办养老机构，广州市通过资金政策等方面给予大力扶持。2012 年制定出台的《广州市民办福利机构资助管理办法》规定，对于非营利性民办社会福利机构收住本市户籍的老人，经评估后按照标准给予运营资助，每人每月最高可补贴300 元。营利性民办社会福利机构每人每月最高可补贴200 元。根据福利机构收住对象的户籍所在地，运营资助所需经费由市和区财政按比例负担。为了鼓励民办养老机构增加床位，扩大规模，该《办法》还规定，对于满足条件的养老机构，新增床位，按照每张床位每年3000 元的标准给予资助，租赁新增床位资助按照每张床位每年2000 元的标准给予资助，最长资助期限为5 年。床位资助资金由市财政和市社会福利彩票公益金按5:5比例负担。在人口老龄化加速、养老服务需求日益增加的前提下，财政资金对民办养老机构的资助很大程度上促进了民办养老机构的发展及养老床位的增长。根据广州市民政局社会福利处的统计，2014 年底，广州市 170 个养老机构中，民办养老机构有 104 家，占全部养老机构的 61.2%；4.3 万张养老床位中，民办养老床位 2.93万张，占全市养老总床位的 68.1%。民办养老机构的快速发展有效地弥补了公办养老机构的不足。广州市还积极探索"公建民营"的模式，将公办养老机构、农村敬老院交由社会力量承接运营，政府通过购买服务保障"三无"老人生活，开放一定比例床位交由机构自主运营，既发挥了公办养老机构的兜底作用，又激发了运营活力。

在积极建设养老机构的同时，广州市社区居家养老服务也全面拓展。截至2014年，广州市建成街镇家庭综合服务中心153个、社区家庭综合服务中心16个、居家养老服务部146个、星光老年之家1460个、农村老年人活动站点1142个、居家养老服务示范中心24个、日间托老机构120个，在农村资助了14个村开展农村养老服务"幸福计划"试点，资助建设177个五保村，已建成151个。覆盖城乡、形式多样、方便适用的社区养老服务设施网络已经基本建成。为居家生活的老年人提供生活照料、医疗护理、康复保健、文体娱乐、精神慰藉、紧急援助、日间托老等专业化、多样化的养老服务。1.3万名"三无"、高龄、独居等特殊困难老人可享受政府购买社区居家养老服务，每人每月200~400元，保障和改善困难老年人基本生活。在全国率先向70周岁以上长者发放长寿保健金，直接受惠老人达64万，占全市长者总数的45%以上。广州市还开展"银龄安康行动"，为五类特殊困难户籍老人购买意外伤害险种，受惠老人数达3.99万。

（三）注重养老服务支撑体系建设

第一，推动养老服务职业化建设。同一般的服务业相比，养老服务需要更强的专业性知识，因此养老服务队伍建设成为其发展的关键所在。广州市通过将养老服务类工种的职业培训纳入本市职业技能培训券补贴政策的范围，加大对养老服务人员的培训，提升他们的服务水平。根据《广州市职业技能培训券管理暂行办法》规定，具有广州市户籍的劳动者申领职业技能培训券参加职业技能培训并考取相关证书，可获市财政的定额职业培训补贴与技能鉴定补贴。2013年，广州市民政局和人社局联合下发《关于开展养老护理员培训工作的通知》，组织开展养老护理员培训，年均培训2000名养老护理员，养老护理员持证上岗率持续上升。截至2014年底，广州市养老机构共有一线养老护理员 4028 人，持有人力资源和社会保障部门颁发的证书上岗的护理员达 2265 人，持证上岗率 56.2%，其中高级以上职称（高级养老护理员和技师）116 人，中级职称人数 121 人，初级养老护理员 2028 人。

第二，加强养老服务信息化建设。从 2009 年开始，广州市整合社会保障卡、乘车优惠卡和老年优待证的功能，在全国率先实现老年人乘车、看病、消费、优待一卡通的功能整合，老年人凭证享受各项减免政策。目前广州市共办理老年社保卡 120 多万张（套）。根据老年人行动不便的特点，通过采用企业出资建设和运营管理，政府监管和购买服务的模式，建设开通了"平安通"呼援服务系统，为老年人提供及时有效的救助关怀服务，极大地方便了老年人。从 2011 年 7 月起，免费为 80 周岁以上老年人安装"平安通"，目前全市已有用户 4 万户。开发了公办养老机构入住评估轮候网上办事平台，实现入住公办养老机构网上轮候，确保公平、公开、透明。此外，还开通了各类长者心声热线，及时解答老年人疑难问题，提供养老服务。

第三，整合资源，提升服务。针对老年人生病多、就医难的问题，积极推进医养结合，在养老机构内设医疗机构 44 间，其中 23 间纳入医保定点；与周边医疗机构合作的有 73 间。日间托老机构设有医疗机构 9 间，与周边医疗机构建立合作关系有 51 间。市老人院、友好老年公寓等设立了老年专科医院（护理院）。全市建立家庭病床 4188 张，试点开展家庭医生服务，为老年人提供医养结合的专业化服务。整合社区养老服务资源，建立"星光老年之家（农村老年人活动站点）+日间托老机构+居家养老服务部"三位一体的新型社区养老服务场所，由家庭综合服务中心或基层老年人协会等社会组织承接，保障养老服务设施得到有效管理和利用。引入港澳养老服务先进经验，加强养老服务合作，提高养老服务水平，如市老人院引进香港圣公会福利协会提供社会工作顾问服务，越秀区引入香港社会服务

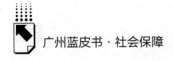

机构合作运营越秀长者综合服务中心。

通过努力，广州市目前已经初步建成以居家为基础，以社区为依托，以机构为支撑的适度普惠型养老服务体系，机构养老、居家养老、社区养老的服务设施、服务覆盖面、服务内容、服务水平均得到显著提高，体制机制和政策措施逐步完善。广州市建成养老机构、社区养老服务设施总占地面积超过240万平方米，人均养老用地面积已达到0.286平方米，常住人口人均养老用地面积也已超过0.18平方米。随着《广州市养老服务机构设施布局规划（2013－2020年）》的实施，到2020年现状与规划养老机构占地面积总和将达到384万平方米，人均用地达到0.42平方米，远远高于《国务院关于加快发展养老服务业的若干意见》（国发〔2013〕35号）关于"人均用地不少于0.1平方米"的要求。

二　广州市养老服务体系建设面临的挑战

广州市作为国家中心城市、超大城市，经济总量、人均GDP、居民收入等均居于全国前列，但人口老龄化水平和老年人口抚养比仅稍高于全国平均水平。2013年底全国人口老龄化为14.9%，老年人口抚养比21.58%，同期广州市人口老龄化为16.03%，老年人口抚养比为22.8%。同时也低于国内绝大部分超大、特大城市，如2013年底上海市人口老龄化为27.1%，老年人口抚养比为42.4%[1]；北京市人口老龄化为21.2%，老年人口抚养比为31.5%[2]。相比而言，广州市具有比较充分的时间和较为雄厚的经

---

① 上海市老龄科学研究中心：《2013年上海市老龄事业发展报告书》，上海市老龄科学研究中心网，http://www.shrca.org.cn/58。
② 北京市老龄工作委员会办公室：《2013年北京市老年人口信息和老龄事业发展状况报告》，北京市人民政府网站，http://zhengwu.beijing.gov.cn/tjxx/tjgb/t1369122.htm。

济条件应对人口老龄化问题。养老服务体系的发展需要医疗资源做支撑，广州市医疗资源丰富且集中（2012 年中国最佳医院排行榜前 100 家医院中，广州市占了 10 家），健康产品研发能力强劲，健康产业发展势头迅猛，基层卫生医疗机构遍布全市，有利于开创医养融合发展的新模式，提升养老服务专业化水平。CEPA 和粤港、粤澳合作框架协议的实施，为广州市对接港澳发展养老服务业提供了政策支持。特别是定位为粤港澳优质生活圈和粤港澳全面合作示范区的南沙新区，更可深化粤港澳养老服务业合作。因此，广州如果充分发挥毗邻港澳和 CEPA 政策优势，引入港澳养老服务先进经验、资金、服务机构等，全面加强养老服务业合作，将促进具有广州特色的养老服务模式创新发展，创造养老服务的"广州经验"。

随着广州市总体进入服务经济时代，服务业主体地位不断加强，国家服务业综合改革试点的实施、国家中心城市的建设，以及"中调"战略、"三旧"改造和"退二进三"等一系列战略举措的推进，有利于广州市养老服务体系建设在体制机制、服务创新、区域合作等方面取得重大突破，为养老服务体系建设优化升级提供了新的发展空间。但是，未来随着人口老龄化、高龄化、失能化的日益加剧和居民消费能力的不断提高，必将引起养老服务需求总量扩张、层次提升、类型多样，这在为养老服务发展带来新的市场机遇的同时也给未来广州市养老服务体系建设提出了新挑战。

（一）需求增长迅速，服务需求内容丰富

日益加剧的人口老龄化与家庭小型化、高龄化、空巢化、失能化"五化叠加效应"，使传统的家庭养老正遭遇"421"的家庭赡养困局，家庭养老功能大大弱化，"养儿防老"的传统养老模式受到冲击，社会养老服务需求急剧增长，社会养老服务体系正面临巨大压

力。预计一定时期内，社会养老服务体系和养老服务产业的发展将难以有效满足老年人急剧增长的多层次、多样化养老服务需求，给经济社会发展带来严峻挑战。

老年人服务需求的内容涉及方方面面，既包括物质需求和精神需求，也包括各种工具性需求。所谓工具性需求是指需要更多地借助各种工具和辅助设施。[①] 不同的老人，需求的内容有所不同，但其中工具性需求的满足最为重要和困难。因为老年人身体机能下降，必须依靠工具才能保障和改善生活质量，而不同的老年人对于工具性的需要也是千差万别。但一直以来，养老服务体系建设中对此认识不足。

（二）养老服务体系建设受到土地等成本制约

养老服务体系建设发展涉及水、电、土地等成本价格较高，服务业生产要素约束日益加剧。以机构养老为例，机构养老是养老服务体系中的重要支撑，但养老机构建设对于土地的需求较大。对于广州这样一个大城市而言，老年人口多聚居于老城区，但老城区由于人口稠密、房屋密集，已经难以找到适宜修建养老机构的土地。随着土地价格的不断攀升，用地成本逐年升高，而养老机构是非营利或者微利组织，很多养老机构难以承担购买土地的费用，造成新建和扩建的困难。农村由于土地为集体所有，因此很多敬老院用地手续不完善，养老机构用地历史遗留问题难以解决。社区养老中心的建设也同样受到用地的限制而难以发展，严重制约了社区养老中心的建设和发展。

（三）养老服务专业人员缺乏

养老护理专业人员不仅工作量大、时间长，而且地位低、收入

---

① 萧红亚：《我国社会养老服务体系的解析和重构》，《社会科学》2013 年第 3 期。

低，因此很多养老机构或者社区居家养老服务中心出现招工难、留人难，养老服务人员缺口大。据广州市民政局一项面向全市养老机构的人才统计数据显示，养老护理员的流失率一般在40%左右，个别民办养老机构的养老护理员流失率高达八成。[1] 养老护理员专业化亟待提高，目前养老服务人员持证上岗率低，高素质专业护理人员匮乏。2013年广州市养老护理员的上岗培训率还不足60%。个别机构因为人手不足等，岗前培训率还不到10%，严重影响养老服务水平。[2] 养老服务人才短缺直接影响到养老服务的内容和水平，目前广州养老服务仍然以生活照料为主，服务内容单一，服务的专业化、精细化、人性化水平均有待提升，管理的科学化水平有待加强。

三　广州市养老服务体系建设发展思路

2014年7月，广州市被民政部、发展改革委确定为全国养老服务业综合改革试点城市。广州市要充分利用当前有利的发展环境，直面养老服务业发展存在的问题和挑战，以开展全国养老服务业综合改革试点为契机，以老年人日益增长的养老服务需求为导向，充分发挥市场经济发达、毗邻港澳和CEPA政策以及医疗资源富集、健康产业发达的优势，积极推进养老服务改革创新，加快构建功能完善、规模适度、覆盖城乡、具有广州特色的养老服务体系。

（一）以人为本，科学构建养老服务体系

发展养老服务业，根本上是为了应对人口老龄化，满足老年人日益增长的物质和精神文化需求，提高老年人晚年生活质量。因此，从

---

[1]　中国新闻网，http://www.chinanews.com/sh/2013/10-09/5354413.shtml。
[2]　谭秋明：《养老护理或获积分入户加分》，《广州日报》2013年10月9日。

宏观层面，要以老年人养老服务需求为导向，根据老年人的衣、食、住、行、医、文化娱乐等需要，全面发展适合老年人特点、符合老年人需要的老年生活照料、老年产品用品、老年健康服务、老年体育健身、老年文化娱乐、老年金融服务、老年旅游等养老服务业，开发老年公寓、康复辅具、生活用品、食品药品等老年用品用具、服务产品、生活设施，拓展文化娱乐、体育健身、休闲旅游、健康服务、精神慰藉、法律服务等服务，为老年人提供晚年生活所需要的产品和服务。

从微观层面而言，应当运用科学的养老服务评估方法，如引入国际认可的"长者健康及家居护理评估"工具，对老年人开展身体能力评估以及家庭环境评估、经济状况评估，根据老年人身体机能、行为情绪、老年人及其家庭经济状况、照顾能力等方面的评估结果和老年人服务需求，为老年人匹配合适的养老服务，响应每一个老年人个性化的养老服务需求。

（二）理顺机制，正确处理各项关系

1. 正确处理政府和社会的关系

养老服务体系建设不仅是政府的职责，也是全社会的共同责任。正确处理政府和社会的关系，发挥政府和社会两个方面的作用，才能有效解决当前养老服务发展中存在的监管机制不健全、市场体系不完善、社会力量参与不足、服务质量不高等问题。政府在养老服务中要发挥主导作用，加强宏观调控、行业规范、监督管理、业务指导和信息发布，从养老服务直接供应方转变成养老服务购买方和监管方。重点是做好四方面的工作：一是保障基本，为困难老年人提供基本养老服务，保障全体老人同享养老服务业改革的成果；二是规范管理，建立完善养老服务业准入、退出、监管制度和建设、管理、服务标准，规范养老服务行为，为养老服务业的发展营造平等参与、公平竞争的市场环境；三是扶持发展，完善投融资、土地供应、税费优惠、补贴

支持、人才培养和就业政策，引导和扶持社会力量参与养老服务业；四是组织领导，统筹协调各部门，调动社会参与，将养老服务业纳入国民经济和社会发展规划，建立老年人口和养老服务业发展监测统计制度，建立人大代表、政协委员、新闻媒体等多层次监督机制，形成发展养老服务业合力。社会是养老服务的主体，既是服务提供的主体，也是享受服务的主体，无论是设施的建设，还是服务的提供，以及服务的监督评估，都要强化社会力量和公众的参与。同时，要充分发挥市场在养老服务资源配置中的决定性作用，利用广州市市场经济发达、企业和市民市场经济意识浓厚的优势，建立健全市场化的养老服务运作机制，采取公建民营、民办公助、政府购买服务等多种模式，大力培育养老服务社会组织和服务企业，引导社会力量参与、从事养老服务事业，在市场竞争中提供方便可及、价格合理的服务和产品，满足养老服务多样化、多层次需求。

2. 正确处理事业与产业的关系

养老服务事业和养老服务产业都是养老服务业的重要内容，从分工上看，养老服务事业侧重于保障基本，更多的是政府的责任，当然也需要社会的参与；养老服务产业侧重于满足市场化的养老服务需求，主要由市场提供，政府主要发挥引导、监管和扶持作用。要分别从服务提供和接受服务的角度，厘清基本养老服务和选择性养老服务（市场化服务）的边界，以及相应的服务供给主体和出资人主体，明确底线养老保障对象和普通服务对象两类人群的范畴及其相应的服务政策，推动养老服务事业、产业协同发展，共同繁荣。

3. 正确处理机构与居家的关系

机构养老和社区居家养老都是社会养老服务体系的重要组成部分，两者各有分工但又密不可分、互为补充。从功能定位来看，机构养老服务对象为需要集中照料的失能、半失能老年人，因其专业性而成为目前我国社会养老服务体系的支撑；居家养老服务对象为全体居住在家的老年人，重点是生活不能完全自理而又无人照料的老年人，居家养老服务符合国情、市情和老年人养老服务需求，是国际通行的主要养老方式，是积极应对人口老龄化、满足养老服务需求的主渠道。同时，机构养老和居家养老可以加强协作、相互借鉴，就目前而言，居家养老服务可借鉴机构养老的建设、运营和管理经验，充实服务内容，提高管理服务水平；养老机构也可以利用其养老服务资源、专业人才、设施等方面的优势，拓展社区居家养老服务，发挥专业机构的辐射带动作用。此外，要"大力发展嵌入式、小规模、多机能、专业化的社区微型服务机构，打通社区养老服务与机构养老服务的隔墙"①，实现居家养老与机构养老融合发展。

4. 正确处理城市和农村的关系

加快社会养老服务体系建设和发展养老服务产业，要正确处理好城市与农村的关系，既要坚持城乡统筹、一体化发展，又要因地制宜、有所侧重，积极推进基本养老服务均等化。相对于城市来说，农村社会养老服务起步较晚，基础较为薄弱，接受程度也较低，专业服务的成本也会更高，但农村同样需要政府和社会提供养老服务，而不仅仅依靠家庭养老。统筹城乡养老服务发展，既要整合利用城市和农村养老资源，促进养老服务均衡发展，也要根据农村实际情况，提供符合村民需求、有针对性的服务内容和方式。

（三）做好保障，促进养老事业发展

1. 做好用地保障，加强养老服务设施建设

养老服务设施是提供养老服务的载体和基础。广州市要力争到2020年养老床位超过7.2万张，其中民办养老机构床位占70%以上，

---

① 上海市人民政府：《上海多措并举推进社会养老服务体系建设》，中国上海网站，2015年4月23日，http://www.shanghai.gov.cn/shanghai/node2314/node2315/node4411/u21ai1002433.html。

公办养老机构床位翻一番，确保每千名老人拥有床位40张以上，养老机构床位不足局面基本得到解决，这些目标的实现就需要不断增加养老设施的建设。而养老机构设施建设的最大瓶颈是场地用地。在实践过程中，某种程度上找到符合规划、容易开发利用的场地用地，举办养老机构就成功了一半。解决场地用地问题，应当落实政府在城乡规划、土地供应等方面的法定职责，发挥规划的先导作用，按照人均用地不少于0.25平方米的标准，兼顾老年人口分布、设施服务半径和空间布局，在城乡规划中分区分级规划设置养老服务设施，加强土地储备和有效供应，科学合理安排年度供地计划，确保养老机构建设用地需求。要将养老服务设施摆在与学校、居委会等设施同等重要的位置，作为公建配套的重要内容，在开发建设居住区时同步配套建设相关养老服务机构站点，并与住宅同步规划、同步建设、同步验收、同步交付使用。注重盘活存量，鼓励利用闲置用地和物业，用于发展养老服务。在具体的设施建设中，要坚持政府投资建设和引导社会力量举办相结合，不断完善社区居家养老服务设施网络，实现居家养老服务部、居家养老综合服务中心、日间照料中心、老年人活动中心等各种类型的社区养老服务设施均衡覆盖城镇及农村社区，并依托信息化手段有效整合社区养老服务资源，在全市城乡形成"10分钟社区居家养老服务圈"，为居家老年人提供方便可及的居家养老服务。

2.加大资金投入，充分利用各种新技术促进养老事业发展

一方面，将养老服务经费列入年度财政预算，并逐步加大经费投入，重点用于改善养老服务机构运营、加强兜底保障和为老年人尤其是经济困难的老人购买养老服务。制定政府向社会力量购买养老服务的政策措施，建立健全政府购买服务资金绩效评估办法，定期公布资金使用效益。另一方面，坚决破除民间资本进入养老服务业的不合理壁垒，发挥市场在资源配置中的决定性作用。利用财政贴息、小额贷款等方式，加大对养老服务业的有效信贷投入，吸引民间资本投资养

老服务业。引导金融机构创新金融产品和服务方式，拓宽针对养老服务业的信贷抵押担保物范围，鼓励和支持保险资金投资养老服务领域。充分利用现代信息技术，建立广州市养老综合服务信息平台，完善老年人基本信息数据库和涵盖养老服务提供方、服务内容、服务形式的养老服务信息数据库，并与市民健康服务信息系统、老年人电子健康档案信息系统等对接。拓展广州市社会保障卡为老服务功能，以卡为节点链接社区居家养老、机构养老和家政等为老服务资源，为每个服务组织和企业安装结算终端，以信息化手段链接服务资源和服务需求，提高养老服务信息化水平。支持企业和机构运用互联网、物联网等技术手段创新养老服务模式，开发和推广养老信息化相关的智能终端产品和应用，为老年人提供紧急呼叫、家政预约、健康监测、养老护理、跌倒监测等服务，并逐步实现市场化、社会化运营。

3. 加强养老人才培养，提高养老服务品质

将人才培养和就业、再就业相结合，加强人才培养和引进，提升现有养老护理人员专业素质。与大中专院校合作培养养老服务专门人才，将养老护理、社工、护工等专业纳入免学费政策范围。制定退还学费、岗位补贴等优惠政策，鼓励大专院校对口专业毕业生从事养老服务工作。依托院校和养老机构建立养老服务实训基地，开展多层次、多形式的养老护理员专业培训，对养老护理员参加职业培训和职业技能鉴定给予补贴。发展壮大"社工＋志愿者"的敬老志愿服务队伍和互助小组队伍，搭建老年人参与志愿服务平台。通过职业技能培训、提高薪酬待遇、提升社会地位的系列组合措施，推动养老服务工作逐步成为薪酬待遇合理、社会地位崇高、专业技术较强的职业，打造一支以养老护理员为重点，老年医学、康复、护理、营养、心理和社会工作等门类齐全的高素质养老服务人才队伍，为老年人提供更加专业和高品质的养老服务。

广州机构养老服务体系
建设现状及对策建议

民进花都总支部课题组 *

摘　要： 广州从20世纪90年代开始进入老龄化社会，伴随着家庭结构的变化，机构养老的重要性开始显现。广州的机构养老经历了三个不同发展阶段，从救济型发展为适度普惠型。从2005年开始，广州加快建设养老机构，并出台了一批推进养老服务的政策文件。但机构养老作为一种较新的养老方式，仍然面临着诸多发展困难，例如公办机构发展不平衡，民办机构发展困难，农村机构发展滞后等。本文研究对比了北京、上海和香港应对老龄化的策略，并提出了相应的政策建议。

关键词： 广州　机构养老服务　老龄化社会

老龄化是经济发展、社会文明、科技发达，尤其是医疗技术进步和医疗条件改善等诸多条件综合作用下的产物。自20世纪90年代广

---

* 课题组成员：徐兆东，中学数学高级教师，理学士，民进广州市委员会副主委、广州市花都区政协副主席、花都区科协主席；黄玉荣，广州市花都区民政局社会福利科九级职员，公共管理专业本科；江顺意，中学语文高级教师，文学士，广州市花都区圆玄中学副校长；欧瑞芬，中学政治高级教师，文学士，广州市花都区新华中学教师；刘显柏，中学物理高级教师，理学士，广州花都区秀全中学总务处主任。

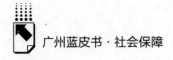

州开始进入老龄化社会，进入 21 世纪以后，家庭结构出现"小型化、老龄化、高龄化、空巢化"四化叠加的新态势，使得老龄化问题更为突出。根据《2013 年广州市老年人口和老龄事业数据手册》显示，截至 2013 年底，广州市共有 60 岁以上老人 133 万，占户籍人口 16.03%，其中纯老年人家庭有 26.15 万，独居老人 11.23 万，分别占老年人口的 19.66% 和 8.4%。老年人口以每年 4% 的速度快速增长，预计到 2015 年将有约 150 万老龄人口，而这一数字将在 2020 年达到 180 万。

老龄化问题已成为广州经济社会发展中的突出问题。随着人口老龄化加速发展，失能、半失能老年人的数量将持续增长，老年人口对机构养老服务的需求不断增加，现有社会养老服务体系已经不能满足人口老龄化的需求。为应对人口老龄化趋势，建立与当前人口结构相匹配、与经济社会发展水平相协调的社会养老服务体系，2011 年，国务院办公厅印发了《社会养老服务体系建设规划（2011－2015 年)》，提出建立以居家为基础，以社区为依托，以机构为支撑的社会养老服务体系。确定了我国以居家养老、社区养老和机构养老三大类型构成的社会养老服务体系，民间称之为"三驾马车"。

然而在城镇生活中，尤其是广州这样的大都市，家庭结构小型化、核心化的趋势显著，家庭在养老中的支撑能力下降，传统居家养老的比例必定会持续下降，机构养老模式正在被越来越多的老年人所接受，需要承担更多的责任。机构养老是社会化养老的一种，区别于传统家庭养老，通过专业养老机构，以社会制度保证的养老模式，其载体是养老院、老年公寓、托老所、老年护理院等专门机构，其特征包括专业化、社会化和市场化。

一 广州机构养老服务建设基本情况

广州近年陆续出台相关的政策措施，加大资金支持力度，在居家养老、社区养老和机构养老三方面取得了长足发展。"十二五"期间广州提出了养老服务体系建设的总目标（见图1）。

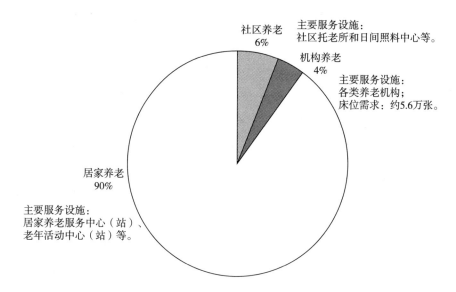

图1 "十二五"期间广州养老服务体系建设总体目标

资料来源：整理自《广州市人民政府办公厅关于加快社会养老服务体系建设的意见》。

在各类服务模式中，机构养老作为一种较新的养老模式，与中国传统文化中家庭回馈式的养老模式有较大差异，发展起步较晚，基础较为薄弱，面临着巨大的需求，同时也面临着巨大的挑战。

（一）广州养老机构建设的历史沿革

新中国成立以来，广州养老机构的发展大致经历了三个重要的阶段，在不同的阶段，都因应当时的社会环境有不同的设计初衷。

1. 第一阶段：1949～1989年

在新中国成立之初，连年战争遗留下大批"三无"老人，加上分布在农村地区的五保老人，数量庞大、居住分散，在很长一段时间内，这部分人群是社会养老工作的主要对象。这一阶段，政府承担养老机构的建设，保障对象是"三无"老人和五保老人，提供基本的社会救济服务。在空间上，养老机构远离城市建成区，使用外围式布局模式。

救济式的养老构成了新中国养老福利的基本制度，并一直沿用到80年代中期。在全国的框架下，广州社会养老福利制度同样以社会救济为特征，主要依赖政府投入，财政独立承担社会养老工作，没有向社会开放养老产业市场。政府以直接举办和直接管理的方式建设救济性养老机构，包括敬老院、福利院、养老院等，用以收养并保障"三无"和五保老人的基本生活。

2. 第二阶段: 1990 ~2005年

改革开放后，伴随着国有社会养老事业单位的改革，养老制度开始养老社会化的过程，虽然政府仍然负担部分养老费用，但市场已经开始参与发展社会养老服务。养老服务面向全社会有需求的老人。2000年以后，部分公办的养老机构更开始了市场化经营的转型。这一阶段各级政府和各种社会力量参与社会养老事业的积极性空前高涨，各种民办社会养老机构数量快速增加，床位数和收养人数在短期内实现了快速增长，社会养老的服务能力和服务水平得到较大的提升，社会养老服务事业进入了一个快速发展的新时期。

3. 第三阶段: 2006年至今

这一阶段以2005年国家民政部门出台的《关于支持社会力量兴办社会福利机构的意见》为标志，养老制度开始从救济制度、补缺型福利转型，成为适度普惠性的老年福利制度。为了支持社会力量参与社会养老事业、兴办社会养老机构，民政部提出了一系列优惠扶持政策，极大地激发了社会力量参与社会养老事业的积极性，社会办养老机构成为这一时期社会养老社会化的重要助推力量。由于市场的参与，养老机构在空间布局上开始以市场为导向，考虑了老年人口的空间分布。

适度普惠阶段的养老机构加速发展，尤其是民办机构延续了第二阶段的发展势头，仍然是机构养老的主力。目前，广州的民办机构占养老机构约70%，成为社会养老事业的中坚力量。在公办养老机构优先解决传统困难群体民生问题的基础上，民办养老机构拓展了社会养老保障范围，面向全社会有需求的老年人提供养老服务。

（二）养老机构的硬件建设现状

经历三个阶段的发展，广州的养老机构数量和布局有了较大改善，尤其在第三阶段中，广州养老机构经历了较大的调整和扩充。2005年底，广州仅有各类社会福利机构187家，总床位19533张。据广州市民政局统计，截至2014年8月全市共有167家养老机构，床位3.9万张，每千名老人床位数29张。此外，广州正通过推动公办养老机构"1+5"和"1+6"的建设，落实对民办养老机构的系列优惠政策等手段，全市每年将增长约1万张养老床位。同时根据《广州市养老服务机构设施布局规划（2013－2020年）》，至2020年，共选址地块53处，净用地面积144公顷，规划新增5.1万床位，实现除从化、增城外十区每千名户籍老人55.6张床位。

除了全日制的养老机构，广州到2014年已经拥有居家养老服务部146个，覆盖全市各街镇；居家养老服务示范中心19个；星光老年之家1460个，总建筑面积32万平方米，覆盖全市97%的街镇和社区；日间托老机构80个，覆盖全市一半街镇；700个行政村建设老年人活动站点和14个村开展农村养老服务"幸福计划"试点，农村老年人活动站点覆盖全市61%的乡村。

（三）机构养老政策体系发展

自2010年以来，广州共出台了24份推进养老服务的政策文件，当中绝大多数内容是关于机构养老的发展，包括养老服务体系建设部

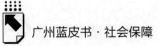

署，资金投入力度，养老机构的管理，养老机构的收费水平，财政如何资助民办养老机构，公办养老机构入住评估轮候制度，以及养老机构设施布局规划等等。

除了硬件设施和制度的建设，机构养老的发展同样依赖养老服务的专业人员。为了鼓励专业工种的发展，广州将养老服务类工种的职业培训纳入本市职业技能培训券补贴政策范围。组织养老护理员大规模培训，2013 年培训养老护理员 2537 名，养老护理员持国家职业资格证率达到30%。在 4 所技师学院开设老年服务与管理专业，为养老机构提供各类养老护理人才。

二 机构养老服务体系建设存在的问题

（一）广州公办养老机构间发展不平衡

广州提出了"9064"的养老服务体系建设目标模式，制定出了在"十二五"阶段养老形式的大致发展格局。但在"9064"目标模式下，更多的是对社区居家养老服务设施和养老机构床位数建设形成的目标约束，而实际上，除了发展的规模和速度，已有养老机构的品质和看护水平、资源投入的制度，仍然有待完善。

在 2000 年前后，广州市区级公办养老院相继转型，继续使用公家场地，但在经营上走市场化道路，实行自收自支。然而收费标准十年不变，在缺乏公共投入、物价水平持续上涨的环境下，6 家区级公办养老院硬件设施陈旧，护理人员严重不足，濒临关闭。2014 年4 月，《广州日报》就此做了"老人院难办老人怎么办?"的专题报道，引起了社会各方的关注。为此，陈建华市长在媒体和网络涉穗舆情要闻上批示：各区公办养老院要下决心办好。区级老人院需要重新选择改革的方向，或是进行更彻底市场化的改革，尤其是价格的市场化；但是考虑到公办老人院承担的公共福利职能，完全市场化违背了社会福利的初衷，政府应考虑适当重新投入财政资源在区级老人院。

另外，以广州市老人院为代表的公办养老机构，属财政全额拨款事业单位，床位1200张，设有510名事业编制。据市民政局2014年部门预算显示，2014年广州市老人院收入预算总计9651.45万元，其中公共财政预算资金6288.95万元，事业收入3362.5万元。支出预算总计9651.45万元，其中基本支出6436.11万元，项目支出3215.34万元。由此推算，广州市老人院每张床位每年平均运营综合成本约8万元，其中政府财政投入5.24万元，占平均运营综合成本65%。可见，由于机构性质不同，政府投入不同，公办养老机构间差距明显，发展也不平衡。

（二）民办养老机构发展面临困难

虽然近年来各级政府都在大力扶持和发展民办养老机构，也出台了各项优惠扶持政策，但现实中民办养老机构发展仍然摆脱不了用地难、补助款额不足、融资困难、税收优惠难以落实、经营困难等方面问题。

一是用地困难。据市民政局统计，2014年全市93%的民办养老机构靠租赁场地举办，随着租金上涨及维护成本的上升，其经营压力越来越大。虽然广东省民政厅、广东省国土资源厅、广东省住房和城乡建设厅联合出台了《关于解决养老服务设施建设用地问题的通知》，但由于用地指标紧缺、用地成本高、划拨用地政策可操作性不强、中小型民办养老机构难以承担拿地的投入等问题，大部分民办养老机构仍然面临用地难问题。

二是政府投入不足。广州从2009年起实行民办社会福利机构资助政策，主要包括新增床位资助和收住广州市户籍老人的运营资助。

从 2012 年起，广州更将新增床位资助标准从每张床位 5000 元提高到 10000 元（租赁性质场所）和 15000 元（自有产权场所），运营资助从每人每月 60~100 元提高到 100~300 元。但根据市民政局统计，2014 年全市投入资助民办养老机构资金为 6356 万元，仅仅与广州市老人院当年公共财政预算资金 6288.95 万元大体相当，即财政对全市 100 多家民办养老机构的投入力度只相当于一家市级公办养老机构运营资金的投入水平。

三是融资困难。按照现行有关规定，只有在民政部门登记为"民办非企业单位"的民办养老机构，才能享受相关税收优惠政策。但登记为民办非企业单位后，养老机构就会被市场贴上"非营利""社会组织"的标签，在没有盈利前景的情况下，难以获得商业贷款。

四是优惠政策缺乏与现实连接的操作指导，往往难以执行。虽然各级政府相应出台对民办养老机构给予优惠政策的文件，但由于涉及部门众多，通常没有配套订立实施细则等落地措施，在执行中难以落实，很多只停留在文件上。

五是资金来源不足，难以和公办养老机构竞争。由于民办养老机构获得政府资助额比较少，基于目前我国"未富先老"的背景下，多数老年人经济承受能力有限，民办养老机构很难通过提高收费来弥补与公办养老机构政府投入的差额。对于市场投资的民办养老机构，由于存在营利压力，大部分通过降低服务质量来节省成本，民办养老机构的专业人员资质、护理人员配比往往弱于公办机构，在日常管理和制度完善方面更显不足。整体上形成了民办机构收费更高，服务更差的市场印象，导致民间对民办养老机构的认受度不如公办养老机构高，公众多数倾向于选择等待公办养老院而非入住民办养老院。根据广州市公办养老机构入住评估轮候平台显示，从 2014 年 4 月 1 日至 2014 年 10 月 11 日，全市申请入住轮候有 2998 人，已入住 286 人，其中"三无""五保"对象 37 人（约占 13%），低保低收入对象 9 人（约占 3%），普通对象 240 人（约占 84%）；正在评估 44 人，其中"三无""五保"对象 2 人（约占 4.5%），低保低收入对象 3 人（约占 7%），普通对象 39 人（约占 88.6%）；正在轮候 2668 人，其中"三无""五保"对象 9 人（约占 0.3%），低保低收入对象 46 人（约占 1.7%），普通对象 2613 人（约占 98%）。需要特别指出的是，有六家公办养老机构仍然在建设当中，但其正申请轮候的人数已经达到 1612 人，其中普通对象 1574 人（约占 97.6%）。可见，从 2014 年实施轮候制度以来，公办养老机构基本以收住普通老人为主，困难老人的比例较低。这已经偏离了公办养老机构"兜底"的功能，并对普通老人入住民办养老机构的需求产生一定抑制作用。而现有的在保本线上挣扎的民办机构由于无力改善现状，只能继续逐利低质的困难经营。

六是用人困难。政府投入不足、融资困难，最终导致严格的成本控制，民办养老机构除了减少护理人员比例，更要加大护理员的工作强度。养老护理员工作量大、时间长、地位低、收入低；养老机构则招工难、留人难。目前广州民办养老院护理员月收入一般在 3000 元左右。低收入和高工作强度导致整个行业服务水平偏低，小学、初中、高中等文化程度，经过短期培训，就可以成为护理员。以广州寿星大厦养老院为例，该院曾去韶关、梅州等偏远的卫校招聘了几批中专毕业生，来到养老院负责心理护理、协助康复一类的工作，试用期工资为 2000 多元，但仍然无法留住员工，试用期后 40 人只剩 4 人。

（三）农村养老机构建设相对滞后

现阶段广州农村社会老年人通过家庭（子女）养老为主，相对于市区来说，农村地区养老机构和养老服务的覆盖率还处于较低水平，且服务功能不完善，服务项目较少，质量效益也有待提升。大部分镇（街）敬老院硬件设施不足，服务内容单一，仅限于吃、住等简单的生活照料服务，而且存在消防、产权及法人登记等历史遗留问题。农村老年人休闲娱乐活动开展也较少，能面向老人开放的兼顾日托、康复、护理等高服务标准的综合性农村社区养老托老机构缺乏。加上政府尚未建立起适应农村养老服务发展的财政投入及保障机制，在一定程度上制约着全市农村社会养老服务的发展。

三 其他城市先进地区经验介绍

人口老龄化是一个全球性、全国性的趋势，在欧洲、日本，高龄社会已经成为经济社会发展中不可忽视的要素。然而，我国是在经济尚未进入发达国家行列的时期就开始老龄化，且老龄化的速度远快于西方国家，同时还有社会制度的差异，西方应对老龄化社会的经验给我们的借鉴意义十分有限。国内其他城市，尤其是在北京、上海、香港这样的超级大都市，在人口规模、经济发展水平、社会制度等各方面与广州有较大重合度，其应对人口老龄化的经验则对广州有重要的启示。

（一）北京

1. 基本情况

2013年，北京市60岁及以上老年人口278万，占总人口的22.1%，65岁及以上人口达到192万。北京人口老龄化的趋势更甚于全国，以每天400人、每年15万人左右的规模增长，预计2020年，北京老年人口将超过400万。而目前北京仅有收养性单位442个，床位8.5万张，其中民政部门管理社会福利院8个，床位数3388

张；社会福利医院（精神病院）2个，床位数557张；光荣院10个，床位数656张。

2. 经验介绍

与广州类似，2008年，北京市民政局、市发改委、市规划委员会、市财政局以及市国土资源局等五个部门联合下发《关于加快养老服务机构发展的意见》，提出了"9064"的养老服务模式，逐步建立起集中照料服务与社区居家服务互为补充的养老服务体系，推动老年福利服务由补缺型向适度普惠型转变。《关于加快养老服务机构发展的意见》明确地将政府和市场的责任进行了区分。由于北京用地的严格限制，机构养老长期得不到长足的发展，因而北京因地制宜，通过系列的措施，不断加强居家养老的建设。2009年，北京市出台了居家养老（助残）服务"九养政策"，通过表彰、服务卷、社区餐桌、社区托老所、居家养老员、无障碍服务、精神关怀等措施，打造以家庭为基础，以社区为依托，以政策保障为主导，社会化运作为方向的居家养老（助残）服务体系。到了2015年，北京颁布《北京市居家养老服务条例》，条例明确了要将老龄事业经费列入财政预算，并且把居家养老服务工作落实情况纳入政府考核范围。从"政府主导、社区为主"，转变为"政府主导、专业化服务、社区支持、社会参与"的多元参与模式。对市场机构，政府通过价格优惠、发放补贴等方式，提高企业参与居家养老的积极性，并进行专业性、规范化的监督和指导。在众多居家养老服务的类型中，北京根据老年人口对医疗的特殊需求，将医疗服务摆在重要的位置，并提出了医养结合、诊疗入户为发展目标。

（二）上海

1. 基本情况

上海早在1979年步入老龄化，是我国率先迈入老龄化的大城市，也是我国老龄化程度最高的特大城市,上海老年人口始终高于全国8%~10%。截至2014年12月31日,上海户籍60岁及以上的人口数量为413.98万,占全市总人口总数的28.8%。不仅如此,上海还是深度老龄化的城市,80岁及以上高龄老年人有75.32万,占全市总人口的5.2%。根据上海老龄科研中心的预测,到2018年,上海户籍60岁及以上老年人口总数突破500万,2020年总数将达到540万人。截至2014年底,上海全市拥有养老机构660家,共计拥有床位11.49万张。各级政府分别设立了相应的社区居家养老服务管理机构和服务实体,实体服务组织包括224家社区助老服务社,服务人数共计29.54万;381家社区老年日间照料中心,服务人数达1.4万;576个社区老年人助餐服务点,受益人数超6万。

2. 经验介绍

"十二五"期间,上海市延续"十一五"期间的"9073"的养老服务格局,与广州和北京的整体格局大致相同,只是社区养老的比例设为7%,机构养老比例为3%。对于90%居家养老的老年人,政府通过修建改善社区适老设施配置,加强改造旧城区的设施等改善他们的生活质量,提升养老服务的基础条件。对于7%的社区养老群体,主要通过建设社区的服务实体,如助老服务社、老年人日间服务中心等,为社区养老的老年人提供上门和日间服务。3%的机构养老面向高龄、失能或者失智的老人,并为其提供具有全托生活护理功能的服务,养老机构由政府主导,鼓励市场参与。

由于老龄人口的比例持续高企,上海出台了不同的政策,鼓励老年人自我服务,动员老年人口中的积极力量,将部分有能力的老年人纳入养老体系建设的计划。上海有60岁以上70岁以下的老年人超过200万,这部分老人仍然有较强的活动能力和社交欲望,上海市民政局将这部分老人纳入"老伙伴计划",即2万名60岁左右老人服务于10万名80岁以上的老人,开展1对5的助老关怀,缓解对年轻人照顾老龄人的需求。

上海的人均预期寿命已经连续 5 年超过 82 岁，意味着近 30% 的人口步入老年后，仍然有较长时间参与社会活动，因此，上海尤其注重老年人的精神文化生活健康。截至 2014 年底，上海共有老年教育机构 291 个，参加各类老年学校学习的老年学员 53.56 万人；远程老年大学集中收视点 5382 个，全年共计吸纳 51.14 万老年学员；全市街道、乡镇级及居委各级、各类型老年协会 1732 个；老年文体团队 1.55 万个，参加活动人数 39.9 万；老年体育协会 411 个，参加人数 49.18 万；老年体育团队 1.14 万个，参加人数 31.35 万；老年志愿者团队 7623 个，参加人数 25.31 万。这些活动和团体极大地丰富了老年人的精神生活，尤其是志愿团队和文艺团体，改变了老年人是社会包袱的刻板印象，为老年人服务社会提供机会，也为社会营造了积极的氛围。

（三）香港

1. 基本情况

截至 2014 年底，香港 60 岁及以上的人口为 156.59 万，占香港人口总数的 21.5%，其中，65 岁及以上的独居长者有 11.9 万，占 65 岁及以上人口的 12.7%。香港家庭整体呈现晚婚、晚育、少子化、核心化的趋势，加剧了老龄化社会的深度。根据香港大学社会工作及社会行政系对香港老龄化概况的技术报告预测，到 2021 年、2031 年和 2041 年，65 岁以上的人口比例会分别增长到 18.9%、26.5% 和 30.2%。香港早在 20 世纪 70 年代就成立了工作小组应对老龄化问题，目前香港的养老服务体系主要包括长者社区照顾服务和安老院舍照顾服务。香港的长者社区照顾服务包括四大主要方面：老年社区中心；长者照顾服务；日间护理中心；上门服务。香港的机构养老主要为院舍照顾服务，主要面对 65 岁以上老人，但是根据个案的特殊情况，60～64 岁的人士也可以申请入住。院舍服务根据老年人自立能力从强到弱，区别安排入住四类院舍，分别是长者宿舍、安老院、护理安老院和护养院。目前香港正在逐步取消长者宿舍和安老院，将其逐步转化为提供长期护理的院舍。根据香港社会福利署在 2010～2011 年度的报告中显示，截至 2011 年 3 月底，香港共有津助安老院 123 家，提供 1.57 万个宿位；参加改善买位计划的私营安老院 140 家，提供约 7000 个宿位，是两类主要的养老院舍。

2. 经验介绍

香港的安老服务政策秉持"持续照顾"及"老有所属"的原则，安老服务的理念，包括以人为本、小区照顾、持续照顾、老有所为。政府则推广"居家安老为本，院舍照顾为后援"的政策，首要加强和扩展小区及家居照顾服务，同时增加和改善资助住宿照顾服务。香港养老服务提供主体的多元化，以政府主导为主，动员社会各界参与。政府通过资金投入和出台激励政策，让民间机构承担 90% 的养老服务。其中香港社会服务联会是主要的代表，它是由非政府社会服务机构的联会组织，有超过四百间机构会员，属下三千多个服务单位，为香港市民提供九成的社会福利服务。社联提出了长者服务的四个优先方向，包括发挥长者潜能、促进长者健康、建立适切环境和提供基本安全与生活保障。

香港养老服务资金来源非常多元，既有政府资助，也有服务收费，更有广泛的社会慈善捐赠。政府资助和服务收费是主要资金来源，慈善捐赠则是重要补充。老年社会福利服务开支在政府财政预算中约占 6%，在香港 2014～2015 年度财政预算案中，安老服务的经常开支达到 54 亿元，比 2009～2010 年度增加 40%。同时，香港也在不断地修正完善资金使用的方式。香港社会福利署从 2013 年起推行为期四年的服务券计划，尝试"钱随人走"，向符合资格的长者提供价值 6000 港元/月的服务券，让他们根据需要自由地选择服务提供者、种类及组合，提高公共资源的使用效率。

香港对养老服务从业人员有严格的专业化要求，1997 年香港颁布《社会工作者注册条例》，规定只有在接受专业训练后，注册人员才可以在养老机构专业岗位从业。2011 年香港约 3 万人从事养老服务工作，50%是专业社会工作人员。专业化保障了香港老年人服务的质量，实现针对老人的个体的具体身体状况、心理方面等提供个性化的服务。

四　完善机构养老的对策建议

2014 年广州成功申报全国养老服务业综合改革试点城市，应以此为契机，加快构建具有广州特色，以居家养老、社区养老、机构养老三者互相衔接、互相支撑、有效整合的现代养老服务体系。针对上述困难和问题，本研究对加快发展广州现代机构养老服务体系，提出如下意见和建议。

（一）需求导向的机构养老服务体系

机构养老体系的建设必须把满足老年人的需求作为出发点和落脚点，从人性化关怀的角度，按照国际先进养老服务理念，通过不同养老服务之间的统筹衔接，构建适合老年人养老持续照顾服务的现代养老服务体系。机构养老持续照顾服务的有效运转主要依赖于制度体系的构建，主要包括需求评估制度、补贴制度、机构转介制度以及轮候制度等。

一是建立养老服务需求评估制度，以生理、心理、经济状况等多种条件和因素科学合理地评定老年人照料等级，合理分配照料服务资源。建立标准，明确居家养老、社区养老和机构养老所面向的群体特征和标准。

二是建立服务补贴制度。在养老服务需求评估的基础上，对经济困难且生活自理困难的老人，通过政府购买服务，保障老年人接受安全、周全的养老服务。同时要对服务对象进行持续评估，以便根据老年人状况动态调整照料等级、补贴标准、服务内容等，实现社区居家养老和机构养老之间有效衔接，以及服务梯度化。

三是建立转介制度。在居家养老无法满足老人的需求时，老人可以提出申请，由社区养老服务中心提供上门服务，例如送餐、助浴、康复、简单照料等；社区养老服务无法满足有效照顾老人需求时，转介到社区的老年人日间照料中心，由中心提供日托式的养老服务；当老年人的身体状况和生活能力继续恶化，则申请到养老机构，接受各种的专业养老护理服务。

四是继续完善轮候制度。首先需要入住养老机构或享受其他各类养老服务资源的老年人，由相关人员提出申请并附所需申请信息，统一登记、筛选、评估、匹配、排队轮候后计分排名，根据需求的紧急程度，按照分数安排入住养老机构或者享受使用相应的养老服务资源。

（二）以创新发展推进公办养老机构改革

公办养老机构的发展离不开政府财政的投入，必须建立稳定的财政投入机制。当前广州部分公办养老机构存在的问题，其根本原因是政府对公办机构定位不清和投入不足。因此，要么通过运营补贴、购买服务等方式，推行公办养老机构公办民营和公建民营；要么保留全额拨款的事业单位性质，确保人员编制和财政投入满足公办养老机构发展的需要。然而，根据《民政部关于开展公办养老机构改革试点工作的通知》精神，那种政府对公办养老机构大包大揽的模式已经难以为继。该《通知》提出要积极探索提供经营性服务的公办养老机构改制，把专门面向社会提供经营性服务的公办养老机构转制成企业。因此，广州应大力推进公办养老机构改革。

一是公办民营。政府拿出一批正在运行的公办养老机构交社会上非营利性组织来运营管理，这些机构和组织还需要承担政府对集中供养对象的供养责任并优先接收低收入、经济困难的失能、半失能老人。

二是公建民营。政府新建一批公办养老机构，然后将新落成的设施直接交由社会上非营利性组织运营，同时承担政府对集中供养对象的供养责任和优先接收低收入老人、经济困难的失能、半失能老人入住，且收取相对优惠的费用。

三是政府和社会资本合作模式。根据国家发改委、民政部等部委联合下发的《关于加快推进健康与养老服务工程建设的通知》精神，今后要积极鼓励社会资本兴办各种养老服务工程，由政府与资本合作，形式包括独资、合资、合作、联营、参股、租赁等。

（三）破解民办养老机构发展瓶颈

需要加大对民办养老机构在资金、场地、人员等方面的扶持力度，进一步降低准入门槛；落实对利用企业厂房、商业设施及其他可利用的社会资源进行整合和改造用于养老服务的相关扶持政策措施；落实民办养老机构的土地供地政策，解决税费优惠政策可操作性不强、难于落实等问题；落实民办机构融资扶持政策，正确处理公办机构和民办机构之间的关系，避免公办机构挤占民办机构发展空间。

一是编制老年服务设施布局专项规划，将社会养老服务设施建设用地纳入城市建设规划和土地利用规划或优先审批渠道。对民营的非营利性养老服务项目，给予政策性优惠和扶持，符合规划要求并具备划拨条件的，在供地方式和供地价格上优先予以保证。

二是符合相关条件，但登记为民办非企业单位的非营利性民办养老机构，可采取政府担保的方式，解决融资困难问题。

三是加快公办养老机构改革，建立政府投入从过去单一补贴公办养老院转向以"补人头"为主的补贴制度。将财政资金直接补给老人，让其自由选择服务机构。同时，适时改变民办养老机构资助模式。目前的民办养老机构资助政策主要是从增量作用来考虑，即最大限度增加养老机构床位。因此资助标准同民办机构服务水平和档次没有联系，按照场地的性质统一新增床位资助标准，按照老人护理级别和机构性质划分统一运营资助标准。但随着民办养老机构床位的增加，民办养老机构的资助模式应该从注重增量转为注重提质，在养老机构服务水平和等级评定的基础上，根据机构不同等级给予不同的床位资助和运营资助，引导民办养老机构提升自身服务质量，提高全市民办养老机构的服务水平。

四是加强养老护理员队伍建设。对外地户籍养护护理员在积分入户和享受公共服务方面给予倾斜，制定行业薪酬指标标准、护理员岗位补贴制度、完善免费培训政策，建设就业指导转介平台等。同时在养老机构服务水平和等级评定时，明确规定专业护理人员的比例，即不同等级水平养老机构需配备最低的高级养老护理员、中级养老护理员和初级养老护理员的人数比例。改变职业准入门槛过低、人员替代性过高的市场供求关系。

（四）整合社会资源，拓展社区居家养老服务

一是尽快落实新建住宅小区公共配套的养老服务场地移交用于社区居家养老服务。二是加快实现社区或街道（村居）居家养老服务网点的全覆盖，建立信息库，增强针对性和有效性，全面构建功能齐全的居家养老服务网络，建设10分钟养老服务圈，实现家庭养老与社区照顾的无缝衔接。不断完善政府购买服务机制以及畅通社会组织

进入渠道，使公益与商业机制实现有机结合。三是搭建社区居家养老综合服务"一站式"服务平台。在购买服务上，由于养老机构具有先天优势，可以向非营利性民办养老机构倾斜，打造从社区和机构养老服务连贯性养老服务供给体系。四是加强与卫生部门合作。由于医疗康复和精神慰藉服务是目前社区居家养老服务的短板，这需要卫生部门深度介入，与社区共享医疗卫生服务资源，定期深入社区提供免费医疗服务项目，而且对相关社区人员进行医疗培训，重点培训精神开导、重病护理等内容，以强化社区居家养老的医疗康复和精神慰藉服务功能。

（五）因地制宜加快农村机构养老体系建设

广州农村的社会经济发展水平参差不齐，不仅南部和北部存在差异，各区农村之间也有差异。因此，需要充分考虑地区差异，坚持因地制宜，按照城镇化水平的高低来构建养老服务体系。一是完全城镇化的农村，主要是农村地区的城镇中心区域，可按照城市养老服务体系的模式推行。二是城郊的农村，即城郊村，它们正在经历城镇化或者即将被城镇化则要满足基本养老服务需求，也要探索提供更高层次的养老服务。三是城镇化进程不明显的农村地区。主要以满足老年人的基本养老服务需求，保障老年人生活的养老服务为主。

参考文献

广州老龄工作委员会、广州市民政局、广州市统计局：《广州市老年人口和老龄事业数据手册（2013）》，2014。

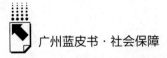

广州蓝皮书·社会保障

广州市民政局：《广州市民政局关于印发广州市公办养老机构入住评估轮候试行办法的通知》，2014。

广州市人民政府办公厅：《关于加快社会养老服务体系建设的意见》，2012。

香港大学社会工作及社会行政学系：《香港退休保障的未来发展技术报告（二）：香港人口及老龄化概况》，2014。

2014年广州社区居家养老现状及需求调查报告

陈小朋　吴永红　卢洁辉*

摘　要：　随着广州市加速进入老龄化社会，老年人的家庭照顾和社会服务问题显得日益重要。从居住方式上来分类，养老服务有居家养老和机构养老两种方式，其中居家养老须有完善的社区服务的支持。近年来，广州市社区居家养老服务虽然发展较快，但与老年人日益增长的多样化服务需求相比，与国内其他先进城市相比，仍存在不足和问题。广州市统计咨询中心对广州市居民社区居家养老状况展开了抽样调查，形成本调查报告。本文通过对抽样调查数据的分析，从养老方式现状、对社区居家养老方式的了解、使用、评价、需求等方面阐述了广州市社区居家养老的现状和需求。

关键词：　老龄化　养老方式　社区居家养老

前　言

广州市正式进入老龄化社会的时间为 1992 年，属于全国最早进

＊　陈小朋，广州市政协社会法制民族宗教委员会主任，教授级高级工程师；吴永红，广州市统计局副局长，高级统计师；卢洁辉，广州市统计咨询中心社情民意调查部部长，中级统计师。

入老龄化社会的城市之一。经过 20 多年的发展，老年人口规模持续加速增长，人口老龄化进一步加剧。数据显示，2014 年全市共有户籍人口 842.42 万，其中 60 岁及以上老年人口为 140.65 万，占 2014 年户籍人口总量的 16.70%。按照 60 岁以上老年人口占总人口 10% 以上即为老龄化社会的标准来看，广州市已经进入了较深层次的老龄化社会。具体来看，广州市老年人口表现出以下几个明显特征。

一是老龄化程度较高。老城区的老龄化程度更加明显，荔湾（23.36%）、越秀（21.58%）、海珠（21.34%）三区的老龄化程度均已超过 20%（见表 1）。

表 1　2014 年广州市各区（县级市）老龄化情况

单位：万人，%

类别	常住人口数	老龄人口数	老龄化系数
全市（区）合计	842.42	140.65	16.70
荔湾区	71.96	16.81	23.36
越秀区	117.54	25.36	21.58
海珠区	99.81	21.30	21.34
天河区	82.43	10.39	12.60
白云区	89.83	14.32	15.94
黄埔区	20.93	3.57	17.04
番禺区	83.57	10.98	13.14
花都区	69.56	10.32	14.84
南沙区	37.74	5.99	15.87
萝岗区	21.58	2.34	10.86
增城市	86.46	11.93	13.80
从化市	61.00	7.33	12.02

资料来源：广州市统计局。

二是老年人口增长速度加快。自 2010 年以来，户籍人口中老年人口数量的年增长率分别为 2011 年增长 4.22%、2012 年增长 4.27%、2013 年增长 5.22%、2014 年增长 5.72%，远高于户籍人口总体增长速度（2011 年增长 1.05%、2012 年增长 0.95%、2013 年增长 1.22%、2014 年增长 1.21%）。

表2　2010～2014 年广州市户籍人口和老年人口数量

单位：万人

年份	2010	2011	2012	2013	2014
户籍人口数量	806.14	814.58	822.30	832.31	842.42
#60 岁以上老年人口数量	116.34	121.25	126.43	133.04	140.65

资料来源：广州市统计局。

三是老年人口抚养比高。2014 年广州市户籍人口 60 岁以上老年抚养比为（每百名劳动年龄人口负担老年人的比例）24.15%，老年人口抚养压力较大。

表3　2014 年广州市各年龄组人口比重

单位：万人，%

类别	0～14 岁	15～59 岁	60 岁以上
人数	116.94	582.35	140.65
占总人口比重	13.88	69.13	16.70

资料来源：广州市统计局。

2010 年第六次全国人口普查时广州户籍人口预期寿命就达到了79.2 岁，根据《广州市国民经济和社会发展第十二个五年规划纲要》的测算，2015 年广州市居民平均预期寿命将达到 80 岁。老龄人口数量的增加，人口预期寿命的延长无疑会对养老服务的需求和发展带来巨大的挑战和压力。同时，养老服务体系的建设与完善的问题，将在今后很长时间内成为广州市经济社会发展的重要问题。

从社会上存在的养老方式来看，目前主要可以分为三种，家庭养老、机构养老和社区居家养老。其中，社区居家养老服务是指政府和社会力量依托社区，为居家的老年人提供生活照料、家政服务、康复护理和精神慰藉等方面服务的一种服务形式。它是对传统家庭养老模式的补充与更新，是我国发展社区服务，建立养老服务体系的一项重要内容。① 2008 年 1 月 29 日，全国老龄委办公室、民政部等十部门联合下发《关于全面推进居家养老服务工作的意见》，根据该《意见》精神，全国各省市相继开展了全面推进社区居家养老服务的工作。近年来，广州市社区居家养老服务虽然发展较快，但与老年人日益增长的多样化服务需求相比，仍存在不足和问题。为了解广州市社区居家养老方式的现状和居民需求，为广州市更好地提供政府公共服务和更有效地应对老龄化带来的相关养老问题提出意见建议，广州市政协社会法制民族宗教委员会委托广州市统计咨询中心，开展广州市居民社区居家养老状况和需求的抽样调查，为制定和完善相关政策措施提供客观、真实的依据。

广州市统计咨询中心以电话访问的方式收集有效问卷 831 份②，样本覆盖 12 个区（县）③，本报告共分为四个部分，第一部分是受访者概况，包括受访者的年龄、性别、身体状况、家庭情况和辖区分布；第二部分是居家养老服务的现状及需求状况，包括受访者中选择居家养老的比例，居家养老服务的满意度以及存在的不足；第三部分介绍受访者对其他养老产品或服务的反馈，包括对家庭综合服务中心的评价、"平安通"的使用状况以及对社区医疗服务需求情况；第四部分总结上文，并提出一些建议。

---

① 全国老龄委办公室、发展改革委、教育部、民政部、劳动保障部、财政部、建设部、卫生部、人口计生委、税务总局：《关于全面推进居家养老服务工作的意见》，2008。
② 本数据是指年龄在 45 周岁及以上，并拥有广州市户籍的受访人数。
③ 此处按照 2014 年广州市行政区划调整前的 10 个市辖区和 2 个县级市计算，调整后的辖区数为 11 个。

一 受访居民概况

（一）受访者人口特征

本次调查对象中，有男性受访者 327 人，占受访总数的 39.35%；女性受访者 504 人，占受访人数的 60.7%（见图 1）。

从健康状况来看，94.2% 的受访者生活可以完全自理，5.2% 的受访者基本能够自理，生活不能自理的受访者占 0.6%，仅从本组数据来看，受访居民的健康状况较为乐观。

从年龄分布来看，受访者年龄在 45～49 岁的占 14.9%，50～54 岁的占 15.5%，55～59 岁的占 11.8%（见图 2），之所以对非老年人口进行调查是为了更好地了解居民对养老服务的需求，以便可以及时调整相关政策和服务，保证养老服务和产品更符合居民切实需要。受访老年人口[①]数为 480 人，占受访总数的 57.8%。其中，60～64 岁老年人口有 144 人，占受访总人数的 17.3%；65 岁以上老年人口数最多，为 336 人，占受访总数的 40.4%。他们中的一些人已经在享受养老服务，通过对他们的调查可以更好地反映现有养老服务的状况，有利于准确地把握目前养老服务存在的问题。

（二）受访者地区分布

广州市各行政区中，越秀区的受访者最多，占全部受访人数的 17.6%；其次是海珠区，占 15.4%；白云区和荔湾区的受访者比例相近，分别为 10.5% 和 9.9%；天河区、花都区和增城市三地受访者比例各占 7% 左右，其他市区受访者比例相对较少。从受访者的区域分布来看（见图 3），与广州市老年人口的地区分布结构（见图 4）

---

① 本文所述老年人口如非特指，均为 60 岁及以上人口。

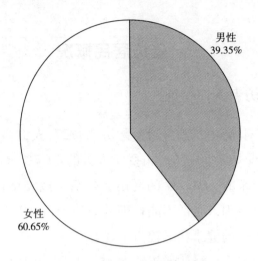

图1 受访对象性别比例

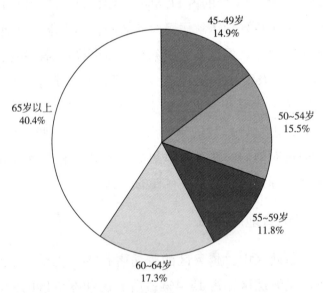

图2 受访者年龄分布

说明：因各数据计算时四舍五入，所以得出的加总百
分数不会等于100%，下同。

较为接近，这也表明本次调查结果将能够较好地表达全市老年人口的
需求。

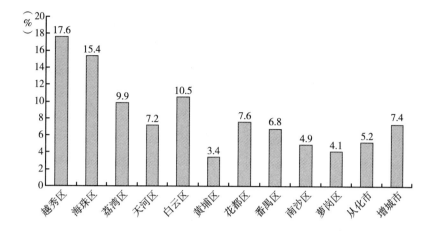

图3 受访者的地区分布

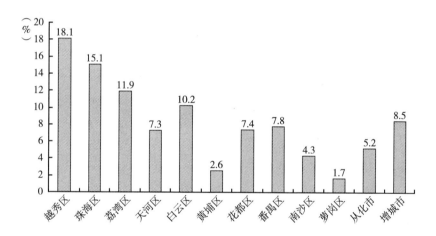

图4 2013年广州市60岁及以上老年人口地区分布状况

（三）受访者家庭状况

1. 受访者婚姻状况

受访对象中已婚有配偶的人数最多，为705人，占84.8%；其次是已婚丧偶的，为114人，占13.7%；未婚和离异的比例很小，分别为1.1%和0.4%（见图5）。

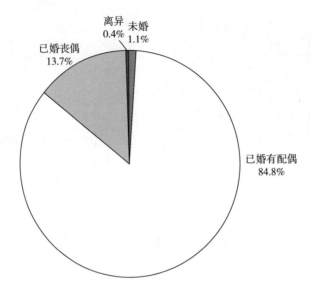

图 5　受访者婚姻状况

2. 受访者家庭成员数

除 14 名受访者拒绝回答家庭成员数外，其他 817 位受访者共同生活的家庭成员数见表 4。如表 4 所示，与 3 个家庭成员共同生活的受访者比例最高，为 24%；其次是与 2 个家庭成员共同生活的，占 20.7%；再次是与 4 个家庭成员共同生活的，为 16.9%；2 口之家和 5 口之家的比例也较高，分别为 10.4% 和 11.9%；此外，尚有 3.4%

表 4　受访者共同生活的家庭成员数

单位：%

同居家庭成员数	百分比	同居家庭成员数	百分比
独居	3.4	4~5 口之家	16.9
1—两口之家	10.4	5~6 口之家	11.9
2—三口之家	20.7	6~7 口之家	7.2
3—四口之家	24.0	7 人及以上	5.5

的受访者是独居。独居老年人面临着更多的安全风险，因而需要相关部门予以更多的关注。

3. 受访者子女数

受访者中有795人有子女，其中有1个孩子的人数最多，为338人，占有生育人数的42.5%；其次是有生育2个孩子的，有243人，占30.6%；有生育3个孩子的受访者共109人，占13.7%；有生育4个孩子的受访者也较多，有64人，占8.0%；有5个及以上孩子受访者（41人）所占比例相对较小，合计占5.2%（见图6）。一般而言，子女数越多，则子女养老负担就越轻，从现有数据来看，大部分（42.5%）受访者只有1个孩子，这就需要政府和社会提供更多的养老服务支持，才能让老人较好地安享晚年，同时减轻子代的养老压力。

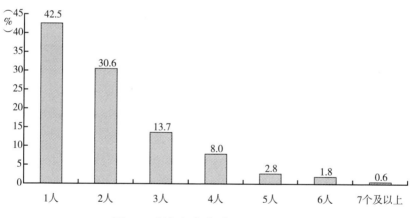

图6　受访者生育孩子所占比重

4. 受访者家庭关系状况

在家庭关系上，与配偶、子女关系和谐的受访者人数最多，为661人，占受访总数的79.5%；其次是与子女关系和谐的，占总数的14.9%；与配偶关系和谐的占3%，与配偶子女关系都不和谐的占0.6%；还有1.9%的受访者拒绝回答这一问题。

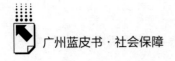

（四）生活保障状况

1. 社会保障

从受访者社会保障结构来看，有养老金的受访者有 601 人，占 72.3%；有退休金的占 17.3%；社会保障来源为商业保险、企业年金、政府或亲友救济等所占比例较小。此外，还有 8.5% 的受访者没有社会保障，详见表 5。

表 5　受访居民社会保障来源

单位：%

社会保障	百分比	社会保障	百分比
退休金	17.3	政府或者亲友救济	2.9
养老金	72.3	其他	2.4
商业保险	2.8	无	8.5
企业年金	1.2		

说明：多项选择题，合计比例大于100%。

2. 经济独立状况

经济独立是指依靠自己的收入或退休金或者积蓄生活，有 730 位受访者能够实现经济独立，占受访总人数的 87.9%；其次是靠子女供养的受访者，有 86 人，占 10.4%；靠政府或亲友救济的受访者有 0.6%，还有 1.2% 的受访者几乎没有经济来源（见图 7）。

（五）交往朋友数量

从日常交往、活动的朋友数量来看，绝大部分受访者都有一些朋友。没有朋友的受访者比例较低，为 8.4%；有非常多朋友的人数最多，为 301 人，占 36.2%；有 5~10 个朋友的占 21.3%，有 3~5 个

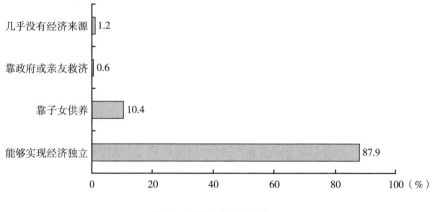

图7 受访者经济情况

朋友的占26.1%，有1~2个朋友的比例最低，为7.9%（见表6）。总体来看，受访者有较好的交流、活动网络。

表6 受访者日常交往的朋友数

单位：%

朋友数量	百分比	朋友数量	百分比
0个	8.4	5~10个	21.3
1~2个	7.9	非常多	36.2
3~5个	26.1		

（六）电子产品及互联网使用情况

受访对象中，能够熟练运用智能手机或电脑，并经常上网的有200人，占受访人数的24.1%；懂得使用智能手机或电脑，但不常上网的有138人，占受访总数的16.6%；不会用，也不上网的受访者所占比例较高，为29.5%；没有智能手机的受访者人数最多，为248人，占受访人数的29.8%。

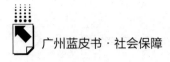

通过分析，我们对调查对象的情况有了大概的认识，受访者健康状况整体良好，多处于已婚有配偶状态；年龄以 60 岁以上的老年人口为主；超过 60% 的受访者家庭规模在 3~5 人，70% 以上的受访者子女数为 1~2 人，家庭关系多为和谐；大部分受访者有社会保障，而且能够实现经济独立。

二 居家养老服务的现状及需求状况

在正式分析前，我们要明确不同养老方式的概念：家庭养老是指主要由家庭成员陪护和自我照料或接受商业服务；社区居家养老是指居住在家里，接受社区提供的日间生活照料、生活护理、家政清洁、医疗保健等服务；机构养老可以简单地理解为住养老院。

（一）养老方式选择

1. 目前采取的养老方式

受访者中绝大部分目前采取的养老方式为家庭养老，有 726 人，占受访人数的 87.4%；选择社区居家养老和机构养老的人数很少，分别为 21 人和 13 人，占受访人数的比例分别为 2.5% 和 1.6%；其他养老方式的比例最低，仅为 0.2%。

2. 未来更愿采取的养老方式

受访者未来更愿意采取的养老方式与目前采取的养老方式之间存在显著的不同，主要表现在：第一，未来选择家庭养老的人数减少，占受访人数的比重也下降至 73.4%；第二，未来更愿意选择社区居家养老和机构养老的人数增幅较大，占受访人数的比重也都在 10% 以上（见表 7）。

从养老方式选择的变化可以发现，社区居家养老方式受到较

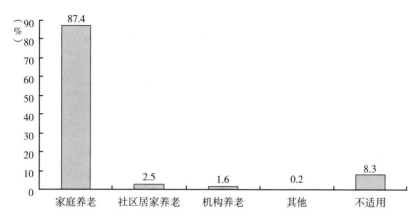

图8　受访者目前采取的养老方式

多的欢迎，因此，相关决策部门应该考虑加大社区居家养老的推广力度，以便满足居民的社区居家养老需求。

表7　受访者未来更愿采取的养老方式

单位：%

养老方式	百分比	养老方式	百分比
家庭养老	73.4	其他	1.2
社区居家养老	18.2	不适用	8.2
机构养老	12.8		

说明：多项选择题，合计比例大于100%。

（二）社区居家养老宣传推广状况

1. 是否了解社区居家养老

如图9所示，居民对社区居家养老的了解程度有待提高，60.3%的受访者表示从未听说过社区居家养老；听说过，但是不了解的居民也占较高比例，为28.2%；而对该养老方式了解一些的居民比例低

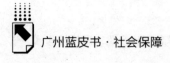

于 10%，仅为 9.3%；对该养老方式清楚了解的居民比例最小，仅为 2.3%。

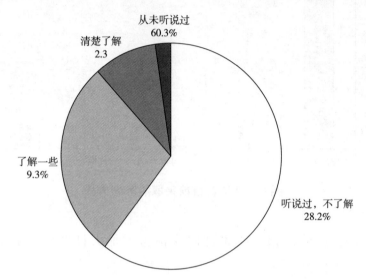

图9 受访者对社区居家养老的了解程度

以图 9 数据来看，社区居家养老方式的宣传和推广力度确实有待加大。通过向居民更多地介绍不同的养老方式及其特点，才能更好地将老年人口养老压力分流，才能更好地满足居民的养老服务需求。

2. 社区是否提供社区居家养老服务

受访者中有 389 人不知道所在社区是否提供社区居家养老服务，占受访人数的 46.8%；有 42.4% 的受访者表示所在社区不提供该服务，仅有 10.8% 的受访者表示所在社区提供该养老服务。

（三）社区居家养老服务的内容及存在的问题

1. 为老年人提供的服务场所

受访者中有 90 位表示其所在社区提供社区居家养老服务，其中有 41.1% 的人表示其社区有日间照料中心或日间托老中心；有 38.9% 的人表示所在社区提供社区居家养老服务部，有33.3%的受访者表示所在社区提供社区康疗室，有31.1%的人表示所在社区提供居家养老服务示范中心，表示社区提供长者饭堂的也有27.8%（见图10）。

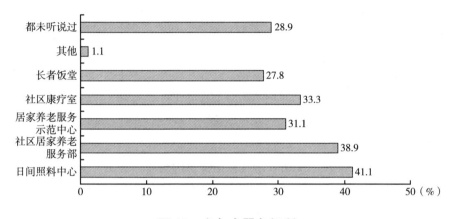

图10 老年人服务场所

资料来源：多项选择题，合计比例大于100%。

2.为老年人提供的服务

有53.3%的受访者表示所在社区提供锻炼健身服务，有52.2%的人表示所在社区提供休闲娱乐服务，表示社区提供医疗保健、日间照料、上门服务、知识讲座等服务的受访者比例也都超过了30%，还有28.9%的受访者表示所在社区提供长者饭堂服务（见图11）。从这些服务项目可以看到，不同社区提供的老年人服务项目有较高的集中度。

3.社区居家养老服务满意度

尽管有90位受访者表示所在社区提供社区居家养老服务，但是，有67.8%的人没有体验过该服务。体验过该服务的受访者仅占32.2%，他们中有31.0%对于接受到的服务表示满意，有44.8%的人基本满意，感觉一般的占17.2%，还有6.9%的人对于该服务不太满意（见图12）。总体来看，目前的社区居家养老服务满意度还比较

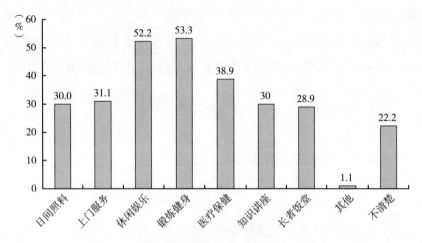

图11 受访者所在社区提供的老年人服务

资料来源：多项选择题，合计比例大于100%。

乐观，但是，感觉一般和不太满意的比例也较高，我们应该予以足够的重视，不仅要扩大养老服务覆盖面，更要提高养老服务质量。

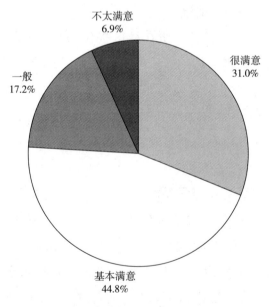

图12 受访者对社区居家养老服务的满意度

4. 待完善之处

有20.0%的受访者对于当前社区居家养老服务不满意的原因或认为最需要改进的问题中最突出的就是硬件设施少或差，有17.8%和15.6%的受访者认为待改进的问题是收费价格过高和服务人员不够。此外，也有部分受访者认为服务项目少和缺乏服务信息系统，居民查询不便的问题也较为突出（见表8）。

表8 当前社区居家养老待改进的问题

单位：%

待改进的问题	百分比	待改进的问题	百分比
硬件设施少或差	20.0	服务项目少	12.2
价格太高	17.8	服务质量差	10.0
人手不够	15.6	享受服务的手续烦琐	5.6
缺乏社区居家养老服务信息系统,居民查询不便	13.3	其他	37.8

说明：多项选择题，合计比例大于100%。

5. 人员素质

社区提供社区居家养老服务的受访者中有50%的人认为居家养老服务人员最需要提高的素质是责任心，对于这一点的要求远高于其他素质要求；认为最需要提升服务态度和专业能力与服务技能的受访者比例相对较小，分别为17.8%和16.7%。

通过分析，我们发现家庭养老依然是主要的养老方式，社区居家养老也受到较多居民的青睐，而且这部分需求尚未得到满足；居民对社区居家养老的认识程度较低，宣传和推广力度有待加强；社区居家养老服务的满意度整体上较为乐观，但仍存在许多问题，需要从配套设施、服务项目、服务质量以及工作人员素质等方面予以完善和提高。

三　主要养老服务项目状况

（一）"平安通"①使用状况

本次调查中，受访者中安装"平安通"的只有 5.2%，但这部分居民中有 46.5% 的人尚未使用过此系统，23.3% 的人使用过紧急呼援服务，27.9% 的人使用过无偿的心理咨询等服务，16.3% 的使用过低偿或有偿的家政、维修、配送等配套服务（见表9）。

表9　使用"平安通"享受过的服务项目

单位：%

享受过的服务	百分比	享受过的服务	百分比
尚未使用过	46.5	无偿的心理咨询等服务	27.9
紧急呼援服务	23.3	其他	11.6
低偿或有偿的家政、维修、配送等配套服务	16.3		

说明：多项选择题，合计比例大于100%。

未安装"平安通"的受访者占 94.8%，其中 34.8% 的人觉得没必要安装，28.3% 的受访者表示没有听说过，因申请报装手续复杂和费用高而不安装的受访者所占比例相对较小，分别为 4.8% 和 1.9%（见图13）。

如图14所示，有 19.5% 的受访者认为目前"平安通"存在的最

---

① "平安通"是利用固定电话网络和互联网建立的紧急呼援现代服务系统，主要是为社区老年人居家养老提供系统信息服务。当用户突遇紧急情况时，按下应急按键，该系统可为用户快速转接相关医疗和社会救援单位，并可及时通知亲属等相关人员。同时，该系统还可提供定期无偿的电话回访、心理咨询等服务和低偿或有偿的家政、维修、配送、陪护看病等非紧急配套服务，配合社区养老服务机构、义工组织等社区资源开展各项服务活动，为广大老年人特别是独居、空巢老年人的生活照顾提供方便快捷有效的服务。

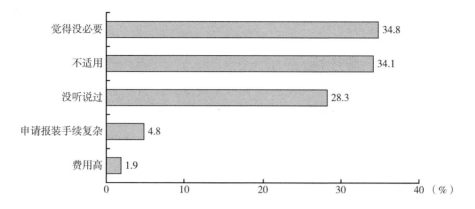

图13　未安装"平安通"的原因

资料来源：多项选择题，合计比例大于100%。

大问题是宣传推广力度不够，超过4%的人认为安装、服务费太高和申报条件高是目前"平安通"存在的最大问题，服务项目有限、服务效率低等问题也受到居民关注。值得注意的是，有68.5%的受访者表示不清楚，这也从侧面印证了目前"平安通"宣传和推广力度不够的问题（见图14）。

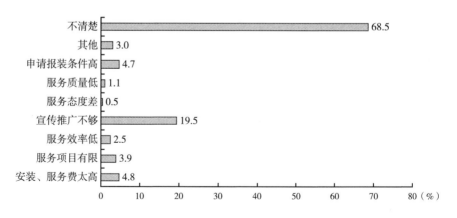

图14　受访者认为目前"平安通"存在的最大问题

资料来源：多项选择题，合计比例大于100%。

（二）活动场所

1. 家庭综合服务中心

绝大多数受访者没听说过或者不了解家庭综合服务中心的具体服务，这部分人占受访人数的77%；只有6.7%的人觉得家庭综合服务中心（以下简称"家综"）非常好，并且经常去；有7.2%的人知道有家综，但是离家远，不方便去；有7.8%的人表示，家综场地太小；还有4.2%的受访者认为家综提供的活动项目不太适合老年人。

表10 受访者对家庭综合服务中心的看法

单位：%

评价	百分比
没听说过或不了解具体服务	77.0
场地太小	7.8
离家有些远,不方便	7.2
非常好,经常去	6.7
活动项目不大适合老年人	4.2
其他	3.1

说明：多项选择题，合计比例大于100%。

2. 星光老年之家

星光老年之家[①]或者老年人活动中心也面临着和家庭综合服务中心同样的问题，即大部分受访者表示没有听说过或者不了解其具体服务内容；超过15%的人认为星光老年之家或老年人活动中心的服务变味，已经成为麻将棋牌室了；有13.5%的受访者认为应该对其重新整合，使之充分发挥社区养老服务的作用；认为服务项目少，不适

---

① 星光老年之家是由国家民政部、省、市福利金资助的，市、区、街财政投入共同建成的，为社区老年人提供福利性服务设施和活动场所。

合自己的受访者超过 10%；认为场地太小的占 8.7%；认为离家远，不方便的有 6.4%；认为星光老年之家非常好，并经常去的受访者仅有 5.4%（见表 11）。

表 11   受访者对星光老年之家（老年人活动中心）的看法

单位：%

看法	百分比
没听说过或不了解具体服务	64.3
服务变味,已成为麻将棋牌室	15.6
应重新整合,使之充分发挥社区养老服务的作用	13.5
服务项目少,不适合自己	11.0
场地太小	8.7
离家远,不方便	6.4
非常好,经常去	5.4

说明：多项选择题，合计比例大于 100%。

（三）服务需求

1. 电话问安

独居老人是指独自一人居住的老年人口，包括子女离家和丧偶的老年人口。身体疾病、心理健康、精神文化生活匮乏、无人照料、孤独无伴等问题是独居老人面对的几大难题。从图 15 可以看到，78.6% 的受访者都认同社区服务人员应定期或不定期主动给独居老人电话问安，独居老人需要我们给予更多的关注，无论从生活照料、医疗救护，还是精神上的安慰都应该对这部分群体给予更多的照顾。

2. 居家养老服务需求

需要社区提供医疗护理和上门洗晒衣服、打扫卫生等居家养老服务的受访者比例超过了 40%，分别为 40.6% 和 43.9%；需要社区提供日常陪护、聊天和上门做饭、送餐的受访者比例在 30% 左右，分

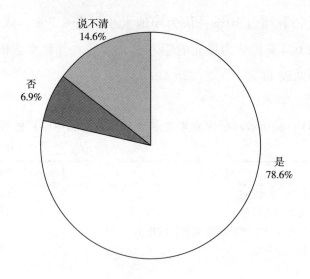

图15 是否应提供独居老人问安服务

别为29.4%和33.0%;需要社区提供康复训练和心理健康教育与咨询服务的比例也较高,还有部分受访者需要代购服务(见图16)。

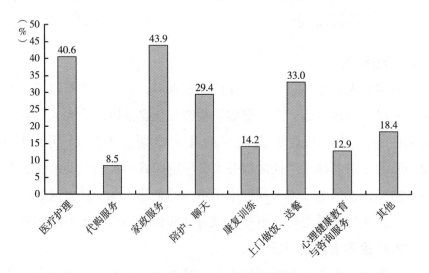

图16 居家养老服务项目

资料来源:多项选择题,合计比例大于100%。

3. 精神文化生活服务需求

在众多社区精神文化生活服务项目中，开展老年交流活动、老年互学活动、戏曲电影播放等活动和专设老年活动室或活动场地最受居民欢迎，分别有64.9%和64.1%的受访者认为社区应提供这方面的服务；身体与精神上的卫生保健宣传和举办兴趣班、培训班等也有较多需求，分别有37.4%和33.5%的居民有这方面的需求；需要社区提供法律、心理咨询和家庭关系调解服务的比例也超过了20%。由此可见，居民对社区精神文化生活服务需求多元化的同时又有所偏重。

表12　社区精神文化生活服务需求

单位：%

服务项目	百分比	服务项目	百分比
开展老年交流活动、老年互学活动、戏曲电影播放等	64.9	法律、心理咨询	22.3
专设老年活动室或活动场地	64.1	家庭关系调解	20.9
身体与精神上的卫生保健宣传	37.4	其他	12.4
举办兴趣班、培训班等	33.5		

说明：多项选择题，合计比例大于100%。

4. 养老服务费用

在所有受访者中，认为"社区养老服务不应收费，这是社会福利保障的一部分"的人数最多，为281人，占33.8%；认为价格应该进一步降低，使更多老人能够承受的比重也较多，为28.3%；认为目前服务收费价格合理，可以承受，这样有助于确保服务质量的受访者比重相对较小，为12.8%；还有24.3%的受访者未表示明确态度（见图17）。

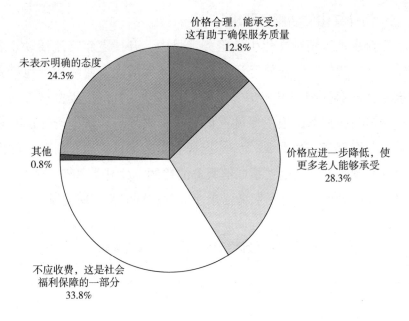

价格合理，能承受，
这有助于确保服务质量
12.8%

未表示明确的态度
24.3%

其他
0.8%

价格应进一步降低，使
更多老人能够承受
28.3%

不应收费，这是社会
福利保障的一部分
33.8%

图17　受访者对养老服务费用的态度

从数据上看，大部分居民较倾向于养老服务费用降低。如何做到低费用、高质量、广覆盖，需要相关部门根据不同社区的具体情况灵活创新，如对部分服务或项目进行招标，以减少费用支出；发动社区居民形成互助小组，减少不必要的人员开支等等。

（四）医疗服务

1. 社区提供的医疗服务

受访者所在社区提供最多的医疗服务项目是免费体检，有64.5%的受访者所在社区提供这一服务；分别有23.5%、23.1%和21.5%的受访者所在社区提供社区医生上门医疗保健、建立老年人健康档案、社区周边公立医院医生定期到社区坐诊等医疗服务项目；提供医疗保健知识讲座、社区家庭病床和就近在社区周边的日托中心、老年人服务部等设立医疗服务室的社区相对较少（见表13）。

表13 社区已提供的医疗服务项目

单位：%

医疗服务项目	百分比
免费体检	64.5
社区医生上门医疗保健	23.5
建立老年人健康档案	23.1
社区周边公立医院医生定期到社区坐诊	21.5
医疗保健知识讲座	16.3
社区家庭病床	14.6
就近在社区周边的日托中心、老年人服务部等设立医疗服务室	14.4
其他	2.7
不清楚	22.1

说明：多项选择题，合计比例大于100%。

2. 亟须优先改进的医疗服务

尽管受访者所在社区提供了多样的医疗服务项目，但是，依然有一些医疗服务项目亟须优先改进。有42.2%的受访者认为社区为老年人提供的医疗服务中亟须优先改进的是免费体检；其次是社区医生上门医疗保健，占41.3%；社区周边公立医院医生定期到社区坐诊也有较多受访者认为是亟须改善的项目，认为建立老年人健康档案、就近在社区周边的日托中心及老年人服务部等设立医疗服务室、社区家庭病床是社区亟须改善的医疗项目的受访者比例也较大，分别为26.8%、26.0%和23.6%；认为医疗保健知识讲座是急需改善项目的受访者比例最低，为13.4%（见图18）。

通过第三部分的分析，可以发现："平安通"、家庭综合服务中心和星光老年之家（老年人活动中心）的推广情况亟待改善，大部分居民对具体服务内容并不了解；居家养老服务项目最受欢迎的是洗衣做饭在内的家政服务、医疗护理和陪护聊天服务；老年人口活动室

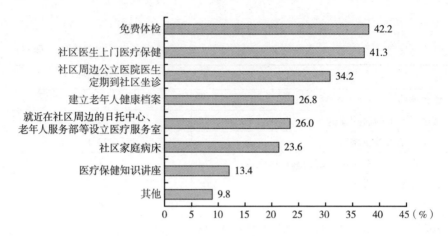

图18 亟须优先改进的医疗服务项目

资料来源：多项选择题，合计比例大于100%。

和老年人交流活动、戏曲电影播放等是较为期待的精神文化生活服务；医疗服务项目多样，但亟须改进的地方较多；减少养老服务费用是居民比较关注的问题。

四 总结

本报告用三个部分分别对受访者的基本状况、社区居家养老现状和存在的问题以及居民需求、主要养老产品和服务的现状进行了分析，通过分析发现受访者健康状况整体良好，家庭规模以3～5人为主，子女数多为1～2人，家庭关系多为和谐；大部分受访者有社会保障，而且能够实现经济独立。目前大部分受访者的养老方式依然是家庭养老，居民对社区居家养老的认识程度较低；社区居家养老服务的满意度整体上较为乐观，但仍存在许多问题。大部分居民对主要养老产品和服务内容并不了解，家政服务、医疗护理和陪护聊天服务是最受欢迎的居家养老服务；医疗服务项目多样，但亟须改进的地方较多。

综观全文，广州市社区居家养老服务存在的最为突出的问题有两个：一是相关产品和服务的宣传推广力度不够，居民普遍不了解其具体内容；二是在服务场所选址、服务内容、项目安排上，没有充分了解居民的切实需求。

针对这两个问题，建议相关决策部门应做好如下工作。

第一，利用多种媒体、多渠道地宣传惠民的养老产品和养老服务。如报刊栏、传单、短信推送、报纸、手机APP。

第二，充分发挥居民委员会组织和宣传职能，将有关养老服务的政策和动态及时告知老年群体。如，宣传80岁以上老人可以免费申领"平安通"政策，鼓励安装"平安通"的老年人与其他人分享使用体验等。

第三，老年人活动中心、星光老年之家等地址的选择应该建立在对社区老年人口分析的基础上。由于不同社区的人口结构有所区别，将这些活动中心地址尽量安排在老年人口集中的小区，或者交通便利的小区等，贴近服务对象。

第四，对于社区医疗服务、居家养老服务以及老年人活动项目设置及内容安排上充分尊重老年人意愿，不搞"一刀切"。不同街道情况各不相同，老人身体状况、文化层次、经济条件等也有区别，对于养老服务内容的设置上，尽量保持较大的能动性，以满足不同群体老年人口的需要。既能提高养老服务满意度，又能减少资源浪费。

总之，社区居家养老服务还有很大的发展空间，职能部门要充分听取群众意见，及时纠正实际操作过程中出现的偏差，结合各街道的实际情况设立符合当地居民的服务项目。

推进社区居家养老服务体系
建设应对老龄化挑战

广州市政协社会法制民族宗教委员会

摘　要： 随着广州市加速进入老龄化社会，解决老年人的家庭照顾和社会服务的问题显得日益重要。从居住方式上来分类，养老服务有居家养老和机构养老两种方式，其中居家养老须有完善的社区服务的支持。近年来，广州市社区居家养老服务虽然发展较快，但与老年人日益增长的多样化服务需求相比，与国内其他先进城市相比，仍存在不足和问题。本文通过对抽样调查数据的分析，从养老方式现状，对社区居家养老方式的了解、使用、评价、需求等方面阐述了广州市居民社区居家养老的现状和需求。

关键词： 老龄化　社区居家养老服务体系

广州市已步入较深层次的老龄化社会。截至 2013 年底，广州市户籍人口中 60 岁及以上老年人口为 133.04 万，占户籍人口的 16.03%，比全国同期水平（14.9%）高出 1.13 个百分点；65 岁及以上人口为 90.13 万，占户籍人口的 10.86%，比全国同期水平（9.7%）高出 1.16 个百分点。预测广州市老年人口将以每年 4% 的速度增长，2015 年将超过 145 万人，2020 年将达到 180 万人。

与其他地区相比，广州市的老龄化，除了程度逐步加深外，还具有高龄化、空巢化的趋势。根据广州市老龄工作委、民政局、统计局联合发布的《广州市老年人口和老龄事业数据手册（2013）》显示，2013 年广州市 80 岁及以上老年人口为 21.23 万，占老年人口总量的15.96%，与 2012 年相比，增加了 1.69 万人，增长了 8.65%。老年家庭人数为 26.14 万，比 2012 年增加了 0.9 万人。

另外，随着经济社会的转型，家庭规模日趋小型化，家庭养老功能日益弱化。如何让老年人安享晚年成为日趋严峻、亟待解决的社会问题，不仅事关老年人利益，也牵动千家万户，关乎社会和谐进步。

一 广州社区居家养老服务体系建设存在的问题

社区居家养老与机构养老相比，更具地缘、亲缘优势，家庭亲情、熟悉的环境和个性化服务，符合老人的心理特点和精神需求，具有低成本、高效益的优势，是破解养老服务难题的重要出路。为推进社区居家养老服务体系建设，广州市制定了一系列制度，完善了基础设施，进行了资源整合，开展了运作模式的探索和服务评估机制的建设，取得了相当的成效。为了发展广州市的社区居家养老服务体系，广州市政府先后发布实施《广州市人民政府办公厅关于加快社区养老服务体系建设的意见》（以下简称穗府办〔2012〕42 号文）、《广州市老龄事业发展第十二个五年规划（2011－2015 年）》（以下简称穗民〔2011〕236 号文）。与这两个文件中提出的目标相比，与国内其他城市相比，与广州市的经济社会发展现状和老龄化趋势相比，目前广州市居家养老服务体系建设仍然存在以下几方面的不足。

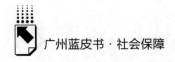

（一）服务设施建设需要加强

对于社区养老服务体系的建设，广州市政府先后下发穗府办〔2012〕42号文、穗民〔2011〕236号文，提出到2015年要实现的目标："6%左右的老年人可由社区提供日间照料和托老服务"；"按照每千人设置养老床位6.4张的标准规划建设社区养老机构"；"街（镇）级星光老人之家全面拓展日间照料、上门服务等居家养老服务功能"；"社区居家养老服务中心（站、点）、老年日间托护站（点）和社区老年助餐网点覆盖全市社区"。

广州市虽然已经建成153个家庭综合服务中心、146个居家养老服务部、24个居家养老服务示范中心、120个日间托老服务机构，但离上述目标的实现，差距还较大。家庭综合服务中心承担的任务较多，长者服务只是其中一个小的方面；星光老年之家数量虽多，但大部分活动项目较为单一，主要是麻将棋牌，其他为老服务项目极少；提供日间托老、老年助餐的站点很少，没有覆盖全市社区，大部分街道有居家养老服务部、家庭综合服务中心，但由于种种原因，都未能深入社区为老人开展服务。

而与其他经济社会发展程度相似的城市相比，广州市的社区居家养老服务体系建设也存在一定差距。例如北京市2014年底老年人口为301万①，比广州多一倍。但北京市已建设发展了1.1万家的社区居家养老服务机构，远超广州的146个。而且北京市社区居家养老服务机构可以为社区老年人提供六大类110项服务。《2014年上海市老年人口和老龄事业监测统计信息》显示，截至2014年12月31日，上海60岁及以上老年人口413.98万，占上海市总人口的28.8%。上海市建有老年人日间服务机构381家，居家养老服务中心共计175

---

① 中国社会科学网，http://www.cssn.cn/shx/shx_gcz/201506/t20150630_2054224.shtml。

家，社区助老服务社共计 224 家，社区老年人助餐服务点共计 576 个。全市共计 6296 家老年活动室，使用面积达 176.86 万平方米，其中标准化老年活动室 5307 家。

（二）服务覆盖老年人群体小

广州市政府购买居家养老服务政策对服务使用者的资格要求较为苛刻，只限于"三无"（无劳动能力、无生活来源、无法定赡养人）、最低生活保障家庭中生活不能自理、80 岁以上独居、100 岁以上等老年人群体，范围过小，每年受益老年人仅约 1.3 万，占 133 万老年人总量的 1%，与广州市 11 万独居老人、21 万 80 岁以上老人、约 24 万失能老人的服务需求相差甚大。

除政策原因外，广州市社区居家养老的服务机构场地普遍较小，数量少，而社区辖区范围大，老年人到服务机构活动存在诸多不便，加上宣传推广不足，使得不少街镇日托中心入托率低、服务中心较为冷清。广州市统计咨询中心开展的《广州市居民社区居家养老状况和需求的抽样调查》数据显示，60.3% 的受访者表示以前从未听说过社区居家养老，听说过但不了解的居民占 28.2%，知晓率偏低。

《2014 年上海市老年人口和老龄事业监测统计信息》显示，截至 2014 年 12 月 31 日，上海市社区助老服务机构服务人数共计 29.54 万，比 2013 年增加 4.8%；其中享受养老服务补贴的人数为 13 万。南京民政部门与企业合作开展"五助"（助餐、助浴、助医、助急、助洁）服务，其中，仅助餐一块，南京市助餐点总数就有 228 个，一年助餐服务 62.1 万人次。[①] 均高于广州的服务人群。这方面广州市与上海、南京相比有一定差距。

---

① 南京民政网，http://www.njmz.gov.cn/mzj/33702/33703/201506/t20150623_3389072.shtml。

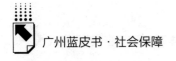

（三）服务项目少，社会力量参与不足

广州市一方面目前居家养老服务水平大部分停留在家政、清洁等低层次的照顾服务上，服务内容与形式单一，整体服务水平有待提高，而医护、康健、个案辅导等专业性服务开展不足。抽样调查数据显示，77%的受访者表示没听说过或不了解家庭综合服务中心的具体服务，64.3%的受访者没听说过或不了解星光老年之家的具体服务。这些场所在居民中的知晓度不高，与服务项目少、服务水平不高有关。另一方面，广州社会力量参与不足。在社区居家养老服务中专业服务机构、有行业经验的企业参与较少。国内一些先进城市注重打造居家养老服务社会组织品牌，并引入企业和社会组织参与，例如2013年底南京共有各类社会组织2.1万家，其中涉及养老服务的社会组织占社会组织总数的83%。[1] 南京市发展心贴心、万家帮、金德松、银杏树等18个具有较大影响的品牌居家养老服务社会组织，直接参与96个社区居家养老服务中心的运营。[2] 其经验值得借鉴。

（四）经费投入少

与机构养老相比，目前广州市对社区居家养老服务的经费投入较少。2013年，全市养老机构总数177个，但建设投入总额及资助投入总额共计5.5亿元，而市本级财政投入社区居家养老服务补助经费仅为0.2211亿元、为各种机构安排运营经费0.27亿元，投入经费严重不足。

---

[1] 白友涛、曾梦岚：《南京市社会组织参与社区养老服务问题的研究》，《社会福利》（理论版）2015年4月15日。

[2] 《南京日报》，2013年6月17日，http://njrb.njdaily.cn/njrb/html/2013–06/17/content_69516.htm。

而北京市 2014 年制定了《2014 年街乡镇养老照料中心建设实施方案》等文件，政府投入 2.4 亿元，带动社会直接投资 20 多亿元。[①]

（五）人才队伍建设滞后

上海市的居家养老助老服务员队伍达到 3.3 万人，经过培训取得护理员职业资格，再持证上岗；北京的同类人员也实行持证上岗。而广州市居家养老服务人员仅约 1000 人，由于工作辛苦且工资较低，服务人员招工难度较大，人员流失率高；医疗护理专业、心理治疗和社会工作等专业服务人才缺乏。穗府办〔2012〕42 号文提出到 2015 年居家养老服务从业人员持证上岗率达到 100% 的目标，至今仍然未能达成。

二　广州社区居家养老服务体系
建设未来发展思路

虽然经济步入新常态，改革和转型升级进入攻坚阶段，但 2014 年，广州市仍然实现地区生产总值（GDP）16706.87 亿元，按可比价格计算，比上年增长 8.6%，位居全国主要城市前列。在发展经济的同时，广州市也按照党的十八大提出"社会治理"新的治国方略要求，积极探索社会管理转型，力推基层管理单元由"单位"变为"社区"，可以说，广州在转变政府职能，创新社区管理、完善社区服务等方面开展了有益探索和成功实践，在构建符合现代化要求的社会治理体系方面初具成效。未来，广州应抓住时机，以社会治理为突破点，提升城市综合社会治理能力，完善社区居家养老服

---

① 《北京市民政局 2014 年主办的市政府重要实事、折子工程完成情况》，首都之窗，http：// zfxxgk. beijing. gov. cn/columns/68/3/552225. html。

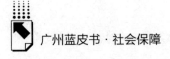

务体系，适应日益加剧的老龄化趋势，使广大市民共享经济发展的成果。

（一）制定社区居家养老服务规划与标准

①制定出台《关于发展我市居家养老服务的意见》，编制《居家养老服务体系发展规划（2016－2025年)》，并纳入市和区"十三五"社会发展规划。规划是对于某项事业、某个城市的未来发展、合理布局和综合安排等所做的综合部署和计划。要完善社区居家养老服务体系，必须有一个统一的、科学的规划，并严格按照规划执行，科学安排日间托老服务机构、老年人助餐点、居家养老服务部等设施建设，制定好总体部署和工作计划，促进居家养老服务城乡一体化。②建立专业服务标准规范，颁布指导性政策。制定分层次、分种类的社区居家养老服务标准，为老人提供分门别类的有偿、低偿或无偿服务，使服务规范化、标准化、系统化。③制定地方性法规规章。地方性法规或者规章可以有效界定政府、市场和社会各方权利和义务，充分发挥政府部门及老龄办、老年人服务中心的作用，明确各部门职责，将推行居家养老工作关键环节纳入法律保障范围。北京市已经于2015年1月以地方人大立法的形式颁布了《北京市居家养老服务条例》，以地方法规的形式对北京市居家养老服务体系建设进行了规范，从目的、原则、服务内容、管理机构、部门职责、设施标准、人才培养、责任考核、违法惩戒等方面全方位进行了规范。广州市在社区居家养老服务体系建设方面已经进行了多年探索和尝试，具备了制定地方法规的条件和基础。而该类法规和规章的出台不仅将对社区居家养老服务提供有效的规制，而且促进政府依法行政。

（二）开展居家养老信息系统建设，探索"虚拟养老院"模式

建设居家养老信息系统，将街道辖区内及附近的养老服务点、家

庭综合服务中心、医疗机构等信息收集编制数据库，发布街道"社区居家养老便民地图"，并在街道社区的电子显示屏、公告栏等公示宣传，向老年人发放养老服务便民地图、便民手册。同时，整合相关数据，搭建市级层面的居家养老信息平台。探索尝试"虚拟养老院"，建立呼叫服务系统，在老年人有上门送餐、清洁、护理等需求时，通过专用手机"下单"，信息平台统筹调配养老服务提供方包括加盟企业，就近安排适当的服务人员上门，为老人提供个性化服务，打造"没有围墙的养老院"。针对高龄老人、独居老人等群体，定期开展"电话问安"服务，及时了解他们的需求。

（三）加强硬件统筹，整合场地资源

在硬件上注重统筹，进一步整合街镇社区现有养老服务场地资源，分区、分级对社区养老服务设施进行标准化配置。强化落实《广州市社区公共服务设施设置标准（修订)》，加强社会监督，确保居家养老服务设施与居住区同步规划、同步建设、同步验收、同步交付使用。进一步规范房地产开发项目配套公共服务设施的建设、移交和使用管理，保障居家养老服务场地的供应。积极探索利用闲置场地、公房置换等形式来解决城区公共养老服务用房等基础设施不足的问题。

（四）加强经费保障，拓展居家养老服务对象，发放"居家养老服务券"

加大财政投入，积极拓展城乡居家养老服务对象，从目前的惠及1%老人尽快扩大到3%~5%。建议考虑将失独老人（2013年为1369人）、80岁以上独居老人（2013年为32062人）、严重失能老人纳入受惠范围；逐步将退休后月养老金收入在广州市职工月平均工资收入线以下的人员纳入，实施差额购买服务。可参照北京、深圳、福州等地做法，向特定老人群体发放"居家养老服务券"，将各区居家

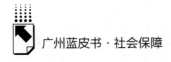

养老补助金的发放形式统一为发放居家养老服务券，以促进更多的老人向机构购买服务，从而保证居家养老服务资源和补贴的合理、有效使用。

（五）积极推进基层医疗卫生与社区养老服务资源相结合，加强医养结合

推动基层医疗卫生机构与社区养老机构、日间托老机构、农村敬老院以及老年人家庭等开展签约服务，促进医疗卫生资源进入社区老人家庭，实现居家养老服务与基层医疗卫生服务无缝对接，为居家老年人建立健康档案，开展预约诊疗、转诊转介、预防保健、上门诊视、家庭病床、健康咨询等个性化服务。强化基层医疗卫生机构为社区老年人服务的功能，鼓励医院开设老年病科，增加老年病床数量，做好老年慢性病防治和康复护理。积极支持营利性医疗机构进入社区，在准入手续、医保衔接上提供便利。

（六）以更大力度支持社会力量参与，打造一批居家养老服务专门机构

支持企业经营居家养老服务，打造一批专门从事居家养老服务的机构，开展连锁经营。鼓励具备丰富服务经验的公办民办养老院进入社区开设服务点。尝试在新建社区与开发商、物业管理公司合作，在大型小区内设立小型养老院、日托中心。采取政府补一点儿、个人出一点儿、社会让一点儿的办法，引导更多医疗卫生、护理康复、社会工作等专业机构进入居家养老服务领域，推动养老服务在低成本、微利化的市场化平台上发展，吸纳更多社会力量参与到养老事业当中。

（七）强化社区居家养老人才队伍建设，推广志愿服务

加大专业养老护理员培育力度，实行持证上岗；完善养老服务人

员基本社会保障，实行养老服务岗位补贴制度；发挥院校作用，鼓励专业人才进入这一行业。采用社区授课、多媒体授课、远程教育等多种培训方式，使课程设置更加具有针对性，拓展注重实操技巧的专项技能工种。在提升养老服务人员职业技能的同时，加强职业道德培养。提高养老护理员的待遇和社会地位，降低流失率。广泛倡导公务员、青年志愿者、热心人士为社区老人提供服务，并推广"邻里互助式"、"高龄孤老结对关爱式"等多种服务形式。

B.8

广州居家养老服务的社区支持

董克难*

摘　要： 居家养老作为一种重要的养老方式，需要社区提供支持才能达到良好的效果。广州市居家养老服务社区支持方面存在社区资源整合不到位、服务可及性弱、专业性低、知晓度低等问题。未来广州市需要从提升可及性和服务精细化、关注失独老人、建立社区养老信息中心等几个方面加强对居家养老服务的社区支持，以面对广州日益严重的老龄化挑战。

关键词： 老龄化　居家养老　机构养老　社区支持

养老模式是各个国家都需要面对和解决的问题。概括而言，主要有机构、家庭和居家三种模式。三种模式各有优缺点，也都经历了不同的发展历程。其中机构养老是指把老年人集中在专门修建、有专人陪护的养老机构，为老年人提供日常饮食起居、清洁卫生、生活护理、健康管理和文体娱乐活动等综合性服务，最常见的如养老院、敬老院。养老机构一般设置在环境较好、距离中心城区较远的郊区，设计建设中会考虑到老年人的生理和生活需求，有的养老机构还进行了

---
* 董克难，广州市社会科学院社会学与社会政策研究所助理研究员，研究方向为社会保障、社会政策、法学等。

无障碍设计。该模式的优点在于通过把老年人集中在固定场所居住生活，有专门的医疗、护理和服务人员，可以给老年人提供更加专业的照顾服务和医疗护理，对于生活能力下降或者丧失的老年人更是安全、方便和周到。但从机构养老的实践可以看出，在这种模式下，老人与子女、亲朋好友、原有生活社区和社交网络相脱离，给老年人造成情感孤独。家庭养老是指老年人仍然居住在家庭中，与其他家庭成员共同生活，由子女或者其他近亲属承担起照顾的责任和义务。这种养老模式在家庭观念比较重的地区比较流行，例如东亚地区的日本和韩国。这种养老模式首先必须是照顾者对共同生活的老年人有照顾意愿，其次还要有照顾能力，特别是对家庭的居住环境、子女经济能力、时间精力等有很高的要求。居家养老，是指老年人虽然居住在家中，但由社会（或者社区）来提供养老服务。虽然此种模式下老年人也是居住在家庭中，但各项养老服务的提供者不是老年人的子女或者近亲属，而是依托社区的社会化服务。这种模式比较适合生活能力较强的老年人。

各个国家和地区对于养老模式的选择都是根据老年人口的数量、家庭结构、经济发展、社会文化、老年人的意愿等因素综合考虑的。为了解决养老问题，欧洲各国早在19世纪就相继建立了许多养老机构。但随着时间的推移，机构服务存在的缺陷逐渐显现：机构养老割裂了老年人与原来生活的社区和熟悉的人际交往环境的联系，不仅成本高而且对老人身心健康发展带来影响。为了解决此弊端，西方国家开始转变养老服务模式，不再依赖机构为老年人提供全面的服务，而是基于他们的自理能力和健康状况提供必要而适度的服务，这样不仅方便老年人生活，而且有利于维持他们的生活自理能力。20世纪70年代以来，西方福利国家陷入福利困境，越来越多的人认识到社会福利服务不单纯是国家的事务，社会的力量和个体也应当发挥作用，这不仅可以使社会福利化，而且可以促进个人责任的承担和减少福利，避免高福利弊端。在此背景下，以英国为代表，西方国家的养老服务开始朝着去机构化方向发展，居家养老开始发展。但居家养老并不意味着完全由个体负担养老服务，而是需要政府的大力支持。日本、德国、韩国等采取长期护理保险制度，通过护理保险制度、养老服务补贴制度给居家养老服务以有力的支持。香港地区规定了与年迈老人共同居住者的税收减免政策，新加坡则实行购房优惠政策。英国和瑞典从国家责任、义务分担角度出发，规定家庭成员每照顾年迈的家庭成员一年，可以免除一定周数的社会保障缴费，可以免于缴纳一定周数的社会保障税费。

广州自1992年就已经进入老龄化社会。我国传统上以家庭养老为主，但随着生育率的下降，特别是我国计划生育政策已经实行超过30年，不仅加速了人口老龄化的进程，而且生活水平的提高、医疗保障覆盖面的扩大、公共医疗服务水平的改善，人口平均寿命的延长，改变了传统的家庭结构，"倒金字塔"形的家庭日益增加，使得以往中国最为传统的家庭养老模式受到了严重的挑战。机构养老，由于使老人脱离原来熟悉的社区和生活环境，缺乏社会生活等，带来了一系列的社会问题。由于家庭结构、传统生活方式和工作方式的改变，家庭养老也在日益减少。而居家养老，老年人生活在熟悉的社区，社区根据其不同的需求提供相应的养老服务，不仅方便、快捷，而且成本较低，成为日益得到老年人认可的一种养老模式。但基于老年人健康状况、生活能力、活动范围等的特点，居家养老服务中的社区支持是居家养老模式收到预期效果，并为老年人提供舒适愉悦良好晚年生活的重要保障和基础。

一　理论基础

不同的理论从不同角度为居家养老服务的社区支持提供了理论支

撑。适度普惠型福利理论解释了居家养老服务的合理性。该理论由普惠型福利理论发展进化而来。普惠型理论认为国家应当为该国公民提供全部的福利。对福利制度探索较早的西方国家构建福利制度的初期也以此理论为指导制定本国的福利政策。但随着福利国家的发展，福利困境、福利依赖开始出现并成为新的社会问题，西方国家开始重新审视普惠型福利理论，并开始进行福利政策方面的改革。适度普惠型福利理论由此产生并发展。该理论对普惠型福利理论进行了修正，认为政府应当从本国（或者地区）的经济社会发展现状出发，只需要向该国公民提供基本的、适度的社会福利，而不应当是全部社会福利。因此在养老方面，该理论将基本养老保障、老年福利、养老服务三者相结合，满足老年人养老的基本需求，重点加强养老服务中的公平性与适度性，而不是像以往那样片面满足全部老年人的全部需求。

基本公共服务均等化理论解释了居家养老服务中政府的作用和地位。该理论认为，政府应当确保全体社会成员都能享有与公民基本权利和基本需求相关的社会服务。基本公共服务是政府应负有的基本责任，是公民享有的基本权利。居家养老服务虽然是基本公共服务中的重要内容之一，但政府不应当是服务的直接提供者，而是要通过建立居家养老的政策支持体系，加大对社区养老服务的资金投入和基础设施的建设等方式方法，来支持和促进居家养老服务的发展。

福利多元主义则解释了居家养老以社区服务为提供主体的理论。该理论主张社会福利可以由公共部门、营利组织、非营利组织、家庭和社区共同负担，而政府不是社会福利的唯一提供者。根据此理论，政府应当是社会福利服务的规范者、购买者、促进其发展的政策制定者。任何一个主体，市场、国家和家庭都不可能作为单独的福利提供者，因为市场是以经济利益为导向、以逐利为目的，与福利的基本属性相背离；家庭是社会的最小单元，能力非常有限。合理的福利供给，应当是国家、市场、组织和家庭之间的相互补充、互相协调。居家养老

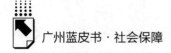
服务不应当只是政府单方的义务和责任，市场和家庭也应当提供相应的服务和支持。

二 广州市居家养老的现状

居家养老服务的社区支持在广州开展起步早，理念先进，而且由于毗邻香港，最早引入社工。在社区支持方面，广州较早开始采用政府购买服务为居家养老提供社区支持，并且建立了一套完整的评估体系。但是由于缺乏统一的制度设计，各个区的做法各不相同，效果也参差不齐。随着广州老龄化步伐加快，广州市的居家养老也面临着一些新的挑战。

（一）广州市实施居家养老社区支持的必要性

1. 人口老龄化加剧

根据 2010 年全国第六次人口普查公报显示，截至 2010 年 11 月 1 日零时，广州市常住人口中，0～14 岁人口为 1456396 人，占 11.47%；15～64 岁人口为 10403534 人，占 81.91%；65 岁及以上人口为 840870 人，占 6.62%。同 2000 年第五次全国人口普查相比，0～14 岁人口的比重下降 4.97 个百分点，15～64 岁人口的比重上升 4.37 个百分点，65 岁及以上人口的比重上升 0.6 个百分点。[①] 而按照每年 0.4% 的增速预测，到 2020 年，广州市老年人口数将达到 175.07 万，人口老龄化比例达到 18.78%，这意味着到 2020 年，广州市每五个市民中即有 1 个老年人（60 岁以上）。[②] 广州市从 2014 年至 2020 年人口老龄化变化趋势见图 1。

---

① 广州市统计局官方网站，http://www.gz.gov.cn/business/htmlfiles/gzsmzj/mtgz/201408/2717091.html。

② 广州市民政局官方网站，http://www.gz.gov.cn/business/htmlfiles/gzsmzj/mtgz/201408/2717091.html。

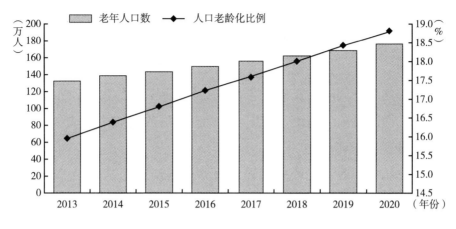

图 1　2013～2020 年广州市人口老龄化变化趋势

资料来源：广州市统计局网站，http://www. gz. gov. cn/business/htmlfiles/gzsmzj/mtgz/201408/2717091. html。

2. 机构养老无法满足养老服务需求

面临如此巨大的老龄化压力，如何养老成为政府和个人都必须考虑和面对的问题。经济社会发展，传统意义上的家庭养老不仅在观念上受到冲击，而且在现实中变得越来越困难。经济就业压力增加，就业人群生活节奏的加快、地域流动的频繁、生活方式的变化等，改变了家庭的代际关系模式，以往多子女家庭越来越少，纯老家庭①和失独老人不断增加凸显了家庭养老的缺陷。根据 2013 年统计数据显示，广州的纯老家庭人数达到 26. 15 万，占老年人口总量近两成。而失独老人达到 1369 人，比 2012 年增加了 235 人。养老逐渐成为一个社会化的问题，需要全面的考虑和解决。根据统计数据显示，截至 2014 年底全市共有养老床位 4. 3 万张，每千名老人拥有床位 31 张。② 而且

---

① 纯老家庭，指家庭全部人口都在 60 周岁以上的家庭，包括独居老人家庭、夫妻双方年龄全部超过 60 周岁、两代及以上老人共同生活、家庭实际居住成员均在 60 周岁以上等情况。

② 《2014 年广州市民政工作总结》，广州市民政局官方网站，http://www. gzmz. gov. cn/GZ09/8. 1/201504/361295ee5d4047b498241c7aeb1d953b. shtml。

2015 年广州市拟新增 8000 张养老床位，2015 年底实现每千名老人拥有床位 40 张。[①] 但这些也还远远无法满足广州市老龄人口的需求，而且用地、资金、优惠政策落实、人员专业水平、规范管理等方面存在不同的问题。同时，机构养老的高成本使其只能作为其他养老方式的补充，而不能成为主流，更加无法弥补家庭养老的"空缺"。

3. 政策要求和推动

在总结各地对养老模式和养老服务探索经验的基础上，2005 年民政部发布《关于开展养老服务社会化示范活动的通知》，《通知》中提出要推进养老方式多样化，建立"以居家养老为基础，以社区老年福利服务为依托，以老年福利服务机构为骨干的老年福利服务体系"，并提倡在社区中修建方便适用、多样化的养老设施。2006 年国家发改委、教育部、民政部等部委联合发布《关于加快发展养老服务业的意见》。《意见》提出要"逐步建立和完善以居家养老为基础、社区服务为依托、机构养老为补充的服务体系"。2008 年国家民政部、财政部、人口计生委、税务总局等部门联合下发《关于全面推进居家养老服务工作的意见》，作为居家养老服务的重要支持，《意见》提出要"构建社区为老服务网络"。2012 年民政部下发《关于鼓励和引导民间资本进入养老服务领域的实施意见》，鼓励民间资本参与社区养老服务。2013 年国务院发布《关于加快发展养老服务业的若干意见》（国发〔2013〕35 号），根据该文件要求，"到 2020 年我国将全面建成以居家为基础、社区为依托、机构为支撑的，功能完善、规模适度、覆盖城乡的养老服务体系"。

人口老龄化、家庭养老的衰落、机构养老的不足，推动广州在家庭养老和机构养老之间探索一种新型的、更加符合老年人需求、切实

---

① 《2015 年广州市民政工作计划》，广州市民政局官方网站，http://www.gzmz.gov.cn/GZ09/8.1/201504/f0ca1e867ba84b6d945fe1ff012b87b6.shtml。

可行的养老方式。而国家各项政策的出台，更是推动了广州的这种积极探索。

（二）广州居家养老服务社区支持的发展历史

居家养老是老年人居住在家中，以社区为中心，以社区为依托，由各种社会力量来提供养老服务支持的一种养老模式，是介于家庭和机构养老之间的、以社区综合资源为支撑的老人照顾方式。对象主要是那些身体状况良好、日常生活能够自理或部分能够自理的老年人。他们或单独居住在家庭中无人照料，或者虽有子女和近亲属，但无法全职照顾。由所在社区通过专业老年护理人员、社区志愿者及社会支持网络，为其提供必要的帮助和支援，使老年人能在其熟悉的社区继续自己的生活。广州作为改革开发的前沿城市，经济比较发达，城市功能和社区发展早，在居家养老服务的社区支持方面经历了以下几个阶段。

1. 探索尝试阶段（1997～2004年）

由于老龄化开始早，毗邻港澳等原因，广州市很早就开始探索居家养老服务的社区支持。由于历史原因，荔湾区的逢源街道居民与香港有着非常多的联系，随着香港回归，逢源街道与香港的联系日益增多，香港社区服务的成功经验也给了逢源街道很多启示。针对辖区老年人口多的状况，1997年逢源街道就与香港合作成立了专门为辖区老年人提供服务的康龄社区服务中心。第二年该街道又与香港邻舍辅导会合作创办"文昌邻舍康龄社区服务中心""逢源邻舍服务中心"等，为居家养老的老年人提供多种社区服务。这种居家养老以及社区支持的模式不仅受到辖区老年人以及老年人家庭的欢迎，而且一度被中国社会科学院誉为"荔湾模式"。

从2004年11月份开始，原东山区尝试在全区10条街道范围内，推行居家养老服务的社区支持。本次尝试由广州市民政部门牵头，采用了政府购买服务的模式。服务人员主要由经过选拔培训后的社区大龄下岗人员组成，他们培训合格后就以居家养老服务员的身份进入社区孤老家庭和需要养老服务的家庭，为老年人提供日常照料等服务。当时的服务对象范围比较狭窄，辖区老年人根据年龄、家庭、居住和经济状况等，分别可以享受折合价值300元、200元或者100元的服务时间。而对于收入情况较好，每月退休金收入高于1200元的75岁以上老人，则可以每小时7.5元的价格购买居家服务。

2. 全面铺开阶段（2005~2007年）

随着老龄化的加剧以及之前探索经验的积累，自2005年起广州市全面推动居家养老的社区支持。在社区层面形成了借助民办养老机构承办服务、以社区"星光老年之家"为载体的服务平台。在建立服务中心的社区中，尝试引入包括社工组织在内的社会组织或者物业管理公司开展养老服务。这一阶段，以政府主导、社会参与、服务多元的居家养老社区支持格局初步形成。其中在6个老城区的16个街道中开展社区居家养老的试点工作。统一由政府安排聘请养老服务员，根据不同老人的需求，为他们提供包括生活照顾、家政、文化三大类专业老年服务。2006年，广州市施行以居家养老为基础的社区养老服务新模式，建立以日托护理服务和上门护理服务为主要内容的社区居家养老服务网络体系，使老人在家里就可获得社会化的养老服务。这一时期的居家养老服务的社区支持体系基本构建，其特点是"立足社区、面向老人、专业护理"，从老年人的需求出发提供各种服务。具体服务执行由相关民政机构选择的家政公司承办，服务人员面向社会招聘，但以下岗及提前退休人员为优先，服务费用按"工时记录表"综合确定。

3. 全面发展阶段（2008年至今）

2008年，借鉴香港居家养老服务的社区支持经验，广州市提出要在社区内为老年人建立"一站式"服务平台。越秀区最早开始尝试，在整合社区现有资源的基础上，充分考虑老年人活动能力受限的特点，确定以"十分钟"路程为半径，建立"十分钟"社区养老服务圈，受到社区老年人的普遍欢迎。而荔湾区逢源街的耀华社区更是本着"社区照顾"理念，建立了广州市第一支长者义工队、首个社区邻里援助站，建设了社区老年之家，为辖区老年人提供了丰富的生活、社交空间。2010 年广州市第一个日托的"托老所"——逢源街日间托老服务中心在逢源街道建立并开始运营。子女每天上班前可以将家中自理能力较差的老年人送到日托中心照料，解决了这部分老年人的日常生活和照顾问题，取得良好的社会效果。在此经验基础上，2011 年广州在荔湾区金花街、岭南街、冲口街等地新增一批街道日间托老服务中心。在一些托老中心开展"模拟厨房""模拟关门"等训练服务，帮助和恢复老年人的动手和生活能力。

在总结各个区和街道经验的基础上，2012 年广州市政府印发《广州市社区居家养老服务实施办法》，从定义、原则、管理机构、管理流程、服务对象和内容、居家养老服务机构的评估和资助扶持、法律责任等方面对社区居家养老服务进行了规定，广州市社区居家养老服务进入全面规范化发展阶段。2014 年广州市被确定为首批全国养老服务业综合改革试点城市。

从以上历史发展可以看出，广州市的居家养老服务的社区支持是在没有顶层制度设计的条件下，由各个街道或者区自发地根据自身经验由下而上发展起来的，因此存在模式多样化的特点。

（三）广州居家养老服务社区支持的发展现状

在政府重视以及国家政策的大力推动下，广州市居家养老服务的社区支持发展迅速，具有以下特点。

1. 社区养老服务设施相对完善

根据《广州市老龄事业发展第十二个五年规划》数据显示，"十一五"期间，广州市共建立社区居家养老服务部106个，服务范围覆盖全市142个街（镇）。街（镇）、社区星光老年之家共计1397个，覆盖率达到96%。制定实施《广州市星光老年之家管理办法》，规范了星光老年之家运营管理。建立覆盖全市的"平安通"紧急呼援服务系统，免费为90岁以上老人安装"平安通"。

"十二五"期间，广州市坚持政府主导、部门协同、社会参与、公众互助，不断建立健全政策法规体系，不断加快社区居家养老服务设施建设，拓展和丰富养老服务功能。截至2014年11月，广州市的"10分钟社区居家养老服务圈"正逐步成型，全市共建有153个家庭综合服务中心、146个居家养老服务部、1460个星光老年之家、1113个农村老年人活动站点、24个居家养老服务示范中心、120个日间托老服务机构、32所老年大学[①]，为居家老年人提供日常生活照顾、家政服务、文体娱乐、健康保健和医疗等多种多样的社区养老服务。

2. 通过政府购买服务的形式为居家养老提供社区支持

广州市政府对于社区居家养老服务的社区支持主要是通过购买服务的模式进行。根据服务项目的不同向服务提供者（主要包括社团、民办非企业、企业、个人等）进行专业性购买。以街道为核心，以社工组织为主要服务提供者，根据服务内容，将项目进行整合打包，向社会组织购买。由民政部门主管，街道建立的家庭综合服务中心购买的一项服务就是老年人服务。2009年广州市出台《广州市社区居家养老服务实施办法》，不仅对养老服务的对象、购买标准、经费来源、服务人员岗位设置、批准程序、合同签订等方面做出了全面而详

[①] 《广州首次提出为失能老人提供"喘息服务"》，大洋网，http：//news.dayoo.com/guangzhou/201411/07/73437_ 38744500. htm。

细的规定，还提供了一个政府购买服务的很好范式。各区则采用发动社会力量参与的模式。例如，越秀区积极引导民营资本投入养老服务业，带动社会资金的支持和参与，全区先后有656万元的民营资本投入社区居家养老服务；同时充分发挥民间组织开展居家养老服务的独特优势，积极推进公众福利服务，全区居家养老服务的4个分部全部由民间机构承担。

3. 居家养老社区支持的服务提供主体多元化

广州市现在已经逐步形成了四种不同的社区居家养老模式，一是以越秀区东湖街道为代表的"公助民营"模式。街道负责建立街道托老中心，然后通过招标的方式，面向社会择优选取承办托老中心的单位或者个人，街道与中标者共同承办居家养老的社区服务。二是以白云区松洲街为代表，借助民办养老机构承办居家养老的社区服务工作。该街道以民办养老机构为依托，成立了松洲街社区居家养老服务部，开通了服务社区老人的"松洲热线"。这种将民办养老机构与社区居家养老服务相结合的模式，为居家养老服务提供了良好而专业的社区支持。三是以天河区员村街为代表，以社区"星光老年之家"为居家养老的社区支持服务平台。社区"星光老年之家"的作用被充分发挥，并建立了托老所、日间照料中心、老年康复中心等一系列社区老年服务机构，为社区老人提供各种服务和帮助。四是以荔湾区金花街为代表，以社区服务中心为依托和平台，通过引入社会力量为社区居家养老提供支持服务工作。该街道依托社区服务中心，建立社区居家养老服务站，引入民间组织——"牵手互助社会工作服务站"来承接社区居家养老服务工作。

三 广州居家养老服务社区支持存在的问题

广州市虽然在开展居家养老社区方面有着好的经验，但也存在一些问题。

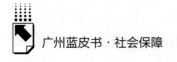

（一）社区资源未能充分整合

以往我国社会是以单元为基本管理单位，几乎每个人都被纳入到某个单位之中，只要在单位就业，个人就获得单位提供的包括生老病死、住房、教育等全部待遇。但随着计划经济的转轨和改革开放，单位制逐渐解体，人员流动频繁，社区的概念开始受到关注，并逐步成为我国基层社会服务管理的新平台。与以往单位垂直体系不同，社区在我国是一个以地域范围为基本核心的扁平化的单元。加之我国的行政体制是垂直的系统，各个部门从中央到省、区、市，大部分都会有对应的部分，但只是到了街道和社区，不仅行政人员数量减少而且部门并不齐全，存在着一个行政人员承担几种行政职能的现象，而在城市社区，则只有半行政化的居民自治组织——社区居委会。居家养老的社区支持应当而且必须是综合性的支持，而不能像行政机构的划分那样界限分明。但现在政府资源对于居家养老社区支持的投入往往是按照行政部门的工作职能范围进行划分、考核的。例如对于低保家庭中老年人的社区支持，就包括了民政部门的低保、慈善职能，卫生部门负责社区医疗等，而社区老年中心或者老年设施的规划、修建则涉及国土、规划、建设等部门，此类设施的使用和维护往往又需要受到民政部门的考核，因此使得目前居家养老服务的社区支持，在社区层面很难实现资源统筹和整合，不仅造成资源浪费，而且降低社区支持的有效率。

（二）供给资金渠道单一，服务社会化程度有待提高

广州目前的居家养老社区服务的资金主要依靠政府拨款，资金的供给过于单一。随着广州市老龄化的进一步加剧，居家养老的老年人必然会不断增长，单纯依靠政府投入势必无法满足日益增多的居家养老服务需求。增强居家养老的社区支持应当充分调动各种社会资源，

扩大资金来源，避免过于依靠国家资金。严格落实各项优惠政策，特别是国家财政部、国家税务总局 2000 年发布的《关于对老年服务机构有关税收政策问题的通知》，通过政策手段吸引社会其他资本进入社区为居家养老服务提供支持。

（三）覆盖范围和内容有待进一步拓宽

广州市居家养老服务的对象为社区内居住的 60 岁以上老年人，然而实际无法全部覆盖，特别是在老龄化问题严重的老城区。例如 2013 年底海珠区沙园街道辖内有 9 个社区，总人口 6 万多人，其中 60 岁以上老年人 1.3 万多，约占全街道总人口 23%，人口老龄化情况较为突出。但沙园街社区居家养老服务部共有不到 30 名服务员，与服务对象严重不成比例。

就服务内容而言，大部分社区提供的养老服务内容单一，仅提供一些生活照料、家政、餐饮等服务，而不能提供心理慰藉、情感关怀等人性化服务。服务设施普遍规模小，覆盖范围小，缺乏针对老年人口的家庭病床、医生上门出诊等人性化服务；为老年人提供的休闲活动项目较少、社会参与性较低；星光老人之家管理制度不完善，场地闲置或被挪作他用，有的成了纯粹的"麻将馆""扑克馆"。

（四）社区服务的专业化水平有待提高

居家养老的对象往往是生活能力尚可的老年人，但也不排除生活能力低下的老年人。老年人的身体、心理、行为等都有着显著的特点，因此针对他们的服务也必须要符合老年人的特点和需求。但目前居家养老社区支持服务的大部分仍然停留在家政、简单娱乐、生活、看管等浅层次方面，而服务人员多为社区居委会招聘的临时人员，工作待遇低，加之传统观念影响，造成人员流动性大，专业化水平低，无法为居家养老的老人提供专业的医疗、护理、心理、康复等深层次服务。虽然广州市社区居家养老服务员在上岗之前需要通过岗位培训，该培训由 2006 年就已经开始定期开班。同时市民政局与各街道也会对服务员作护理、急救、家政等方面的培训，以提升服务员的服务水平。但由于人们对养老服务存在误区，参加培训的人员并不是很多。

四　广州市居家养老服务社区支持的发展方向

经济社会转型引起的社会结构变迁，社区服务功能将不断扩大，不仅承接了原来单位的诸多职能，而且成为人们除了工作之外最为主要的活动场所。对大部分具有生活自理能力的老年人来说，社区将是他们晚年生活最为重要和最为主要的生活场所。生活在社区的老年群体对于社区的依赖、亲近和需要不断增长，社区为他们提供养老服务支持也应当随之增加。2001 年开始广州市政府逐步将退休人员社会化服务工作交由街道承担，包括退休金发放、医疗费报销、娱乐活动开展、困难救助、节日慰问等多项服务，使广大老年人在居住的社区就可以得到他们所需要的各种服务，不仅降低行政成本而且增加了老年人对生活社区的归属感。至 2014 年 12 月底，广州市领取城镇职工养老保险待遇的退休人员 82.94 万人，纳入社会化管理服务的退休人员达 73.93 万人[①]。2015 年 6 月 9 日，广州市政府常务会议审议通过《广州市退休人员社会服务管理规定（草案）》，将纳入社会服务管理的退休人员范围扩大至各类单位，退休职工由企业管理转为按户口所在地的社区管理。

纯老家庭和独居老人的增加，家庭赡养功能的弱化，使居家养老服务的社区支持成为今后解决广州老龄化社会问题的关键所在。广州

---

① 人民网，http：//politics. people. com. cn/n/2015/0610/c70731 – 27132895. html。

市综合实力不断增强，GDP 已超万亿元，为适度普惠型的老年社会福利制度的不断完善提供了强大的物质基础。"十二五"期间广州市政府确立以建设国家中心城市和全省首善之区为目标，以实现基本公共服务均等化、改善民生为重点，大力发展社会保障事业。这些都为广州市大力发展社区居家养老服务提供了良好的发展环境。未来广州市在居家养老服务的社区支持方面，可以从以下几个方面重点加强。

（一）增加居家养老服务社区支持的可及性

虽然广州市的社区居家养老服务已经初具雏形，但调研发现，很多市民对此并不是很清楚，这一方面是由于政府宣传力度不够大。另一方面也是由于家庭综合服务中心的辐射范围有限。因此今后要加大对社区养老服务的宣传，将社区能够提供的服务明确列表，张贴于各个社区的显著位置，也可以设置专线电话，及时解答群众的相关问题。增加对社区养老服务的投入，不断扩大服务项目和服务人群，使更多的居家养老的老年人可以得到社区服务的支持和帮助。另外可以在辖区面积较大的街道增设社区养老服务机构，使社区服务可以覆盖到辖区内更多的老年人口。

（二）关注特殊老年群体的居家养老服务

老年人也可以分为不同的群体，其中失独老人是老龄人群中的弱者，这是长期实行计划生育政策的后果之一。他们有的靠夫妻互相照顾，有的依赖亲朋好友子女兼顾关照，有的获得社会公益帮助，但是有相当一批失独老人，处于无后人关照、孤立无援的尴尬局面。因此，失独老人应该是社区居家养老服务的重点人群。广州市 2013 年8 月 1 日起实施的《广州市人口与计划生育管理办法》规定，独生子女死亡后未再生育或者未再收养子女的，从女方年满 49 周岁起，由政府按每人每月 150 元标准发放计划生育扶助金；男性满 60 周岁、女性满 55 周岁的次月起，扶助金标准分别提高至每人每月 300 元。从 2014 年 1 月 1 日起，该标准提高至 450 元。该资助标准不仅过低，而且单纯的经济补助显然无法支撑失独家庭老人的生活。在社区层面提供居家养老服务时，应当优先满足此类老人的需求，并适当减免服务费用。加强对他们精神慰藉方面的服务，如开展心理咨询、心理关爱方面的介入服务。相比于物质帮扶，对于失独老人的精神慰藉更是迫在眉睫的问题。社区应从物质和精神两个层面为他们提供养老服务。

（三）增加居家养老服务社区支持的精细化程度

为老年人提供服务，仅有亲情和热情是不够的，必须讲究科学化和专业化，必须提高服务的知识和技巧。因此，引进社工，培训专业养老服务人员，提高养老护理队伍素质，就成为当前亟须要抓的工作。2014 年，国家教育部等九部门联合出台《关于加快推进养老服务业人才培养的意见》。社区在为居家养老服务提供支持时，首先要充分了解和掌握辖区内老年人的基本情况，分析社区中的老人特点以及面临的问题，哪些问题比较迫切，应当如何解决，方案的可行性和难点所在，方案实施后的效果评估。只有这样，才能真正为生活在社区的老年人提供最为有效的服务和帮助。

另外还可以引入香港"持续照顾"理念。该理念是养老机构要按照老人的身体状况分类的，有高度照顾、中度照顾、低度照顾三类。同样道理，在社区服务上，也可以照此对老年人进行分类建档，不仅要给老人提供日常生活照料，而且要根据老人身体和健康的状况，提供不同层次的专业护理服务，增加老年人心理治疗和康复训练。目前广州市的社区居家养老服务多为提供膳食、娱乐、身体保健、疾病防治等生理需求方面的，而忽略了老年人的心理问题，事实上由于家庭结构、居住模式、工作方式等的改变，很多老人不同程度存在心理上的大问题。可以在社区配备专门的康复训练室、专业的心理医生和物理治疗师，为社区的老年人提供相应的服务。

（四）扩大社会组织参与居家养老服务的社区支持

居家养老的社区支持目的是提高居家养老的服务质量，目标是让老年人在有生之年享受到真正的幸福。居家养老带来了养老方式变革的新契机，对此政府应该有所作为，然而政府不是无所不包、无所不能的，而社会组织的积极介入也证明了它在社区居家养老服务方面的重要作用。与广州相毗邻的香港，在居家养老服务方面有着非常成功的经验。香港是典型的小政府、大社会地区。政府在社会福利当中虽然承担主要责任，但并不是全部。居家养老具体服务项目的实施，基本上由社团和福利服务组织承担。政府通过制定政策为该类机构提供较大的成长空间，社会组织自我管理、自主运行、自我约束。实践证明，此种模式为香港居家养老服务提供了有力支撑。广州市对居家养老模式的探索一直走在时代前沿，广州市的家庭综合服务中心所采取的模式是运用政府资金向社会组织购买服务的模式，更是全国的典范。社会组织参与居家养老服务已经初见成果，今后需要进一步加强。

（五）构建社区养老服务信息中心

在现有的智慧社区、平安通的基础上，进行升级改造，利用最新人体可穿戴设备，为社区老人配备可以随身携带的智能手表。将社区老人的信息汇总，建立数据库。将可穿戴设备接入，方便老人随时呼叫社区服务中心，进行紧急求助。另外还可以对社区老人的健康进行跟踪和记录，向社区老年人发出生活、健康等各方面的指引和提示。

随着经济发展和社会的变革，家庭养老功能正在逐渐弱化，养老机构的不足等都显示出，今后老年人日常生活的照料在相当大程度上

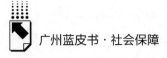

要依赖于社区。社区作为居家养老的有力支撑，不仅方便快捷、成本较低，而且有利于形成和谐的家庭和社会关系。大力推进居家养老的社区支持服务已是大势所趋、势在必行。

参考文献

班晓娜、葛酥：《国外发展居家养老服务产业的做法及其启示》，《大连海事大学学报》（社会科学版）2013 年第 3 期。

曹云亭：《城市社区老年服务设施的建设》，《住宅科技》1997 年第 7 期。

陈平：《关于城市社区居家养老的思考》，《青海社会科学》2009 年第 6 期。

邓国胜：《志愿者组织在老年供养体系中的角色与功能》，《清华大学公共管理学院系列研究报告》，2001。

丁建定：《居家养老服务：认识误区、理性原则及完善对策》，《中国人民大学学报》2013 年第 2 期。

郭风英：《城市社区居家养老服务多元供给机制探析》，《经济研究》2010 年第 11 期。

李晨漪：《国内外关于居家养老服务的研究综述》，《广西教育学院学报》2009 年第 5 期。

蒋正华：《中国老龄化现象及对策》，《求实杂志》2005 年第 6 期。

B.9

广州长期照护服务需求、
政策现状与政策建议

吴荻菲　廖慧卿*

摘　要：　伴随着进入老龄化社会和家庭结构的变迁，高龄老人数量的增加导致失能人口总量的增加，进而将刺激广州长期照护服务需求的增长。文章分析、总结了当前广州长期照护服务的现状和存在的问题，指出政府投入不足、市场化和大型机构化的趋势都将威胁未来长期照护服务的健康与可持续发展。结合国家长期照护服务的发展趋势，本文认为当从"健康养老"和"活跃养老"两方面着眼，加大政府责任，增进政社合作，发展一个可持续的长期照护服务模式。

关键词：　长期照护　社会服务　老龄化　市场化　机构化

一　长期照护的概念及社会政策框架

中国"未富先老"的老龄化严峻现实使得完善养老服务体系迫在眉睫，而与养老息息相关的长期照护服务需求日益增加，正将长期

---

*　吴荻菲，华南农业大学公共管理学院社会保障专业硕士研究生；廖慧卿，华南农业大学公共管理学院讲师，硕士生导师，博士，研究方向为社会保障、社会政策。

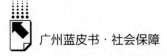

照护事业推向新的发展阶段。厘清长期照护体系的相关概念及其社会政策框架，将为对其进一步的研究奠定基础。

（一）长期照护的概念、内容和特点

长期照护（Long-Term Care，国际上常缩写为 LTC，亦翻译为"长期照顾"、"长期照料"、"长期护理"和"长期介护"等），比较经典的定义是"在持续一段时期内给丧失活动能力或从未有过某种程度活动能力的人提供一系列健康护理、个人照料和社会服务项目"①。这一社会服务由机构、社区和家庭等多元服务主体运作，内容包括日常生活护理、医疗护理、生命关怀（临终关怀）等。而世界卫生组织（WHO）在《建立老年人长期照顾政策的国际共识》中将长期照护定义为"由非正规护理者（家庭、朋友或邻居）和专业人员（卫生和社会服务）进行的护理照料活动体系，以保证那些不具备完全自我照料能力的人能急需得到其个人喜好的以及较高的生活质量，获得最大可能的独立、自主、参与、个人充实和人类尊严"。失能老年人服务相较于其他普通养老服务面临更严峻的老龄化、高龄化挑战，所耗资源更多，长期照护体系的建立与完善能让更多人在生命周期的最后阶段也能拥有尊严和有质量的生活。

长期照护服务主要的对象——失能老人，主要是指丧失部分或全部日常生活自理能力的 60 岁及以上老年人。与我国其他城市的情况类似，广州采用 WHO 推荐的日常生活活动能力量表（ADL）进行筛选。同时，老年人群体中的失智老人、失独老人、空巢老人等由于其经济条件、身体情况等限制导致生活自理能力弱化的，也应纳入到长期照护的体系中。

---

① 〔美〕雷克斯福特·E. 桑特勒、史蒂芬·P. 纽恩：《卫生经济学：理论案例和产业研究》（第 3 版），程晓明等译，北京大学医学出版社、北京大学出版社，2006。

长期照护在服务提供主体、形式内容方面与一般养老服务有着相似之处，例如提供照护的场所都可以是养老院、护理院等专门的机构性设施，亦可以是家庭。然而由于服务对象的特殊性，长期照护服务有其自身特点。首先，正规和专业是长期照护的最显著特征[①]。经过评估后认定的部分失能或是完全失能老人的失能状况会持续较长时间，因而需要更为专业的长期照护，因而以家庭为场所的长期照护服务需要由有组织和经过培训的居家照护服务者来提供，仅传统的非专业照护（一般家庭照护）已不足以使患病或失能老人维持正常生活状态。其次，长期照护有连续性。老年人因患病或失能的程度不同而需要不同的照护，这意味着长期照护应涵盖老人患病住院、接受治疗、康复干预等一系列过程，提供从家庭到医院，中间包括社区、医疗站、日间照护、护理院、康复中心、姑息治疗机构等一系列适应各类需求的服务。最后，保健和生活照料相结合。理论上来说社区服务中的家政服务、日间照护的部分服务内容也属于长期照护的范围。当老年人（特别是高龄老人）处于患病和日常生活能力弱化的状态，护理院和养老院服务或是单一的医疗保健服务均不能满足他们的需求，其诉求向集医疗护理和生活照护于一体的综合服务转变。长期照护便是针对这些需求产生的新型服务模式。

（二）国际比较视角下长期照护的社会政策框架

人口老龄化的发达国家已把长期照护政策规划纳入各自社会发展的政治议程，目前国际上针对长期照护有较为清晰政策框架的国家包括奥地利、德国、荷兰、以色列和日本等，其立法内容可以尝试用一个基本的概念框架涵盖，包括授权的目标人群，受益资格标准、受益水平和受益服务类别、服务范围、法律项目责任机构、资

[①] 裴晓梅、房莉杰：《老年长期照护导论》，社会科学文献出版社，2010。

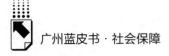

金的筹集方式、服务提供者、服务的组织递送方式、服务质量的保证措施等。

通过立法来赋予失能者获得社会帮助的权利，建立在公众对"国家应承担帮助失能者个人和家庭的责任"这一理念达成共识的基础上。在长期照护体系立法和政策实施过程中，各个国家都力图在满足需求和控制成本之间寻求平衡。国家承担长期照护责任能让重度失能失智的老年人得到基本公共服务的保护。制度化的优点在于资源的宏观配置，建立长期照护服务体系，整合更多资源以平衡居家和机构照护、社会和卫生服务，提供连贯生命过程的失能照护。然而，将长期照护纳入政策框架虽通过立法确立了国家对长期照护的责任，但在落实过程中也不可避免地面临财务挑战、国家计划带来的机构化等问题。

除通过现金补贴或提供缓解服务的方式为家庭照护者分担照护负担，鼓励非正式照料人员继续照顾失能的亲属外，政府鼓励营利性服务机构和组织进入长期照护服务市场，增加服务提供者数量和服务种类的行为体现了新自由主义下市场与志愿团体共同参与的多元合作趋势。在扩大服务的可得性的同时，鼓励提供者在服务质量上进行竞争，但抑制服务价格的竞争。

国外现有的制度研究大致围绕服务供给体系、资金供给体系和服务监督体系这三方面展开探索，如英国颁布《国家补助法》《健康与社会照护法》等并成立专门的委员会，德国、以色列等国家地区针对家庭照料资源不断减少的现象建立长期照护制，以美国、瑞典、德国、日本为代表的法定护理保险与商业护理保险有效地解决老年人长期照护的开支问题。综观各个国家相关的立法经验来看，筹资机制的设计需充分考虑公共补贴、保险补贴、受益者个人支付服务费用的比例，服务递送也需协调各种卫生和社会服务体系，运用包括居家、社区以及小型化、精致化的机构照护模式来保证服务质量和防止滥用服务。

二 广州长期照护现状

相较于国外较为成熟的长期照护体系，我国在养老服务体系中针对老人照护的服务体系比较薄弱，尚未建立独立的长期照护体系，并缺少医疗与长期照护的衔接机制及服务。而广州面临着不断加剧的老龄化以及家庭结构小型化、高龄化、失能化、空巢化叠加的严峻现状，致使广州对建立长期照护体系产生越发迫切的诉求。

（一）广州进入中度老龄化社会，长期照护服务需求激增

随着人口老龄化和高龄化进程的加速，我国老年人口的老化风险日益凸显。劳动能力丧失、经济收入下降、身体机能下降、疾病增多等失去生活自理能力的老年人照护问题，成为我国养老服务业中亟待解决的首要问题。

据《广州统计年鉴》数据显示，广州市户籍人口从 2011 年 814.58 万增长到 2014 年的 842.42 万，人口保持低速增长。截至 2013 年底，60 岁及以上老年人口为 133.04 万，占据户籍人口总量的 16.03%，已步入较深层次的老龄化社会。结合人口年龄结构金字塔分析，未来一定时期内，随着劳动年龄人口相继进入老龄阶段，广州市老年人口仍有较大幅度的增长。[①]

在快速老龄化背景下，高龄化加剧了长期照护的迫切性。表 1 中的数据显示，2013 年广州市 80 岁以上老年人口为 21.24 万，占总人口的比重增加至 2.56%，占老年人口总量的 15.96%。根据美国的经验，一个人一生中某个时候需要专门机构长期照顾的概率在 65 岁至 74 岁

---

① 广州市老龄工作委员会、广州市民政局、广州市统计局：《2013 年广州市老年人口和老龄事业数据手册》，2013，第 6~7 页。

为17%，而85岁以上则上升至60%。目前国内统计分析各年龄段失能概率的数据仍比较有限，中国社会科学院及社会科学文献出版社联合发布的《2014年中国社会形势分析与预测》（社会蓝皮书）显示，我国"失能老人"总数已经超过3700万人；天津市民政局2015年5月发布的《天津市失能老年人生活状况调查报告》中通过调查估算失能老人约占老年人人口总数的6.65%；截至2013年底广州户籍老人达133万并以每年4%的速度增加。广州需要"医养结合"（医疗和养老院服务结合）的失能老人约占老年人口18%，起码24万人。① 老人失能的概率随年龄上升而增加，对长期照护服务的需求也相应加剧。

表1　2013年广州市老年人口年龄结构

单位：万人，%

分组	人口数	占老年人口总数的比重
60~64岁	42.91	32.26
65~69岁	28.63	21.52
70~74岁	20.62	15.50
75~79岁	19.65	14.77
80~84岁	12.69	9.54
85~89岁	6.10	4.58
90~94岁	1.90	1.43
95~99岁	0.46	0.34
100岁及以上	0.09	0.06

资料来源：广州市老龄工作委员会等《2013年广州市老年人口和老龄事业数据手册》，2013。

（二）广州家庭人口结构小型化，家庭照护压力加大

一是广州市独居老人和"纯老家庭"的数量持续攀升，显示传

---

① 广州市民政局：《24万失能老人渴盼"医养结合"》，《广州日报》2014年10月15日。

统家庭养老功能趋于弱化。纯老家庭包括单身独居老人、老年夫妇二人共同生活、两代及以上老人共同生活，以及家庭户实际居住成员均在60岁以上等多种情况。2013年广州市纯老家庭人数由2012年的25.24万增加到26.14万，占老年人口总量的19.65%，其中独居老人11.23万，占老年人口总量的8.4%。[①] 社会竞争的压力、家庭结构的变化使得传统家庭护理功能逐渐削弱。表2反映了广州市11年来户均人口逐年下降、家庭规模日渐小型化的趋势。结合少子化、纯老家庭呈现增长趋势等情况我们可以推测长期照护需求将增加。实际上，不仅空巢家庭老人身边缺乏子女照料，而且即使与老人生活在一起的子女或其他家庭成员，由于失能老人对长期照料护理有较高的专业化、规范化要求使得他们对于承担家庭长期照料护理力不从心，难以为继。

表2 2003～2013年广州市年末户籍总户数、总人口数

单位：户，人

年份	总户数	总人口	户均人口数
2003	2202851	7251888	3.29
2004	2259730	7376720	3.26
2005	2302890	7505322	3.26
2006	2346536	7607220	3.24
2007	2382491	7734787	3.25
2008	2425582	7841695	3.23
2009	2474396	7946154	3.21
2010	2526804	8061370	3.19
2011	2595686	8145797	3.14
2012	2646091	8222969	3.11
2013	2706068	8323096	3.08

资料来源：广州市统计信息网，《广州统计年鉴2014》，2015年4月7日，http://data.gzstats.gov.cn/gzStat1/chaxun/njsj.jsp。

[①] 广州市老龄工作委员会、广州市民政局、广州市统计局：《2013年广州市老年人口和老龄事业数据手册》，2013，第16～19页。

二是广州抚养比增大，劳动力养老负担加重。抚养比是反映社会人口压力的重要指标，社会抚养比例越大，表明劳动力人均承担的抚养人数就越多，社会抚养压力就越大。从表3显示的广州各区老龄化程度来看，越秀、海珠、荔湾三个城区的65岁及以上老年人口比例超出8%，人口年龄结构已处于老年型，相应的抚养比也较高。

表3　广州市各区少儿、老年人口比例及抚养比基本情况

单位：%

类别	荔湾区	越秀区	海珠区	天河区	白云区	黄埔区
少儿人口比例	10.15	10.55	10.13	10.57	10.49	12.04
65岁及以上老年人口比例	10.49	11.48	8.75	4.89	4.63	4.92
少儿抚养比	12.79	13.53	12.49	12.51	12.36	14.5
老年抚养比	13.21	14.72	10.79	5.78	5.45	5.92

资料来源：广州市第六次人口普查（2010年）"T3-02各地区人口年龄构成和抚养比（一）"，2013年3月13日，广州市统计信息网，http://www.gzstats.gov.cn/pchb/rkpc6/t3-02.htm。

老年人口抚养比则较为直接地度量了劳动力的养老负担。2013年广州65岁及以上老年人口数占常住人口总数的10.86%，老年抚养比为14.41%[1]，而中国2013年的老年抚养比为13.1%[2]。截至2014年末，广州市参加城镇职工基本养老保险的离退休人员为82.94万，比上年末增加4.38万，抚养比为4.78:1[3]，远低于全省

[1] 广州市老龄工作委员会、广州市民政局、广州市统计局：《2013年广州市老年人口和老龄事业数据手册》，2013，第11页。
[2] 中国国家统计局，http://data.stats.gov.cn/easyquery.htm? cn=C01，2015年8月5日。
[3] 广州市人力资源和社会保障局：《2014年度广州市社会保险信息披露通告》，http://www.gdhrss.gov.cn/publicfiles/business/htmlfiles/bxxxgk/jjgljsj/201506/51393.html，2015年8月5日。

6.82∶1① （缴费人数/离退休人数） 的平均水平，可见广州劳动力的
养老负担并不轻。社会竞争压力的增加与家庭结构的变化逐渐削弱传
统家庭护理功能，而从目前整个社会支持网络来看，失能、半失能老
人从家庭以外能够获得的支持是非常有限的。

（三）广州老人的医疗护理需要急剧增加

广州老龄化存在明显的地域差别，经济发展情况、老年人人口结
构和分布引发养老服务发展出多元需求：较为年轻、文化程度相对较
高的老年人会对继续教育、就业或者是开展各类活动持有较高热情，
而年龄较大乃至半失能、失能老人则需要专业的全天候的生活照料
服务。

广州社情民意研究中心于 2015 年 1 月进行的专项民调发现，市
民认为养老服务最迫切的前三项需求分别是：康复保健、紧急援助和
文娱活动。②

《2013 年广州市老年人口和老龄事业数据手册》统计数据显示，
全市老年人口死因顺位前三位为呼吸系统疾病、肿瘤和循环系统疾
病，慢性病已成为老年人致死致残的主要原因，老人病后需要人照
顾，日常生活中老人也需要各种帮助。面对日渐凸显的老年人看病
难、看病贵现象，我们的社区医疗、照料服务明显满足不了老人的健
康需求。针对广州老人的医疗护理需求急剧增加的形势，构建涵盖医
养结合、康复保健、临终关怀等服务的长期照护体系对让老人在地老
化、活跃老化有着积极意义。

---

① 广东省人力资源和社会保障厅：《2014 年度广东省社会保险信息披露通告》，http：//www.
gdhrss. gov. cn/publicfiles/business/htmlfiles/bxxxgk/jjgljsj/201506/51393. html，2015 年 8 月 5 日。

② 广州社情民意调查中心：《社区居家养老市民呼声高，但推广工作欠满意》，http：//www.
c-por. org/index. php？c = news&a = baogaodetail&id = 3046&pid = 6，2015 年 8 月 5 日。

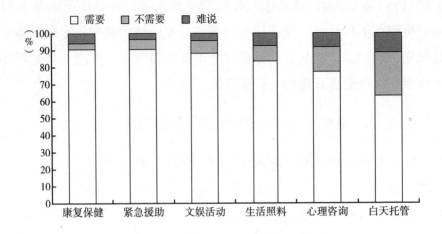

图1 各项养老服务的需求程度

资料来源：广州社情民意调查中心《社区居家养老市民呼声高但推广工作欠满意》，2015年3月24日。

三 广州长期照护服务
存在的问题

有着相当社会需求的长期照护服务能提升医疗资源有效利用率，缓解家庭养老压力。但作为一项复杂的系统工程，目前其开展还存在不少困难。

（一）尚未有独立的政策框架

为研究长期照护的政策规制，笔者查阅相关资料整理出表4以汇总国家、省级、市级不同层级政府出台的相应政策法规。近年来，为回应日渐突出的养老服务问题，中央政府、省政府陆续出台一系列规范养老服务的法律法规，广州市也相应出台一系列地方规制，对养老服务总体系和养老机构进行了规定和规范。

表4 不同层级政府养老服务政策法规汇总

全国性法律法规、政策文件
全国老龄委办公室 发展改革委 教育部 民政部 劳动保障部 财政部 建设部 卫生部 人口计生委 税务总局 2008年1月29日《关于全面推进居家养老服务工作的意见》（全国老龄办发〔2008〕4号）
国务院办公厅 2011年12月16日《社会养老服务体系建设规划（2011–2015年）》（国办发〔2011〕60号）
国务院 2013年9月6日《国务院关于加快发展养老服务业的若干意见》（国发〔2013〕35号）
国务院 2013年9月26日《国务院办公厅关于政府向社会力量购买服务的指导意见》（国办发〔2013〕96号）
财政部 国家发展改革委 民政部 全国老龄工作委员会办公室 2014年8月26日《关于做好政府购买养老服务工作的通知》（财社〔2014〕105号）
民政部 国家发展改革委 工业和信息化部 财政部 公安部 国家卫生计生委 2014年10月30日《关于开展养老服务和社区服务信息惠民工程试点工作的通知》（民函〔2014〕325号）
国家发展改革委 民政部 财政部 国土资源部 住房城乡建设部 国家卫生计生委 人民银行 税务总局 体育总局 银监会 2014年9月12日《关于加快推进健康与养老服务工程建设的通知》（发改投资〔2014〕2091号）
国家发展改革委办公厅 民政部办公厅 全国老龄办综合部 2015年4月22日《关于进一步做好养老服务业发展有关工作的通知》（发改办社会〔2015〕992号）
民政部 发展改革委 教育部 财政部 人力资源和社会保障部 国土资源部 住房城乡建设部 卫生计生委 银监会 保监会 2015年2月3日《关于鼓励民间资本参与养老服务业发展的实施意见》
广东省地方法律法规、政策文件
广东省民政厅 2011年11月16日《关于印发〈广东省2011–2015年社会养老服务体系建设规划〉的通知》（粤民福〔2011〕51号）
广东省人民政府办公厅 2012年7月13日《广东省人民政府办公厅印发关于加快社会养老服务事业发展的意见的通知》（粤府办〔2012〕73号）
广东省民政厅 2013年4月2日《广东省居家养老服务规范化指引》
广东省民政厅 2014年11月11日《广东省民政厅关于养老机构设立许可的实施细则》的通知（粤民发〔2014〕164号）
广东省人民政府 2015年2月16日《广东省人民政府关于加快发展养老服务业的实施意见》（粤府〔2015〕25号）

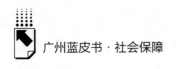

续表

广州市地方法律法规、政策文件
广州市人民政府办公厅　2012 年 8 月 30 日《广州市人民政府办公厅关于加快社会养老服务体系建设的意见》(穗府办〔2012〕42 号)
广州市民政局　2012 年 9 月 19 日《关于印发广州市社区居家养老服务实施办法的通知》(穗民〔2012〕280 号)
广州市民政局　2014 年 1 月 9 日《广州市民政局关于印发广州市公办养老机构入住评估轮候试行办法的通知》(穗民〔2014〕4 号)
广州市委常委会　2014 年 8 月 14 日审议通过《广州市养老服务机构设施布局规划(2013 - 2020 年)》

虽然政府在逐步加大养老服务立法和规制力度，但"长期照护"概念尚未进入政策框架。《长期照护 2014 北京共识》提出将《长期照护服务法》或《长期照护服务条例》尽快列入国家立法规划，建议要将各部门、各领域的政策文件，按照长期照护机构的定义、设立、设施设备、资源配置、政府补贴、税收优惠、土地审批、金融支持、人才培养、管理提升、社区照护、居家照护、医疗保险、意外保险、法律援助等涉及长期照护服务的各项内容进行整合，形成完整系统的制度规范。照搬国外成功经验可能会水土不服，政府应结合我国国情，探讨长期照护政策，从福利视角来建立个人、集体和国家的三方风险共担机制或是从其他角度综合思考。

人口老龄化的快速发展及失能老年人的庞大规模对老年长期照护服务带来巨大压力，老年失能护理费用高企与融资能力不足的突出矛盾彰显建立老年人长期护理保障制度的必要性。建立老年人长期护理保障制度对缓解家庭养老压力、保证失能老年人生命尊严和生活质量都具有重要意义。目前，长期照护未单独进入政策体系，仍被放在养老服务的框架下进行讨论。如广州建设养老服务业综合示范点工作重点中，首次提出为失能失智老人及其家庭提供"喘息服务"，包括为失能半失能长者提供临托服务，为其家人提供专业照料指导，为老人及其家人提供心理和实质性支持。"喘息服务"在台湾属于长期照护体系的内容，但目前在广州仍放在居家养老服务中。

（二）市场化趋势下的政府责任退却

总体上讲，市场化和机构化是广州养老服务目前的发展趋势，实质上也导致了长期照护这个部分的市场化和机构化。政府应在长期照护的服务保障和经济保障方面肩负相应责任，而从当下情况看来，市场化趋势下政府存在一定程度上的责任退却。

服务保障方面，从总体养老服务的规划布局来看，目前的养老机构支持政策并未分清健康型和长期照护型。将有限资源用于补贴全体老年人或是将补贴资金长期固化在床位补贴上，容易致使政策目标偏移，令最需要者陷入"照护贫困"。虽然《国务院关于加快发展养老服务业的若干意见》强调公办养老机构要充分发挥托底作用，重点为"三无"老人、低收入老人、经济困难的失能半失能老人提供无偿或低收费的供养、护理服务，但是长期照护机构目前仍缺乏集中优势资源、重点支持和保障，难以充分发挥他们以专业服务造福于失能老年人的社会功能并构建可持续的、可满足健康需要的医疗服务体系。

经济保障方面，目前养老服务的主体正从政府单一角色逐渐向多社会主体参与演化。政府寄希望从单纯的政府办养老事业转变为政府主导、社会共同参与的方式，通过市场化使资源更好地配置从而实现效率最大化目标。这是设想一种从福利型转变为公益性和营利性相结合，从单一所有制转变为多种所有制并存的养老建设格局。[1] 但养老服务毕竟属于社会福利的一部分，如何保留公共物品的属性成为其市

---

[1] 张中华：《中国特色养老之路的思考与实践》，天津人民出版社，2012。

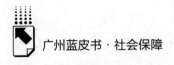

场化道路上的一大迷思。

目前政府资金支持养老服务发展较为平缓，支持力度不足。按照国际惯例，社会服务应该与社会保障有着相近的地位，长期照护属于社会福利的领域，而目前我国社会福利和社会服务发展可以说有非常大的发展空间。[①] 由图2可以看出，政府老年福利的投入虽然较为平稳，但这些年增长不大，与儿童福利的投入高增长相比，更是差距甚大，远远不足以满足当下需求。

表5　广州市民政部门社会福利总支出

单位：万元

年份	2010	2011	2012	2013
儿童福利	390.75	560.72	576.88	2491.23
老年福利	258.61	507.58	560.25	465.28
殡葬	600.00	700.00	700.00	574.99
其他社会福利	643.26	176.15	239.31	158.23

说明：由于研究的方便，这里的福利总开支定义为老年福利、儿童福利、殡葬、其他福利支出的综合，数据整理自2010~2013年广州市民政部门决算。

资料来源：2010~2013年广州市民政部门决算，http://www.gzmz.gov.cn/gzsmzj/bmyjs/zdlygk_list.shtml。

（三）大型机构化的趋势逆国际潮流

机构养老服务（长期照护）本应至少是一项社会福利，但目前国内却主要是在市场逻辑下发展，广州也概莫能外。政府主张通过市场机制吸引社会资本进入养老产业，很多时候也确实能更好配置资源、提高养老服务质量和效率。

大型机构化似乎是目前广州养老服务模式发展的另一个突出趋

---

① 唐钧：《建立合乎中国国情的失能老人长期照护补贴制度研究》。

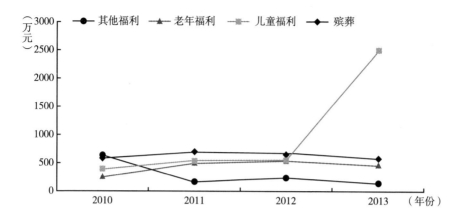

图2 广州市各种福利支出随年份增长

资料来源：2010～2013年广州市民政部门决算，http://www.gzmz.gov.cn/gzsmzj/bmyjs/zdlygk_ list. shtml。

势。在广州市公示的位于番禺、萝岗、黄埔、天河、荔湾、海珠和花都的12块养老机构地块中，规模最大的萝岗和花都养老机构地块都将建设超过4000张床位的大型养老院。

表6 2012～2013年养老机构和床位数

指标	单位	2012年	2013年	差值
养老机构数	个	158	167	9
公办养老机构数	个	71	66	-5
民办养老机构数	个	87	101	14
养老机构床位数	张	34036	38949	4913
公办养老机构床位数	张	10159	11200	1041
民办养老机构床位数	张	23877	27749	3872
每千名老人拥有养老床位数	张	27	29	2
养老机构入住老年人数	人	20660	21636	976

资料来源：广州市老龄工作委员会等《2013年广州市老年人口和老龄事业数据手册》，2013。

由表 6 可以看出，2013 年尽管广州的养老机构数有所增加，但每千名老人仅拥有 29 张养老床位，供求严重失衡。与此同时，目前广州养老机构总体床位空置率仍达到三成（约 1.3 万张床位空置），且主要集中在新开张的郊区民办养老机构，部分养老机构空置率甚至高达七成。[①] 这似乎使大部分真正需要长期照护的失能失智老人并不能得到真正的保障。

有人认为老龄化程度不断加深，老年人口数目激增，养老院的需求和市场容量相当大，应该加大投入发展养老机构，尽快填补床位的缺口。且不论这种大规模机构化的模式是逆国际潮流，受到我国经济、文化、环境的制约，而且当前广州养老机构发展存在使用情况不均衡、收费标准低、政府补贴少以及护理人员紧缺等因素阻碍。

20 世纪 50 年代，英国开始思考"去机构化"，认为机构化会隔绝老年人，使之失去适应社会和正常生活的能力，并且对政府造成沉重的财政压力。此外，居民入住养老院的意愿受性别、年龄、经济、健康、文化、家庭结构、信息宣传、养老院服务质量等因素影响。目前我国养老服务体系中居家养老能够综合家庭养老和社区照料的优势，降低建设成本，符合老年人"落叶归根"、不离儿女太远等情感需求。同样的，长期照护的实施也包含由社区提供的送餐、洗浴和购物等服务的家庭照料；社区中心利用现有资源实施的社区照料；政府或非政府举办的护理院临终关怀等。针对失智失能老人生活不能自理的程度做出评估后，根据其服务的需要引导选择不同的长期照护方式。

（四）照护服务欠缺专业化

大多数养老机构的照护服务仍然侧重于生活照料功能，服务的专

---

① 广州市民政局：《床位缺口 17000 张　床位空置率却达三成》，http：//www.gzmz.gov.cn/mtgz/201509/2df8d128870845dfb25aab81ceae52b6.shtmll，2015 年 10 月 28 日。

业化、精细化、人性化水平有待提升，服务亦缺乏规范的评估。养老护理员工作量大、时间长、收入低，招工难、留人难，缺口大，高素质专业技术人员匮乏。为适应老年人口急剧增加的趋势，广州市启动了养老床位升级计划，2013～2015 年新增养老床位达到 2.2 万张，而养老服务业专业人才紧缺却成了迫在眉睫的难题。目前，广州市养老护理员缺口达到 2000 人。①

表7　2012～2013 年全市养老服务队伍建设数据

单位：人

指标	2012 年	2013 年	差值
职工总数	18435	20518	2083
管理员数	13842	15366	1524
护理员数	3667	3343	-324
具有国家职业资格证书的护理员数	2082	2085	3
医生数	302	645	343
护士数	533	1000	467
专业社会工作者数	91	164	73
养老机构中大专及以上学历的职工数	595	1022	427

资料来源：广州市老龄工作委员会、广州市民政局、广州市统计局《2013 年广州市老年人口和老龄事业数据手册》，2013。

长期照护服务对人力资源依赖性较高，导致其在发展和留住人力资源时面临严峻挑战。由表 7 可以看出，20518 人的职工总数并不能满足床位增加所带来的服务需求。2012～2013 年全市养老服务队伍建设数据还显示，护理员人数更是不升反降。养老机构中大专及以上学历的职工、医生、护士、专业社会工作者的人数虽然有所增长，但在职工总数中占的比例仍然不高，而具有国家职业资格证书护理员一

① 广州市民政局：《广州养老护理员缺口 2000 人》，http：//www.gzmz.gov.cn/mtgz/201507/bc675885376049c18fc67b2ebdbb95e5.shtml，2015 年 8 月 5 日。

年里只增加了 3 人，更是凸显了养老服务队伍建设中专业人才匮乏的困境。其余就职的人员以下岗工人和外来就业人员为主，缺乏专业知识和系统化培训，对岗位认同感一般，奉献精神自然就有所缺乏。

医务社工介入作为医疗团队的一分子，是患者健康服务过程中一个密不可分的部分。在广州市现有医疗资源情况下，患者住院治疗时间有限，出院后大部分时间将会在其所居住的社区度过。失能老人的长期照护在广州市开展社区转介服务受制于社区家庭综合服务中心所配备专业社工的数量，人才匮乏是长期照护服务欠缺专业化不可忽视的一个因素。

（五）与医疗保障体系缺乏有效的无缝衔接

愈发明显的高龄化趋势意味着失能老人的数量越来越多，医疗救助的压力越来越大，对于"医养结合"的呼声也越发强烈。长期照护体系的缺失导致如今存在以下的问题和风险：第一，几乎没有合适的预防保健服务致使慢性病发病率和急性病爆发率的上升。如果及早预防保健，可以降低患病风险，医疗服务可及时尽早地介入，亦可减轻临终关怀的压力。第二，由于家庭功能缺失或弱化和老人福利院床位数的不足等原因，再加之几乎没有合适的护理服务，导致了许多有护理需求的老年人以入住医院来代替住福利机构。长期照护服务与基层医疗卫生服务诸如为居家老年人建立健康档案，开展预约诊疗、转诊转介、预防保健、上门诊视、家庭病床、健康咨询等个性化服务还未能形成无缝对接。

目前广州市社区卫生服务工作虽有较快发展，但社区卫生服务尤其是针对老年人照料服务的供给能力仍显不足，提供有效、经济、方便、综合、连续的基本医疗、预防保健的服务尚未完全到位。配套政策落实、设施环境改善、服务队伍素质等均有待进一步提高。青岛市将居家养护与门诊医疗等业务相结合摸索出一种新模式：医疗护理机构在长期护理保险的支持下，在大病门诊患者定点签约的基础上将一部分大病患者转入居家养护。由于医护人员对签约多年患者的病情十分熟悉，上门提供医疗照护更为方便，患者自付比例从之前的8%降低到了4%，费用负担得以减轻。

四　政策建议

随着深度老龄化社会的逐步到来，当前的长期照料服务乃至养老服务体系无疑无法应对将来的需要。笔者主张广州长期照护服务社会福利应从目前的救助型向适度普惠型转化，以保障、满足更多真正需要长期照护服务的老年人群体需求。

（一）政策理念：推行"在地老化"和"活跃老化"

政府虽然没有在一个明确的长期照护政策框架内推进对失能/半失能老人的照护，但通过"养老服务"体系的完善，失能老人的非院社服务形式，如居家照料、社区照料都获得了一定程度的发展。可以考虑推行"在地老化"和"活跃老化"的政策理念，拓展高龄（失能/半失能）老人的居家、社区照护，通过长期照护体系涵盖更多层面的内容，不仅让失能老人得到护理，而且能够有尊严地在地老化。

1991年《联合国老年人原则》首次提出了"在地老化"的重要理念，认为"老年人应该尽可能的长期在家中居住"，"老年人应当得到家庭、社区的照顾和保护，这种照顾和保护可以根据不同社会的文化价值体系来给予"[1]。我们应在长期照护中注重家庭的作用，重点发展居家照护（home-based care），同时鼓励和支持非正式居家照

---

[1]　顾柳堃：《台湾长期照护制度研究》，西北大学硕士学位论文，2013。

护，即有外部支持的、由家庭成员提供的照护，如台湾同时用照顾服务和喘息服务支持家庭照顾。

"活跃老化"（active aging）认为如果老化是一种正向的生活经验，当人们年老时，为了提高他们的生活质量，仍应该持续拥有健康、社会参与和社会安全。也就是说，活跃老化是一种促进和提升老人生活品质的过程。① 出台、落实更为细化的政策，使失能老人能够真正受惠。年龄较轻的，自理能力较好的老年人同样可以成为照护服务中一股力量。广州寿星大厦有引进"时间银行"，老年人参与社会服务或是帮助别人的时间可以"存储"在自己的"时间银行"账户里，等到自己需要帮助时可以"提取时间"。有许多老年人得以展示自己的特长，如教大家跳舞、诗歌鉴赏……通过发挥自己余热，体现价值。类似的模式如果在社区中推广可以达到老年人"管理"老年人，增加群体之间共鸣，减少管理成本等多种好处。让失能、半失能老人有社会参与的渠道，能努力提高健康老年人的幸福指数，并有效减轻社会负担。通过预防、护理等优化需要护理的状态使得老年人过得更幸福。

（二）筹资：政府负起更多责任，推动长期照护社会保障的建立

由于长期照护服务的群体对于照料护理的质量有着更高的要求，相应地在资金、人力资源等方面都需要政府更多地投入。

一是政府细化规制政策进一步规范，加大财政支出等支持力度。政府应该加大对老年福利和老龄服务的投入，常用经费和项目经费都应有足够的资金配备，担负起一个中深度老龄化社会的责任，体现医

---

① 周鹏飞、吴继煜：《活跃老化的意涵及政策借鉴——以台湾为例》，《西北人口》2013年第4期。

疗保障服务公平性。对失能老人的政府补贴所需的资金由国家财政负担，也可以考虑在彩票公益金中为"失能老人福利服务"设立专项基金，以发行彩票的手段募集一部分资金。[①] 多措并举，形成经费的有效支持。长期照护服务作为基本公共服务项目，在深入调查研究的基础上，通过由民政部制定本土化、标准化的日常生活活动能力量表，作为失能老人需求评估及划分护理等级，辅以根据他们的收入水平予以程度不等的长期照护补贴，有利于在社会公平基础上，实现长期照护服务的均等化。

二是缓解长期支付压力，探索建立长期护理保险。如德国在1995年就将护理保险作为基本社会保险的一部分强制缴纳；美国将长期护理保险作为其健康保险市场上最为重要的产品之一；日本、韩国在社会保险和商业保险领域大力发展护理保险以分担老人的支付压力等。据实践情况分析，单纯国家社保模式，国家难以背负，而单纯商业保险模式低收入群体又难以覆盖。广州长期照护保险规划可以考虑采取国家保基本与商业保补充相结合的模式，充分考虑与现行医疗体系、全民健康保险及福利措施等相关制度之配合与衔接，妥善规划财务机制，以使未来长期照护保险能顺利推动，满足高龄化社会之照顾需求。

我国有些地区已经开始了建立长期照护保险的探索与实践，如我国青岛市长期医疗护理保险制度是依托基本医疗保险制度而独立架构的一项"子制度"，从基本医疗保险方面侧重保障参保人"病有所医"到长期医疗护理保险侧重保障失能、半失能老人的"病有所护"，长期照护保险是对基本医疗保险制度的丰富、拓展和完善，也是建立长期照护体系的重要环节。但医疗护理保险制度设计中，养老问题涉及民政部门，医疗护理涉及卫生部门，医保进入涉及人社部

---

① 唐钧：《失能老人护理补贴制度研究》，《江苏社会科学》2014年第2期。

门，资金支持涉及财政部门，在实践操作中，需要各部门拓宽视野，主动寻找政策接口，加大政策协同力度。更重要的是要进一步健全机制，强化监管，避免恶意套取医保资金，保障基金安全。

（三）服务递送：多方合作，服务机构走小型化路线

其一，推进医疗卫生与养老服务深度融合。有机融合并非医院和养老院的简单物理叠加，强迫所有养老机构引入医疗服务或是要求医院兼顾老年人护理。而是利用广州医疗资源丰富且集中、健康产品研发能力强劲、健康产业发展势头迅猛等优势，建立医疗卫生机构与养老机构、日间托老机构及老年人家庭医疗契约服务关系，支持老年专科医疗机构和老年病科、临终关怀等相关科室建设，增加老年病床数量，做好老年慢性病防治和康复护理。引导部分医疗机构转型为老年养护院、护理院，面向失能老年人、老年慢性病患服务。将原来碎片化、单一功能的托养服务转变为全方位、链条式、社工化、多功能的为老年人提供医养结合、无缝对接的养老服务。在这方面，白云区走出了一条新路，社区通过"场地合一""法人合一""管理合一"等方式，为老年人提供医养结合的专业服务。一些老人院开设失独专区，为失独老人提供养老服务。广州寿星大厦前身也是从民办医院——广州市消化病医院建的一个护理院发展而来的，医院增开老年病科推出优惠方案，治愈后的病人动员其入住养老院，这一创举很有效，提升了养老医疗的规格和水平。

同时可以推进医护人员与社工及社会组织的跨专业合作，医务社工个体在提供服务的同时其背后整个项目组乃至机构联合协助。在广州，这种协作更体现为承接项目营运的社工机构与医院管理层建立起一个联合工作平台。具体模式为医院管理人员协调临床部门接纳医务社工的岗位，安排高资医学专家为社工进行专科普及知识培训，充分做好社工进入病区服务的基础准备。随后，社工在督导的引导下主动跟随医

护人员进行查房和交班，医务人员在向社工介绍患者病情的同时，社工亦可将评估到的需求反馈给医护人员，从而实现双方对患者的全面了解。

其二，整合社区资源，服务机构走小型化路线。尽管机构照护在专业化方面有一定程度的优势，但也存在诸如收费偏高，缺乏人文关怀等弊端。再者，对于失能程度较重，缺乏自立能力，的确需要全方位照料和医疗护理的老人应该引导其进入机构养老，日常的照护服务依托社区为主。社区层面的服务整合可包括以下方面：社区机构给失能和半失能老人提供延伸到家庭的照护服务；社区直接建立日间照料所；社区机构给所有老年人提供健康保健服务；社区给老年人提供活动场所；社区机构给照顾老人的家庭成员提供技术和心理支持，以及舒缓服务等。这一系列的服务都可以通过政府购买的方式来配置给社区，小型化的服务机构更符合大多数人的照护需求。

长期照护服务可通过推进信息化革新，从预防、保护、护理、服务反馈各方面做到科学、可持续。例如老人可以戴上智能可穿戴装备，实时监测脉搏、血糖、血压等指标，定期生成健康报告；也可以是智能"平安钟"，发生紧急情况会通知家人甚至是邻居并呼叫医生，与社区医院联动，避免空巢老人因疾病突发，救治不及时而发生意外。利用互联网可以将老年人多样、特殊、零散的养老需求，通过互联网平台、智能设备和应用，进行传递、对接和整合，让更多失能老人在家中、在社区享受社会化服务。

（四）完善服务体系，支持照顾者

基于我国现有的快速老龄化进程催生出对长期照护的迫切需要，建立长期照护制度是十分必要且可行的。国内较早迈入老龄化社会的青岛市从2000年起新增医保家庭病床业务，通过购买服务的方式，委托第三方机构提供护理服务，之后逐渐拓展到购买护理院服务、临终关怀、医疗专护和老年护理等，并加以制度化。台湾地区的长期照护政策的发展体现在照护资源由机构转向"在地化"，通过对有需求的家庭进行阶梯式的补助并积极寻求与各级政府、非营利组织的合作，不断鼓励民间力量参与到服务中来，公共财政投入也不断增加。

长期照护服务体系的完善建立应涵盖医疗、保险领域和社会保障等领域。医疗领域从老年人躯体健康和功能恢复出发对实际护理过程的研究可为长期照护工作者的实际工作提供理论指导；保险领域主要从公共收支平衡、精算领域进行研究，出台相关政策文件、推动长期护理保险；社会保障领域则需推动长期照护质量控制、人力资源开发等方面研究，加强长期照护制度相关研究的系统性、理论性。长期照护服务体系还可通过合理评估、规范长期照护机构来保证及提高照护质量。评估包括建立由社会工作者、医护专业人员、老人、老年服务机构的代表等作为第三方对有关失能老人的需求做出准确的需求评估体系以及在养老机构中建立长期照护机构的类别、制度序列并进行标准化评价，予以行业认证和监管。

要建立可持续的长期照护服务体系，对照顾老人的照顾者提供完备的社会支持网络非常必要。照顾者在照护老人的日常生活起居中面临着较大的压力，在经济、情感上都需要一定程度的社会支持。

对非正式照顾者，政府应从倡导社区服务以及制定社会政策等方面提供支持。通过提供专业医疗建议，教授专业护理知识，迫于社会竞争压力或是身体状况不佳，社区提供临托、日托暂时照顾老人，或是义工来帮忙暂时看护。如果病情严重，在非正式照顾者认为难以面对，社工会介入，提供咨询帮助，给予心理的支持，喘息服务让失能半失能长者其家庭在社区当中得到强而有效的支持。

至于对正式照顾者，即如社会工作者、医疗护工等专职人员缺口较大的问题，可以考虑，广州将利用好毗邻港澳和 CEPA 政策的优势，引入港澳台养老服务先进经验、资金、服务机构等，拓展和丰富社区发挥毗邻港澳的地域优势，与各大高校合作培训，设立社会实践基地，让学习相关专业的人士更深入全面地接触，从而培养认同感和职业素养，提高整体素质。可考虑简化照护机构在多地、多点设置连锁机构时的注册程序，并完善加大对从业照护人员的护龄补贴等制度。通过在政策上做出明确指引，包括人员培训与积累，人员的薪酬方面的指导解决广州养老服务人员劳动强度大、社会地位低、工资待遇低等问题。完善从业人员的资格认证制度，引导各种力量参与其中，解决人才队伍不足的问题。同时可设立志愿者服务站，鼓励公众积极充当志愿者，提高志愿者数量、保证志愿者队伍的稳定性。

老年福利篇

Oid-Age Welfare

B.10

广州老年福利政策的发展：
现状、特点与建议

陈 杰*

摘　要： 老年福利政策是社会福利体系的重要组成部分，是积
极回应人口老龄化挑战的指导方针与行动框架。广州
市面临着来自人口结构调整的巨大经济和社会压力，
在认真贯彻党中央、国务院关于老龄服务工作要求的
同时，应积极探索适合本地区发展的特色老年服务模
式。本文回顾了中国老年福利的相关研究，梳理了广
州市老年福利政策体系与实践，总结了广州市老年福
利体系建设的特点与面临的挑战，并提出完善老年福

* 陈杰，广州市社会科学院社会学与社会政策研究所副研究员，博士。

利体系的政策建议。

关键词： 广州市 老龄化 老年福利政策

一 中国老年福利的相关研究

老年社会福利既具有一般社会福利制度的共性，又体现老年人生理、心理特征的特殊性，是根据老年人年龄的特殊需要和身体特点由社会提供给他们的物质和社会服务。广义的老年福利是指政府、社会组织、市场、家庭等主体按照法律、部门规章制度及相关程序、规范和要求，在老龄生活保障、老龄医疗保障、老龄日常照料等方面提供的管理与服务。一般包括老年人收入补贴、老年人医疗保健、老年人日常生活服务、老年人精神慰藉等社会项目（刘燕、阮凯，2011）。我国在老年人社会福利建设上起步较晚，相关研究始于20世纪80年代，近几年随着我国老龄化程度的加深与社会保障体系的完善，这一领域吸引了更多国内学者的关注，相关研究明显增多。

近年来，关注的问题主要有我国老年福利的制度与机构建设（胡湛、彭希哲，2012）、香港以及其他国家与地区的老年福利和养老服务对我国的启示（郭瑜，2012；王建云，2014）、特殊老年人福利与照料（景跃军、李元，2014）、养老模式与产业（聂建明，2014）。并且在硕、博士毕业论文中，也出现为数较多的关于老年福利、养老服务等个案研究，这进一步反映老年福利、养老服务等领域逐渐成为学术研究的热点与重点。已有的老年福利研究可大致分为老年福利理论与实证研究两大主题，理论探讨主要围绕老年福利的定义、老年福利多元供给主体及其互动、老年产业的发展前景及策略等进行。

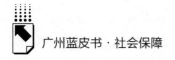

（一）老年福利的理论研究

1. 老年福利的定义与特点

首先，老年福利的概念可以看作是老年保障概念的延伸。福利与保障是社会保障领域里两个经常混用的概念。"大福利"的观点认为，（社会）保障是（社会）福利中的物质保障的范畴，其目的是为了满足基本生活需要。而（社会）福利既包括低层次的基本生活需要，也提供一般（社会）保障所不包含的精神服务与社会服务。因而，（社会）福利可以看作是基于社会职责，在（社会）保障的基础上，保护和延续有机体的生命力（王振耀，2009）。

与老年保障制度相比，老年福利制度①福利内容较为宽泛：既包括对老年人经济与物质保障，也包括精神健康、价值实现、休闲娱乐、文化需求、特殊及日常照料等一系列内容。②福利供给主体更加多元：在政府主导的前提下，广大的社会公共部门与社会工作者同时参与到老年福利设施建设与服务供给中。③福利目标旨意更高：老年福利不只满足于保障老年人基本生活，还追求在实现老年人参与社会发展的更高层次的目标（陈银娥，2004；王振耀，2009；彭华民，2002；甘凤梅，2008）。以上特点也构成了老年福利区别于其他福利领域的重要特点。

其次，老年福利作为社会福利概念的具体组成部分，其概念也有广义与狭义两个维度。郑功成（2009）认为，广义的社会福利是旨在解决广大社会成员在各个方面的福利待遇问题、提高整体社会成员生活水平的一系列福利制度安排；狭义的社会福利则是特指针对儿童、老人、残障人士等的社会化照顾与服务。彭华民（2002）指出，广义的老年人社会福利包括老人社会救助、养老保险等，是国家和社会通过社会化的福利投入，以满足和改善老年人的物质、精神需要的社会政策。狭义的老人社会福利特指根据老年人的特殊需求，由社会提供给老年人的特殊的、照顾性的物质和社会服务。还有的学者直接将老年福利的对象缩小为弱势老人群体（Macnicol J，2000）。

总体而言，尽管不同国家和地区的学者对老年人社会福利内涵的界定有不同的理解，国内学者的定义也各有侧重，但都强调国家和社会多方通过社会化手段，全面提升老年人的物质、精神生活质量。一般将老年社会福利视作社会福利体系中的一个专门领域，与残疾人社会福利、儿童社会福利、妇女社会福利等并列。

本文的"老年福利"采取狭义定义，指社会养老服务体系之外的、柔性的、起补充性作用的老年社会福利政策。主要内容有养老福利补贴、老年社会救助和老年优惠政策、特殊老人服务和老年发展政策等。

2. 老年福利的理论源流与基础

纵向地看，老年福利概念源流于福利理论。亚当·斯密"看不见的手"的自由放任与自由竞争经济理论对早期的福利经济理论产生重大影响。1920 年，庇古《福利经济学》（1920）的出版标志着福利经济学作为经济学的一门分支学科正式诞生，使福利这一课题形成完整的理论体系并在经济学界产生重大影响。在福利国家论的视角下逐渐形成对福利国家发展的共识，即通过福利国家政策来维持和发展社会福利事业，兼顾经济效率与社会公平（胡玉洁，2007）。

横向地看，老年福利可以在功能学理论、冲突理论、社会交换理论、符号互动理论、现代化理论、福利国家理论、社会生物学理论以及哈贝马斯、布迪厄、吉登斯等社会学家关于老年福利的相关思想（刘燕、阮凯，2011）中找到理论基础。此外，还有学者探究老年福利制度中的法律安排（杨志超，2012）等。

3. 老年福利的制度与供给主体

伴随着经济社会的发展，现代老年福利是一项正式的制度安排，是一种体现社会政策和经济政策交互作用、协调发展的发展型社会政策：老年福利制度本身的发展就是社会文明进步的见证。纵观老年福利制度的发展过程，经济因素、道德因素、政治因素和社会因素是影响其发展进程的主要因素。其中经济因素发挥着举足轻重的作用，同时社会因素中诸如社会变迁、社会成员分化、社会矛盾激化等等也都直接或者间接地影响着老年福利制度的发展。西方老年福利的实践经历了从剩余性福利到制度性福利再到发展性福利的过程。罗曼尼斯克因认为社会福利的发展是从慈善走向公平，社会福利是一个从剩余性社会福利向发展性社会福利逐渐转变的连续谱（田凯，2001）。

在我国，老年福利的发展一方面受到中国整体社会福利的制约与影响。另一方面，中华"家"文化、"孝"文化的源远流长又使得我国老年福利有其自身的特殊性。简言之，我国老年福利制度的发展与我国特殊的政治、经济、文化等诸多因素紧密相关，走过了一条从家庭养老（李银河，2009）、到"家庭——政府及机关单位"养老（刘同昌，2007）、再到多元主体合作模式的转变路径。

（二）老年福利的实证研究

我国关于老年福利的实证研究大部分集中在以下几方面。

1. 西方老年福利模式研究

纵观老年福利发展的实践，西方老年福利制度走过了一条"剩余性福利——制度性福利——发展性福利"的历程，其中经济因素、道德因素、政治因素和社会因素是影响其发展进程的主要因素（田凯，2001）。

我国学者重点关注以美国为代表的欧美独立型老年福利模式、以瑞典等北欧国家为代表的斯堪的纳维亚模式、以日本等东亚国家为代表的同居型模式和我国香港模式。概括地说，独立型老年福利模式强调社区支持老年人的家庭，以专业性的上门服务支持老年人在家庭生活的能力。斯堪的纳维亚模式以瑞典为典型，以国家税收作为福利金来源，强调惠普性。同居型模式因为更符合东亚国家的家庭与养老观念，因而在儒家文化圈国家较为常见，日本政府鼓励老年人与子女分而不离的养老方式，推行了一系列有利于家庭养老的社会政策（胡玉洁，2007）。我国香港家庭赡养的实践以及从家庭单一责任向社会共同责任转变的经历为内地在经济发展和人口老龄化的进程中有效分配资源、管理资金与服务方面提供了宝贵的经验与启示。

2. 我国老年福利现状研究

在中国，养老模式正在经历由家庭养老到社会化养老的转变。在我国相当长的封建时期里，家庭是承担养老责任的主要单位。古代的统治阶级主要通过立法维护孝文化价值观和老人对家庭财产的控制权，即家长制，来实现与巩固家庭养老模式（段秋关、王立民，2005；瞿同组，2006），即所谓的"养儿防老"。从1911年中华民国成立至1949年新中国成立，大家庭式的生活方式仍然没有改变，依旧由家庭主要承担养老责任，但社会化老年福利有了一定提升（陶立群，2002；王子今、刘悦斌、常宗虎，2002），各地县一级地区基本上建立救济院和养老所（王子今、刘悦斌、常宗虎，2002）。新中国成立至今，我国已形成了一个以宪法为依据，由相关的法律法规组成的保护老年人合法权益的制度体系。近年来，在党和政府的关心与支持下，各级民政部门建立健全了保护特困老人基本生活权益的社会保障网络，通过推广福利社会化、专业化，逐步形成国家－市场－社区－家庭为主体的老年福利与服务体系（甘凤梅，2008）。

综合我国学者的相关研究，广义层面上的中国特色的老年人社会福利服务体系主要包括收入福利、医疗福利、日常照料福利、精神慰藉福利等（陶立群，2002）。近年来，关于社区养老、养老产业化、机构养老（朱凤华，2004；王莉莉，2014）等研究显著增长。狭义层面的老年福利体系内容则主要由老年津贴、老年救助、老年优待、老年发展等组成。

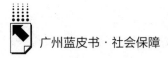

3. 老年福利比较研究

老年福利的比较研究包括国际层面国家或地区间比较或国内层级不同省市、乡村间的比较等。国外学者在国际比较方面的研究源于20世纪。西方从事老年福利国际比较的学者和研究有很多，例如柯林·吉列恩与《全球养老保障：改革与发展》（2002）、日本佛教大学的朴光俊及《东亚地区社会保障比较研究的意义和课题：有关养老保险的问题》（2005）等。

国内这一方面的研究成果也颇为丰富，例如《港台与内地老年福利津贴经济保障对比》（高雨芹，2010）、《日韩老年福利比较及其启示》（刘袁平，2006）、《西方老年福利制度及我国的思考》（刘静林，2005）等等。

二 广州市发展老年福利事业的政策框架与实践

截至2013年底，广州市共有60岁以上户籍老年人133.04万，占户籍人口总数的15.98%[1]，2015年预计超过140万，占户籍人口的比重超过16%，2020年将达到180万人，预计到2050年占户籍人口的比重高达29.87%，届时空巢老人、80周岁以上高龄老人分别占老年人口的45%和16%，空巢老人总数已超过52万。其中，失能、半失能老人呈上升趋势。而目前除广州市户籍老人外，非户籍常住老人、港澳老人对广州市养老床位也有需求[2]。客观地说，广州市目前存在相当庞大的老龄人口，面临较大的老龄化压力与挑战，老龄事业发展处在关键时期。

---

[1] 广州市民政局：《广州市社区居家养老服务情况汇报》，2014年6月26日。
[2] 广州市老龄工作委员会、广州市民政局、广州市统计局：《2013年广州市老年人口和老龄事业数据手册》。

（一）广州市老年福利事业的政策体系

中华人民共和国《宪法》第十四条、第四十四条、第四十五条对老年福利权给予明确规定，尤其第四十五条第一款"中华人民共和国公民在年老、疾病或者丧失劳动能力的情况下，有从国家和社会获得物质帮助的权利"的规定更是为老年福利权提供了宪法依据；1996年10月1日我国颁布专门针对老年福利的《中华人民共和国老年人权益保障法》，并在2012年对该法做出修订；《民法通则》规定老年人应受到法律保护；《劳动法》确保劳动者在年老时应获得帮助或补偿；《婚姻法》明确子女对父母承担赡养义务，对拒绝承担赡养义务并造成恶劣后果的行为，将依据《刑罚》进行处罚。

国家也通过不断完善老年人立法的方式为老龄事业的发展提供制度保障。《国家级福利院评定标准》、《社会福利机构基本规范》、《中国老龄工作七年发展纲要（1994－2000年）》、《关于加强老龄工作的决定》、"社区老年福利服务星光计划"、《中国老龄事业发展"十一五"计划纲要（2001－2005年）》、《城市社会福利事业单位管理工作试行办法》、《农村敬老院管理暂行办法》、《社会福利机构管理暂行办法》、《关于老年人服务机构有关税收政策的通知》、《关于加强维护老年人合法权益工作的意见》等一系列法规与政策的出台已基本建立起一套涵盖养老、医疗、生活和护理、权益维护、精神文化生活的老龄政策法规体系。

在党的领导和中央政策的指导下，广州市结合全市经济发展目标和老龄工作实际，颁布相关的政策制度来积极配合与贯彻全国、全省老年福利政策。2001年广州市委、市政府发出《关于进一步加强老龄工作的通知》，首次发布《广州市老龄事业发展"十五"计划和2015年远景目标规划纲要》，2001年5月广州市政府常务会议通过《广州市老年人优待办法》，2003年广州市老龄工作委员会颁布《广

州市老年人优待证管理暂行规定》，同年根据国务院批准颁布实施的
《中国老龄事业发展"十五"计划纲要（2001－2005 年）》，2006 年
制定《广州市老龄事业发展第十一个五年规划纲要》，2009 年广州市
民政局发布《关于报送 90 岁至 99 岁老人长寿保健金发放情况的通
知》，2010 年发布《广州市民政局、广州市财政局关于向全市 80 周
岁以上长者统一发放长寿保健金的通知》，2010 年印发《广州市星光
老年之家管理办法》，2011 年广州市民政局联合广州市财政局制定
《关于扩大我市长者长寿保健金发放范围和提高发放标准的工作程序
的通知》、《广州市老龄事业发展第十二个五年规划纲要》、新出台
《广州市老年人优待办法（修订稿草案)》，2014 年广州市民政局印
发《广州市公办养老机构入住评估轮候试行办法》、《广州市养老服
务机构设施布局规划（2013－2020 年)》等。形成以《中华人民共
和国老年人权益保障法》为中心，《广东省老年人权益保障条例》、
《广州市老年人优待办法》为法规规章，一系列规范性文件为保障实
施的政策体系①。

　　纵观 2000 年后广州市老龄工作政策，不难发现其中蕴含的政策
思路以及未来可能的趋势。

　　第一，老年福利与老龄服务意识逐渐加强。广州市老年福利与老
龄服务事业起步于 2000 年，以党中央、国务院开展老年福利与老龄
服务工作为精神，结合广州市地方实际，在广州市委、市政府的领导
下，以及广州市民政局、财政局、人力资源和社会保障局等相关部门
的紧密配合下，陆续推出针对老年人的各项优惠政策和权益保障法
规；将进一步扩大老年福利范围，落实在社区居家养老与机构养老的
推行中。

---

　　① 广州市民政局官方网站，http：//www. gzmz. gov. cn/publicfiles/business/htmlfiles/gzsmzj/llfww/list. html。

第二，老年福利资金投入不断增加，长寿保健金覆盖面逐步扩大。2009 年第九次全市民政局局长信息交流会议议定，广州市长者长寿保健金仅 90 岁至 99 岁高龄老人发放①；2010 年向全市 80 周岁以上具有广州市户籍的长者、驻穗部队由部队服务管理的离退休干部、计划或尚未移交地方安置的离退休干部发放长寿保健金②；2011 年扩大长寿保健金发放范围，向 70～79 周岁长者发放，同时提高现行 80 周岁以上长者长寿保健金标准③。

第三，老年福利从救助、优待走向全面发展。广州市老年人福利最早从老年人社会救助起步，向全市老年人提供经济、法律救助等；2011 年修改后的《广州市老年人优待办法》提高了老年人的优待标准，部分优待项目惠及非户籍老人；近年来，为提升老年人幸福生活指数，老年福利在丰富老年人精神文化方面做出更大努力，老年大学课程更加丰富、新颖，老年艺术团办得有声有色，广州老年人的晚年生活丰富多彩。

第四，广州市老年福利与老龄服务在具备适度普惠性的同时，突出对特殊老人群体的照料。经过十多年的实践发展，广州市老年福利覆盖面已有了明显扩大，部分优待项目惠及非广州户籍老人，在适度普惠性上做出了较大成绩。同时也充分考虑老年群体的特殊性，对高龄、"三无"（无劳动能力，无生活来源，无赡养人和扶养人或者其赡养人和扶养人确无赡养和扶养能力）老人，低保低收入老人，残疾老人等特殊群体实行重点照料，体现了"以人为本"的发展精神。

① 《关于报送 90 岁至 99 岁老人长寿保健金发放情况的通知》，http：//www.gzmz.gov.cn/publicfiles/business/htmlfiles/gzsmzj/gfxwj13/201209/976352.html。
② 广州市民政局、广州市财政局：《关于向全市 80 周岁以上长者统一发放长寿保健金的通知》，http：//www.gzmz.gov.cn/publicfiles/business/htmlfiles/gzsmzj/gfxwj13/201209/976349.html。
③ 《关于扩大我市长者长寿保健金发放范围和提高发放标准的工作程序的通知》，http：//www.gzmz.gov.cn/publicfiles/business/htmlfiles/gzsmzj/gfxwj13/201209/976351.html。

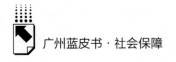

（二）广州市老年福利事业的实践

广州市自 1992 年就进入人口老龄化城市行列。1999 年末，全市 60 岁以上老年人口占全市总人口的 12%。预计到 2030 年，全市老年人占总人口 25%。老龄问题已成为广州市不容忽视的重大社会问题。广州人口老龄化进程比全省要快。广东省在 1996 年进入人口老龄化阶段，比全国早约 4 年，广州市则更早，而且进程将以比全省更急促的步伐迈进。全省预计在 21 世纪 40 年代中期人口老龄化水平达 25%，而广州市则预计在 21 世纪 30 年代中期即达此水平，而且负担更重①。自千禧年始，在狭义的老年福利政策框架下，广州市具体针对不同年龄段、特殊老年群体等开展社会化养老福利的各项实践。

1. 广州市老年福利津贴

（1）企业退休人员生活补贴。2007 年 10 月广州市政府常务会议审议并原则通过《关于提高本市企业退休人员生活保障水平的方案（暂定名）》。广州将对本市已参加本市城镇企业职工基本养老保险，2006 年 6 月 30 日（含本日）以前的企业退休人员发放生活补贴②。同年 11 月采取"普调"＋"年值"＋"限幅"的办法上调每月生活补贴，广州企业退休人员的养老保障是同期全国所有省会城市中的最高水平③。

（2）试点农村 60 岁以上老人养老补贴。2009 年广东试点农村 60 岁以上老人领取养老补贴工作，试点县符合条件的老人每月可拿 55 元的补贴。④

---

① 《人口老龄化日益严峻广州规划纲要制订脚步急》，http：//news. sina. com. cn/c/223244. html。

② 《广州企业退休人员可领生活补贴》，http：//news. qq. com/a/20071016/000213. html。

③ 《广州为企业退休人员增发生活补贴》，http：//news. xinhuanet. com/newscenter/2007 - 11 - 27/content_ 7156432. html。

④ 《广东试点为 60 岁以上农村老人发养老补贴》，http：//www. xinnong. com/news/20091209/862787. html。

（3）高龄老人津贴。广州市老年福利津贴是由广州市政府及其相关部门对达到法定退休年龄但未达到相应收入标准，不享有基本社会养老保险金的老年人发放的一种非缴费型的生活补贴。高龄老人津贴的具体执行办法由各地方行政机关制定，目前广州市各区县老年福利津贴的发放起点为具有广州市户籍的 70 周岁以上的高龄老人。

自 2010 年 7 月起，广州市对具有本市户籍且年满 80 岁及以上的老年人发放高龄老人津贴。津贴最低标准按年龄呈阶梯式分布：80~89 岁老人每人 50 元/月；90~99 岁老人每人 100 元/月；100 岁及以上老人每人 200 元/月。津贴以现金的形式按月存入老人的个人账户。[①] 2011 年 7 月，广州市将长寿保健金发放范围扩大至 70 周岁以上长者，并提高 80 周岁以上长者长寿保健金发放标准，鼓励有条件的区（县级市）采取更高标准。[②]

2. 广州市老年社会救助

老年社会救助是老年群体在低于生活底线、面临困境时，通过申请程序得到国家和社会按照法定标准提供的现金、物质或是其他任何形式的救助以脱离困境。2003 年，广州市财政全额拨款 500 万元，启动"广州市社会化管理退休人员特困救助资金"，以后每年增加投入 300 万元。2003 年 12 月 31 日实施《广州市社会化管理退休人员特殊困难临时救助暂行办法》，在经济、法律、生活、医疗、住房和心理等方面为老人提供救助。

（1）经济救助。广州市主要通过完善城乡居民最低生活保障制度、推进养老金制度、扩大养老保险覆盖面以及老年福利津贴制度等方式，针对无收入和低收入的老年群体提供经济救助。在广州市敬老

---

① 《广州市建立 80 岁以上高龄老人津贴制度》，http：//www.cncaprc.gov.cn/lldx/8576.html。
② 《广州 70 岁以上老人每月享 30 元政府津贴》，http：//news.sina.com.cn/c/2011-04-22/085022339108.shtml。

月期间，100 周岁以上老年人由其户籍所在地的区、县级市人民政府发放每人不少于 1000 元的慰问金。

（2）法律救助。近年来，老年人合法权益受侵犯的现象越来越严重，主要侵权行为有赡养纠纷、扶养纠纷、继承纠纷、房产纠纷和其他侵犯老年人的人身财产权益的行为。2000 年初广东省司法厅选派工作人员担任各地老龄工作机构、涉老福利机构的法律顾问，设立老年人服务网点，开展遗嘱、再婚老人的婚前财产、遗产继承等各类公证业务[1]。2003 年广州市法律援助中心推出了十项便民措施，对老年人法律援助工作实行政策倾斜，对无行动能力的孤寡老人实行上门服务；向符合条件的老年人发放法律援助证[2]。

（3）生活救助。广州市针对无法独立生活的高龄老人和残疾老人，积极兴办养老院、托老所、老年公寓等。2014 年 8 月，《广州市养老服务机构设施布局规划（2013－2020 年）》透露，将在 2014 年至 2020 年期间，每年动工建设 8100 张养老床位，在原十区范围内新选址 53 处地块建设养老机构[3]。同时，广州市公办养老院免费接纳"三无"老人（无劳动能力，无生活来源，无赡养人和扶养人或者其赡养人和扶养人确无赡养和扶养能力），向低保低收入老人、经济困难老人提供无偿或低收费的供养、护理服务。

（4）医疗救助。2005 年广州在全国率先推出对退休人员的特殊困难救助，纳入社区管理的退休职工除了享受医疗保险之外还可享受特殊困难救助[4]。2012 年出台的《广州重特大疾病医疗救助试行办法》将儿童和老年人报销比例相对提高了 10%，同时施行的还有

① 《广东老人通过法律援助维权》，http：//news. sina. com. cn/c/2005－10－11/09517138350s. shtml。
② 《老年人接受法律援助门槛降低》，http：//www. guangzhou. gov. cn/node_ 429/node_ 434/2003－12/107029954957098. shtml。
③ 《广州划 53 块养老机构用地》，http：//news. sohu. com/20140819/n403569525. shtml。
④ 《广州推新福利孤寡老人每年最高救助 3.5 万》，http：//news. sohu. com/20050627/n226097271. html。

《广州市医疗救助试行办法》①。市各公立医疗机构专设老年人优先服务窗口，持卡老人普通门诊挂号免费；各基层医疗机构为辖区内老年人建立健康档案，为辖区内 65 周岁以上的老年人每年进行一次定点免费体检和保健指导②。

（5）住房救助。对租住公房的孤寡老人或赡养者无抚养能力的老年人免收租金；优先保障符合廉租房申请的老年人户，并给予一定的优待。③

3. 广州市老年人优待

2001 年 10 月广州市根据《中华人民共和国老年人权益保障法》及有关规定，结合本市实际情况，制定颁布《广州市老年人优待办法》。2011 年广州市法制办向市民征求《广州市老年人优待办法（修订稿草案）》建议，草案提高了老年人的优待标准，部分优待项目扩大到非户籍老人。新出台的《广州市老年人优待办法（修订稿草案）》设定多种老年人优待项目，例如半价或免费乘坐广州市行政区域内线路公共汽（电）车、过江轮渡和地铁；半价或免费进入未免费开放的公办公园、景点、博物馆、纪念馆、烈士纪念建筑物、公共图书馆等。④

4. 广州市老年人发展服务

广州市各区县开办了数量较多的老年大学，开设钢琴、舞蹈、书法、烹饪等各式课程，大大丰富了老年人的精神生活；海珠区在人力资源和社会保障局及退休人员管理办公室的指导下，于 1996 年成立退休人员文艺团队——海珠艺术团，多次参加国际、全国、全省文艺

---

① 《广州试行新医疗救助办法重病救助最高 14 万元》，http：//news. 163. com/12/0829/07/8A2C9VTJ00014AED. html。
② 《广州市老年人优待办法》，http：//news. gd. sina. com. cn/news/20111025/1190755. html。
③ 《广州市老年人优待办法》，http：//news. gd. sina. com. cn/news/20111025/1190755. html。
④ 《广州市老年人优待办法》，http：//news. gd. sina. com. cn/news/20111025/1190755. html。

演出，广受好评。贫困老年人参加老年大学（学校）学习，凭广州市老年人优待卡、五保证、广州市最低生活保障金领取证和广州市低收入困难家庭证享受学费全免或半价优待。[①]

5. 广州市特殊老人服务

针对广州市特殊老人群体，如"三无"老人、低保低收入老人、残疾老人、高龄老人，已实行社会化管理，在市区内居住并已交纳了特殊人员安置费，但本人不愿意在养老院实行终身安置的孤寡退休人员等，广州市制定了《广州市社会化管理特殊人员参加居家养老暂行办法》《广州市社会化管理退休人员特殊困难临时救助暂行办法》《关于规范我市养老服务收费问题的通知》《广州市公办养老机构入住评估轮候试行办法》《广州市残疾人社会保障体系和服务体系建设先行市工作方案（2014－2016 年)》等一系列专项政策。

在实践方面，广州市公办养老机构优先为"三无"老人、低保低收入老人、经济困难老人提供无偿或低收费的供养、护理服务，通过特殊保障通道入住的农村"五保"老年人，免费入住公办养老机构，其供养费用由同级财政部门保障。生活不能完全自理的低保、低收入困难家庭老年人入住公办养老机构，其基本养老服务收费按照广州市城镇最低生活保障标准的 1.5 倍收取。通过特殊保障通道入住的农村"五保"老年人，免费入住公办养老机构，其供养费用由同级财政部门保障。[②] 对残障老人群体则建立困难残疾人专项补助金、重度残疾人护理补贴的增长机制，探索建立残疾人综合津贴制度。确保困难残疾人纳入社会救助体系，优先纳入保障房、廉租

---

① 《广州老年人优待办法将取消部分优待户籍限制》，http：//news. 163. com/11/1011/09/7G2V1FFO0001124J. html。

② 《广州公办养老院限价标准下月上涨》，http：//news. ifeng. com/a/20140813/41550070_0. shtml。

房和农村危房改造的范围，以及为 80 岁以上高龄老人免费安装平安钟等等①。

三 广州老年福利事业发展的特点与面临挑战

广州市的老年福利事业形成了以法律为基石、普惠为出发点、公共财力为支撑、均衡化为目标、多方主体联动发展为推动力、持续照料为形式的发展特点（张凡，2011）。下文在总结广州老年福利事业发展的特点及成绩的基础上，主要分析未来面临的挑战。

（一）广州老年福利事业发展的特点

1. 社区居家养老服务普惠化

为缓解养老机构不足和社会对养老服务需求多样化的矛盾，广州市于 2005 年开始推行社区居家养老服务。目前，全市各条街道都设立了社区居家养老服务部，组建了服务队伍，为辖区内所有有需求的老年人提供日常生活照顾、精神慰藉、心理辅导、康复护理、医护保健、紧急救助等服务，同时政府对"三无"孤老、特困、残疾等特殊困难老人，老年烈属、残疾军人等优抚对象，独居老人等老年人实行政府购买服务。经过近十年发展，初步形成了政府主导、多元参与、服务多样的社区居家养老服务格局，逐步建立了覆盖城乡的居家养老服务网络，为居家老人提供了多样化的养老服务。目前，全市共建有 153 个家庭综合服务中心、146 个居家养老服务部、1460 个社区星光老年之家、1113 个农村老年人活动站点、24 个居家养老服务示范中心、120 个日间托老服务机构，32 所粗具规模的老年大学。坚持

---

① 《广州将探索建立残疾人综合津贴制度将各种救济"打包"》，http：//gz. bendibao. com/life/2014826/168293. shtml。

政府保障基本，由政府出资为1.3万"三无"老人、低保低收入困难家庭老人等6类对象和社会化管理特殊人员购买社区居家养老服务。免费为3.5万户80周岁以上老年人安装"平安通"紧急呼援服务系统，累计处理紧急呼援等服务3.37万宗。通过发挥社会力量，将家庭综合服务中心等居家养老服务设施委托专业机构运营，有效激发了运营活力，为居家老年人提供生活照料、家政服务、餐饮配送、文化教育、文体康乐、康复保健、心理慰藉、信息支援、紧急援助等养老服务。①

2. 养老服务产业化

2012年广州率先成立全国首家致力于养老产业发展的民间组织——广东省养老服务产业促进会，迈开广州养老产业化发展的新步伐。② 2014年广州市又将率先为养老服务产业制定标准，日前专门成立了养老服务产业专家委员会，对养老服务产业的重大决策提供政策咨询、理论指导和技术支持；开展跟踪研究和接受委托参与或组织对项目发展规划并进行研究和论证；还将围绕老年人要求解决的焦点问题，开展咨询服务活动，提出切实可行的解决方法。与此同时，还将在全国率先加强养老服务产业的标准化建设，规范养老服务产业市场，制定行业公约，建立产业市场监督机制，制定诚信企业、产品评定机制等。③ 广州医科大学卫生职业技术学院在2014年首次开设中职"老年人服务与管理"专业，专业课程设置将涵盖老年护理、老年康复、老年医学和老年社会工作四大板块，涉及教授养老机构经营与管理、老年护理学、老年病学、老年社会工作、老年心理学等核心课程。

---

① 《广州：推进社区居家养老服务工作》，http：//gongyi. china. com. cn/2014 – 11/15/content_7371680. htm。

② 《广东成立全国首家养老产业民间组织》，http：//society. people. com. cn/n/2012/0812/c1008 – 18724263. html。

③ 《广州将率先为养老服务产业制定标准》，http：//www. cncaprc. gov. cn/chanye/50926. jhtml。

毕业生可在各类养老、托老机构、社区服务中心、镇街居家养老服务部、NGO 组织和老年大学等从事老年服务与管理工作。若干年后可成为各级养老机构主管人员、养老行业高级技师、养老行业策划与组织人员、社会工作组织主管与负责人，或自己创办老年服务机构。[①]

3. 老年福利电子化

2009 年广州市首发老年人社会保障卡，该卡集成社保卡与老年人优待卡的全部功能，实现就医、乘车、消费、享受优待"一卡通"[②]，既方便老年人出行，也有利于实现提升政府工作电子化程度。

4. 老龄事业国际化

广州市凭借与港澳相邻的区位优势，通过《老年人优待办法》启动城乡居民高龄老人政府津贴制度试点工作，吸引港澳投资者在珠三角地区兴办养老机构和残疾人福利机构，积极推动老年事业国际化。[③] 2010 年广州友好老年公寓在这方面做出有益探索，它总结外国养老院的成功经验和失败教训，创立全国第一家"开放式"养老院。公寓设立社工公关部，专门负责公寓的对外公共关系；成立实践基地，定期在公寓举行活动；成立老年大学，开设舞蹈班、歌咏班、诗画班等；发挥老年人余热，邀请身体健康、热心公益、工作经验丰富、文化水平较高的老人去大中小学幼儿园讲学。与国际接轨、同时结合本地区经济社会发展实际的运行管理机制，为其赢得"养老服务放心机构十佳单位"、"全国爱心护理工程示范单位"等一系列称号和殊荣。[④]

[①] 《广州：首开"老年人服务与管理"专业》，http：//www.cncaprc.gov.cn/difang/49537.jhtml。

[②] 《看病坐车消费一卡全搞定广州老年人社保卡昨日首发》，http：//www.cncaprc.gov.cn/jjyl/2049.jhtml。

[③] 《广东将出台老年人优待办法吸引港澳投资福利机构》，http：//www.cncaprc.gov.cn/chanye/1225.jhtml。

[④] 《穗全国首家"开放式"养老院让老人活得有尊严》，http：//www.cncaprc.gov.cn/jjyl/7820.jhtml。

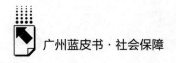
（二）广州老年福利事业发展面临的主要挑战

一方面，对照"十二五"规划提出的目标任务，广州老龄福利事业发展面临巨大挑战。另一方面，对比香港等老年社会福利发达地区的实践，广州老年社会福利服务存在的问题与差距则更加明显。香港的老年社会福利体系主要由养老保险、老年社会救助及老年福利组成，其中老年福利体系具体包括长者社区支援服务、安老院舍服务和长者医疗与健康服务（刘祖云、田北海，2008）。香港老年服务提供模式具有普惠范围广、专业程度高、志愿性强的特点，福利经费来源多元且比例较为均衡，并能充分调动与整合各类老龄福利资源以提升整体服务效益。相比之下，广州市老年福利事业主要存在以下问题。

1. 老年福利资金来源单一

广州老年福利资金主要由政府财政拨款，集体投入、发行福利彩票等方式筹集股票。而社会福利社会化还应该通过投资主体的多元化来筹集更多的老年人社会福利所需的资金，社会福利的供给如果能够及时、有效的满足老年人日益增长的社会福利需求，那么可以减轻劳动年龄人口的养老压力。

正在确定中的新型福利制度的经费来源主要包括：政府财政拨款，集体投入、发行福利彩票、社会捐献、服务收费。多元化的资金筹集方式愈显突出，其中，社会组织和个人将在投资中扮演着越来越重要的角色。

2. 为老服务资源缺乏优化整合，为老服务体系尚未形成

近年来，广州市政府在为老服务方面投入了不少人力、物力和财力，也建成了一批敬老楼（院）、"星光老年之家"、老人活动中心等社区服务设施设备，为养老服务提供了一定的条件。但对这些养老服务设施的管理，行政色彩很浓，况且部门与部门之间缺乏沟通和合作，没有基本的评估标准和有效的监督管理机制。实际上现

在开设的老龄社区服务项目并不少，但是这些服务项目缺乏有机整合和统一管理，养老公共服务资源的整合达不到边际效益最大化，达不到专业要求，一定程度上忽视对老年人的心理健康的重视。[①]就目前来看，普遍存在对老年人的心理健康的重要性认识不足、老年心理咨询工作发展缓慢的问题。并且由于社区居家养老模式不成熟，"9064"（90%的老年人在社会保障体系和服务体系支持下通过家庭照顾养老，6%左右的老人由社区提供日间照料和托老服务，4%的老人入住养老机构）的养老体系尚未完成，更全面的为老服务实施乏力。

3. 老年福利城乡差异较大

目前广州市公办老年福利机构主要向具有广州市户籍的城镇老年人倾斜，未能覆盖农村及非户籍老龄人口。例如，于2014年1月20日起正式施行《广州市公办养老机构入住评估轮候试行办法》（以下简称《试行办法》）面向符合《试行办法》的60周岁及以上、具有本市户籍、无暴力倾向且精神状况稳定、无传染性疾病并且自愿入住的老年人实现床位在线申请。目前可以申请轮候入住的是广州市的公办养老机构，包括正在运营的广州市老人院、越秀区东山福利院、海珠区社会福利院、荔湾区荔湾颐乐园、白云区社会福利服务中心、黄埔区福利院、花都区养老院、番禺区社会福利院、从化市敬老院和增城市颐养院；也可以提前轮候正在建设的公办养老机构，包括广州市第二老人院、海珠区老年公寓、天河区第一老人院、南沙区老人院、萝岗区福利院和增城市养老院。而农村敬老院和民办养老机构未被纳入轮候范围。[②]

---

① 《广州市养老服务工作情况汇报》，http：//wenku.baidu.com/view/b9ca07dcce2f0066 f53322c9. html。
② 《广州公办养老机构将试行评估轮候入住》，http：//news.163.com/14/0113/18/ 9IG7EG8J00014JB6.html。

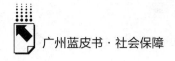

四　广州老年福利的政策建议

在新的历史条件下，广州老年福利事业应当因地制宜，兼收并蓄，在吸收和学习其他各地实践经验的同时，发展具有羊城特色的老年社会福利事业。

首先，发展老年社会福利事业应以政府为主导。我国《宪法》和《老年人权益保障法》规定，我国老年社会福利事业的主体责任者是国家。广州市政府应根据经济发展水平，不断增加对社会福利事业的资金投入和政策扶持，不断提高老年社会福利事业的发展水平，建立起一种适度普惠的、以满足整个老年群体中需要社会帮助的老年人需求的福利服务体系。

其次，发展老年社会福利事业应统筹多方力量。考虑到广州市经济社会发展实际，今后一个时期，广州市老年社会福利事业仍然面临较大程度的供需不平衡现象，政府力量独木难支，必须建立起一个以家庭自我服务为基础、以老年社区福利服务为依托、以政府兴办的社会福利机构为补充的社会化老年福利服务体系。

最后，老年社会福利服务体系应该由多性质、多种类、多层次的服务网络组成，在保障公益性的同时稳妥推进养老产业。走一条以非营利公益性服务为主体，商业性盈利服务和纯福利性质服务为补充的专业性社会福利事业发展道路。

为突破广州市老年福利面临的困境，实现老龄人口"老有所住、老有所养、老有所医、老有所为、老有所乐"，推动老龄事业的进一步发展，在政策层面上笔者提出以下建议。

第一，塑造老年福利政策的社会价值共识，体现政策设计的前瞻性。将老年福利视为公民的基本权利，有利于从战略的视角看待老龄化与老龄人口问题，通过社会价值共识的引导，积极引领老年福利发展方向，实现整个经济社会总体发展目标。要求各级政府要高度重视老龄问题，加强老龄工作。坚持老龄服务工作科学化方向和本土化原则，坚持政府、社会、民间有机结合的原则，坚持政府主导、政策扶持、多方参与、统筹规划，完善老年社会政策法规，树立尊老敬老、为老服务的社会价值导向。

第二，转变老年福利政策导向，还原老年福利的公共性与社会性。同时，新时期的老年福利政策应以普惠、均衡为目标，体现老年福利的优待性、公共性与社会性。要实现短期目标与中远期战略的整合，切忌只注重眼前的诉求，而忽视老年福利的完整性、持续性、发展性的特点。并从公共的、社会的角度理解老年福利，超越基本养老保障的物质层次。大力发展老年心理卫生咨询服务，主要包括健康咨询、心理咨询等。还可以定期举行专题讲座，提高老年人对自身心理的认识，普及科学的日常保健知识和对常见疾病的家庭护理，提高老年人健康水平。[①]

第三，分步推进老年福利发展进程，有计划、有步骤地落实扩大老年福利覆盖面、扩大老年福利资金来源。在公共财力允许的范围内，逐步增加社会福利事业经费占财政支出的比例；积极宣传福利彩票事业，加大福彩基金收益对老年福利的支持作用；营造良好的养老助老的氛围，通过多种形式的社会募捐方式筹集资金，适当地加大对慈善捐赠的税收优惠力度，鼓励和吸引企业、社会组织以及个人捐助资金助力养老慈善事业发展。

第四，完善老龄事业相关配套政策，实现老年福利政策体系完整性。一方面完善老年福利部门的专业化发展机制，积极开展各项为老服务试点工作，形成现代老年福利制度的核心体系。另一方面充分整

---

① 黄婉兰：《广州市区老年人生活需求及社区养老服务的调查分析》，http：//www. doc88. com/p－245652587579. html。

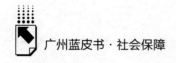

合民政、发改委、卫生、人保、残联等相关部门，共享资源、协同合作，建立现代老年福利制度的共担体系。

参考文献

Macnicol J: The New Generational ContractIntergenerational Relations, Old Age and Welfare, Social Policy& Administration, 2000 (34), 136 – 137.

庇古：《福利经济学》，金镝译，华夏出版社，2007。

陈银娥：《社会福利》，中国人民大学出版社，2004。

段秋关、王立民：《中国法制史》，北京大学出版社，2005。

甘凤梅：《老年福利制度研究》，厦门大学硕士学位论文，2008。

高成、付广云：《我国老年福利机构现状分析与对策》，《中国城市经济》2010 第 9 期。

高雨芹：《港台与内地老年福利津贴经济保障对比》，《前沿》2010 年第 15 期。

郭瑜：《中西交融文化下的香港老年社会福利述评》，《华东师范大学学报》2012 年第 1 期。

胡玉洁：《老年福利制度国际比较及对我国城市老年福利制度的启示》，西北大学硕士学位论文，2007。

胡湛、彭希哲：《发展型福利模式下的中国养老制度安排》，《公共管理学报》2012 年第 3 期。

景跃军、李元：《中国失能老年人构成及长期护理需求分析》，《人口学刊》2014 年第 2 期。

瞿同组：《中国法律与中国社会》，中华书局，2006。

柯林·吉列恩等：《全球养老保障：改革与发展》，中国劳动社会保障出版社，2002。

李银河：《生育与村落文化》，内蒙古大学出版社，2009。

刘静林：《西方老年福利制度及我国的思考》，《求索》2005 年第 5 期。

刘同昌：《人口老龄化的政策替代与社会支持研究》，《中共青岛行政学院学报》2007 年第 5 期。

聂建明：《公共政策视角下的中国养老地产研究》，中国社会科学院博士论文，2014。

刘燕、阮凯：《西方社会学视野下老年福利思想评述》，《华东理工大学学报》2011 年第 6 期。

刘袁平：《日韩老年福利比较及其启示》，《日本研究》2006 年第 1 期。

刘祖云、田北海：《老年社会福利的香港模式解析》，《社会》2008 年第 1 期。

彭华民：《老人福利》，南开大学，2002。

朴光俊：《东亚地区社会保障比较研究的意义和课题：有关养老保险的问题》，《社会保障研究》，2005。

陶立群：《中国老年人社会福利》，中国社会出版社，2002。

田凯：《关于社会福利的定义及其与社会保障的关系再思考》，《上海社会科学学院学术季刊》2001 年第 1 期。

王建云：《境外老年福利制度和经验的启示》，《领导科学论坛》2014 年第 16 期。

王莉莉：《中国城市地区机构养老服务业发展分析》，《人口学刊》2014 年第 4 期。

王振耀：《建立与中等经济发展水平相适应的社会福利制度》，《社会福利》2009 年第 2 期。

王子今、刘悦斌、常宗虎：《中国社会福利史》，中国社会出版社，2002。

杨志超：《老年福利制度的立法借鉴与思考》，《北京市工会干部学院学报》2012 年第 1 期。

张凡：《现代老年福利制度的特点与发展路径》，《社会福利》2011 年第 3 期。

郑功成：《社会保障研究》，中国劳动社会保障出版社，2009。

朱凤华：《老年福利机构的医务管理》，《社会福利》2004 年第 11 期。

B.11

广州老年人口健康、保障和参与：
基于积极老龄化的视角

林文亿　韩　琳*

摘　要：　基于积极老龄化分析框架，本文探析广州市老年人年
龄结构、健康状况、社会保障、社会参与、社团参与
状况，继而分析实现积极老龄化目标的四大方面影响
因素。本文最后给出了相关保障措施和政策建议。

关键词：　老龄化　积极老龄化　广州市

一　引言

根据 2010 年第六次全国人口普查数据计算，广州市 65 岁及以上户籍人口占总户籍人口数的比例为 10.01%，65 岁及以上常住人口占总常住人口的比例为 6.67%。根据国际通用的人口老龄化标准定义，广州市户籍人口结构已经处于老龄化阶段，但是常住人口结构还未达到老龄化阶段，这在一定程度上说明广州市外来人口有效地缓解了广州市老龄化社会的到来。

本文主要通过广州市第六次人口普查数据、相关政府部门公布的

---

　　*　林文亿，博士，暨南大学公共管理/应急管理学院讲师，主要研究方向为社会保障和社会工作；韩琳，博士研究生，香港城市大学公共政策学系，主要研究方向为社会管理。

统计数据和中国健康与养老追踪调查（China Health and Retirement Longitudinal Study，CHARLS）[①] 数据库中广州市数据，对广州市老年人口积极老龄化状况进行分析。

二 积极老龄化框架

积极老龄化是以联合国提出的"独立、参与、尊重、照料和自我实现"原则为基础的一个政策框架，强调老年人利用自身优势积极参与社会活动，在提升自我价值的同时创造社会价值。1999 年，世界卫生组织在《积极老龄化：政策框架》中将"积极老龄化"概括为"健康"和"保障"与"参与"三个维度。

近 20 年来，我国国家层面上颁布了上百部老龄法律、法规、规章及有关政策（见表 1），政策内容涉及的老年人群体从最初的离退休老干部为主体，随后扩展到科技工作人员，到最后覆盖到全体老年人[②]。"五个所有（老有所养、老有所医、老有所为、老有所学、老有所乐）"和"六个所有（老有所养、老有所医、老有所教、老有所学、老有所乐、老有所为）"的提出显示了国家和社会对老年人群体的高度重视。"老有所养"目标实现的关键是完善老年人生活保障与福利制度；"老有所医"需要通过改善老年人医疗保障制度来实现；"老有所学"和"老有所教"的实现是有赖于老年人教育的发展；"老有所为"不仅仅是政府、社会对老年人权利的保护，也是老年人应尽的义务；"老有所乐"的实现需要政府和社会组织开展各种适合老年人需求的文体活动和提供各种设施和场地。由此可见，"六个所有"是中国积极老龄化政策的具体体现。

---

① 感谢北京大学国家发展研究院为该研究提供数据支持。
② 李宗华：《近 30 年来关于老年人社会参与研究的综述》，《东岳论丛》2009 年 8 期。

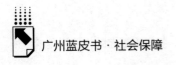

表1　中国部分积极老龄化政策（1982～2013年）

年份	政策	年份	政策
1982	《中共中央关于建立老干部的退休制度的决定》	2006	《中国老龄事业发展"十一五"规划》
1986	《支持离退休专业技术人员继续发挥作用》	2006	《中国老龄事业的发展》（白皮书）
1994	《中国老龄工作七年发展纲要（1994～2000年）》，首次提出"五个所有"老龄工作目标	2006	《关于加快老年服务产业发展的意见》
1996	《中华人民共和国老年人权益保障法》	2007	《国家教育事业"十一五"规划纲要》
2000	《中共中央国务院关于加强老龄工作的决定》	2011	《中国老龄事业发展"十二五"规划》
2001	《关于做好老年教育工作的通知》	2013	新《中华人民共和国老年人权益保障法》
2003	《关于加强维护老年人合法权益工作的意见》		

三　广州市老年人积极老龄化状况

（一）广州市老年人年龄结构和健康状况

1. 年龄结构

根据世界卫生组织（WHO）对老年期的年龄划分标准，60～74岁为年轻老年人（the young old），75～89岁为老老年人（the old old），90岁以上为非常老的老年人（the very old）或长寿老年人（the longerous）。根据广州市2010年人口普查长表资料数据计算，广州市老年人口中，这三个年龄段的老年人口占60岁及以上人口的比

220

例分别为72%、27%和1%（见图1）。由此可以看出，绝大多数老年人都属于年轻老人，这对老年人口人力资源开发和积极老龄化目标的实现都是非常有利的。

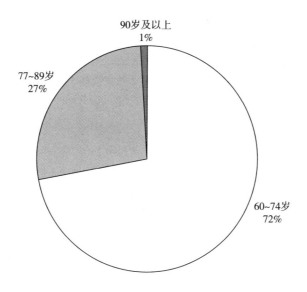

图1 2010年广州市老年人口年龄结构

资料来源：根据广州市2010年人口普查长表数据资料计算而得。

2. 健康状况

广州市2010年人口普查长表资料统计数据显示，60岁及以上老年人口中认为自己身体状况为"健康"或"基本健康"的比重为92.48%，"不健康，但生活能自理"的为5.73%，"生活不能自理"的为1.78%。总体而言，广州市老年人口身体状况较好，生活不能自理的比例低。另外，老年人口身体状况存在一定程度的性别差异，女性老年人口生活能自理和不能自理的比重都高过男性老年人口（见表2），从这一角度来看，政府部门在制定老龄政策时要对性别差异进行考量。

表2　2010年广州市老年人口健康状况

单位：%

类别	总体	男	女
健康或基本健康	92.48	44.14	48.35
不健康,但生活能自理	5.73	2.34	3.39
生活不能自理	1.78	0.73	1.05

资料来源：根据广州市2010年人口普查长表数据资料计算而得。

（二）广州市老年人社会保障状况

广州市委市政府这几年全面推进养老保险、医疗保险工作，完善社区卫生服务体系，实现养老保险和医疗保险全覆盖，大力推进了"老有所养"和"老有所医"目标的实现。根据《2013年广州市老年人口和老龄事业数据手册》公布的数据，广州市60岁及以上老年人领取城镇企业职工基本养老金和城乡居民养老金的人数分别已达到47.12万和40.77万；60岁及以上老年人中有66.02万参加了城镇企业职工医疗保险，15.53万参加了城镇居民医疗保险。

根据2010年人口普查数据资料显示，广州市60岁及以上人口中有62%的老年人主要依靠离退休金、养老金生活，26%的老年人依靠家庭其他成员供养（见图2）。数据结果反映出广州市老年人在经济上主要是以自我保障为主。

广州市积极推进老年人社区服务建设，建立了社区养老机构、社区家政服务机构、社区老年医疗保健机构、社区老年活动中心、社区老年学校、社区居家养老服务中心（站）以及社区老年健康和法律咨询中心（站）等，为老年人提供了多样化和多层次的社区养老服务。根据《2013年广州市老年人口和老龄事业数据手册》显示，广州市共建立了370个老年教育机构，为6.06万老年学员提供了学习

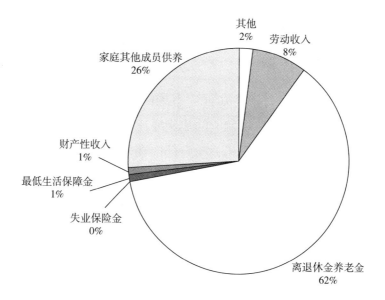

其他
2%
劳动收入
8%
家庭其他成员供养
26%
财产性收入
1%
最低生活保障金
1%
失业保险金
0%
离退休金养老金
62%

图 2　广州市老年人主要生活来源

资料来源：根据广州市 2010 年人口普查长表数据资料计算而得。

机会；全市建有 1944 个老年活动室、1105 个老年协会、1893 个老年文体团队和 51 个体育协会。这些老年机构为广州老年人提供了多层次和多样化的服务，有助于提升老年人社会参与的能力，为老年人的社会参与创造了有利条件。

（三）广州市老年人社会参与状况

积极老龄化的政策框架强调老年人的参与，意指老年人继续参与社会、经济、政治、文化等方面的活动，为社会提供有偿或无偿的服务。[1]

---

[1]　宋全成、崔瑞宁：《人口高速老龄化的理论应对——从健康老龄化到积极老龄化》，《山东社会科学》2013 年第 4 期。

1. 老年人就业状况

根据 2010 年人口普查数据资料，广州市 60 岁及以上老年人口中有 10130 人就业，占 60 岁及以上人口的比重仅为 8.52%，其中，年轻老年人（60~74 岁）中还在就业市场的比重为 8.18%（见图 3）。可见目前广州市老年人口再就业的比例还比较低。老年人就业状况的数据所引致的政策启示在于相关政府部门在制定第二次人口红利政策时需要重点考虑充分开发老年人口人力资源，为老年人切实提供再就业培训和就业渠道。

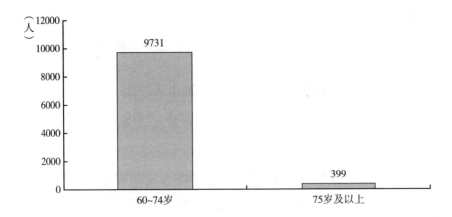

图 3　广州市老年人就业状况

资料来源：根据广州市 2010 年人口普查长表数据资料计算而得。

老年人口受教育程度普遍较低，这是制约老年人再就业的客观因素。2010 年广州市人口普查资料显示，50 岁[①]及以上人口中接受过高等教育（大学专科及以上）的比重仅为 10% 左右，而小学及以下教育程度的比例为 37%（见图 4）。一些老年人有参与工作、就业的需求，但是由于个人不具备劳动力市场所需要的技能和专长而不能实现再就业，这就是个体参与需求、参与能力与劳动力市场对人才需求之间的不协调。

---

① 根据《广州市 2010 年人口普查资料》，只提供了 50 岁及以上人口的受教育程度。

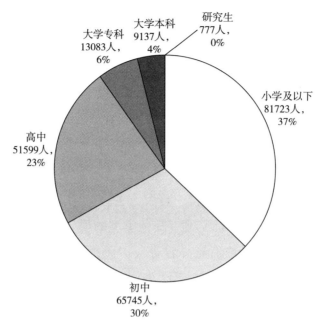

研究生
777人，
0%

大学本科
9137人，
4%

大学专科
13083人，
6%

小学及以下
81723人，
37%

高中
51599人，
23%

初中
65745人，
30%

图4 广州市50岁及以上人口受教育程度

资料来源：根据广州市2010年人口普查长表数据资
料计算而得。

2.老年人社交、休闲娱乐活动、志愿活动和社团组织参与

目前，广州市还没有建立老年人社交、休闲娱乐活动、志愿活动
和社团组织参与的数据库，尚欠缺这一领域的全面数据。本文通过分
析2011年CHARLS数据库中的广州市数据，探讨广州老年人在社区中
的社交、休闲娱乐活动、志愿活动和社团组织参与情况。CHARLS调
查由北京大学国家发展研究院实施，主要收集年龄在45岁以上的中国
城乡居民家庭生活和社区情况的数据。该调查采用多阶段抽样方法，
在县/区和村居抽样阶段均采取PPS抽样方法。2011年的调查覆盖全国
150个县级单位，450个村级单位，约1万户家庭中的1.7万人[1]。本

---

① 北京大学国家发展研究院，2013，"中国健康与养老追踪调查（CHARLS）"项目，http：//
charls. ccer. edu. cn/zh – CN/page/about/CHARLS。

文选取 CHARLS 数据库中广州市 5 个社区中年龄为 60 岁及以上的 92 个样本进行分析。

在 CHARLS 问卷中与社会、社区参与相关的问题是"您过去一个月是否进行了下列活动?"共有 12 个选项供调查对象选择。而这 12 个选项中"炒股"和"上网"这两项活动与社区参与的关联性不大,在本文中剔除了这两个选项,对"其他"和"以上均没有"选项也不进行分析,对剩下的 8 个选项内容"上学或者参加培训课程"、"串门、跟朋友交往"、"打麻将、下棋、打牌、去社区活动室"、"进行太极拳、跳舞等群体性运动、社交或者其他类型的俱乐部"、"参加社团组织活动"、"志愿者活动或者慈善活动"、"无偿照顾与您不住在一起的病人或残疾人"及"无偿向与您不住在一起的亲人、朋友或者邻居提供帮助"进行统计。从统计结果可以看出,老年人参与社交活动(如串门、跟朋友交往)和休闲娱乐活动(如打麻将、下棋、打牌、去社区活动室,去公园或者其他场所跳舞、健身、练气功等)的比例较高,分别为 64.1% 和 31.5%,但他们参与邻里互助、志愿或慈善活动及社团组织活动的比例却很低(见表3)。这反映出目前老年人社区参与层次还不高,主要是一些休闲娱乐活动的参与,参与社区公共事务、志愿活动和社区组织的比例还很低。在 5 个调查社区中,只有 1 个社区有协助老弱病残的组织,2 个社区建立了老年人协会,可见社区参与条件的缺乏是影响老年人社区参与的客观因素。

表3　广州市老年人休闲娱乐活动、志愿活动和社团组织参与 （n=92）

项目	人数(人)	比例(%)
串门、跟朋友交往	59	64.1
打麻将、下棋、打牌、去社区活动室	13	14.1
无偿向不住在一起的亲人、朋友或者邻居提供帮助	2	2.2
去公园或者其他场所跳舞、健身、练气功等	16	17.4

续表

项目	人数（人）	比例（%）
参加社团组织活动	0	0
志愿者活动或者慈善活动	1	1.1
无偿照顾不住在一起的病人或残疾人	0	0
上学或者参加培训课程	0	0

四 实现积极老龄化目标的影响因素

根据积极老龄化的政策框架，健康、保障和参与三者是相互作用、相互影响的，并且积极老龄化的最终目标是为了实现参与。影响老年人社会（区）参与的潜在因素可概括为老年人个人、家庭、宏观环境和政策法规这四个层面[①]。老年人个体和社会经济地位（包括健康状况、专业技能、受教育程度和经济状况等）、老年人家庭状况（如是否需要照料家庭事务）、宏观环境（如社会积极老龄化意识、社区环境、社区服务供给安排等）以及政策法规（如老龄政策、养老保障政策等）都会对老年人的社会（区）参与有积极或消极的影响。

广州市老年人社会参与的一个基本特征是"老年精英"参与，这和全国的情况一致。健康状况较好、有专业技能、受教育程度较高和经济状况较好的老年人社会参与程度较高。而老年人的社会参与可扩大其社会网络，增强其社会资本，使其保持良好的精神状态，减缓其身体衰弱的速度。反之，身体状况较差和社会经济地位较低的老年人社会参与的能力和意愿相对较弱，这部分老年人难以通过社会参与表达其需求，而且因长期疏远社会群体对其身体健康也会有不利影响。

---

① 邬沧萍、杜鹏编《老龄社会与和谐社会》，中国人口出版社，2013。

其次，老年人参与家庭事务的程度，如照顾孙辈和家庭中更年长的成员、帮子女做家务等，会挤占其参与其他社会事务的时间。关于老年人家庭事务参与是否属于社会参与的一种类型目前还尚存争议，但是不可否认的是老年人参与家庭事务是可以转化为社会贡献值的。如果政策制定上不认可家庭事务参与也是一种社会参与，就是一种对家务劳动排斥的体现，也是对家庭内部生产劳动的忽视①，而这种政策导向也会造成社会对老年人价值的评价有偏颇，这样会影响到老年人的社会地位，也会影响到老年人对自身的认同程度。

再次，宏观社会环境中社会公众积极老龄化意识的提升和年龄歧视的消除对老年人的社会参与也有促进作用。在就业市场中，目前大多数人对老年人有刻板印象，把老年人视作被关怀、被照顾的对象，老年人再就业很多时候被认为是老年人经济状况不佳而需要在就业市场上跟年轻人竞争的表现，因此老年人再就业行为经常被贴上"老年贫困"的标签。这种年龄歧视的观念还普遍存在，是限制老年人再就业的一个社会原因。

社区环境如社区公共设施和活动场所的多寡也是影响老年人社会参与的因素。而社区公共设施和活动场所的数量在一定程度上反映出社区经济状况水平和服务供给能力，这也反映出老年人的社区参与状况与社区经济和环境密切相关。

有一个值得注意的现象是，广州市老年流动人口规模庞大，人户分离的居住模式会影响其社会参与程度。一方面，户口在居住地社区的老年人对社区的归属感较强，可能更有意愿参与社区活动。另一方面，目前一些社区服务是根据居民户口状况进行供给的，如果老年人的户口不在居住地社区，则不能获得居住地社区提供的服务，而这种服务供给安排可能一定程度上影响老年人对社区的归属感和融入感，

---

① 裴晓梅：《从"疏离"到"参与"：老年人与社会发展关系探讨》，《学海》2004年第1期。

不利于提升老年人的社区参与程度。

此外，目前一些资源充足的社区出现老年人社区活动参与程度低的原因之一是"单位制惯习"的影响。一部分老年人以前的工作单位也为其提供社会参与机会，而这部分老年人更倾向于参加单位的活动项目，所以参与社区活动的程度就相对下降了。这在一定程度上反映出"单位制惯习"对老年人的社区参与会产生一定的影响。

最后，老年人优待优惠政策（如公交优惠、景点门票减免等）和老年人社会保障程度也会影响其社会参与程度。优待优惠政策不仅能降低老年人社会参与的经济成本，还体现出一种社会尊老敬老的精神，能增强老年人参与社会和贡献社会的意愿。而老年人的社会保障主要体现为经济保障和医疗保障，保障水平的提高可以很大程度上消除老年人的后顾之忧，促进其参与社会事务。

五　结论和相关建议

政府在倡导积极老龄化理念、制定和实施积极老龄化政策时要注意融入健康、保障和参与的元素。

第一，政府和社会组织要关注老年人健康，强化医疗卫生保健服务。各级卫生机构要为老年人设立健康档案，开展老年人病种专门研究，分析影响老年人健康的主要因素，综合掌握老年群体疾病类型，并针对各类老年人开展健康专项行动。在社区内设置体检设备，方便老年人了解自身身体状况的各项指标，预防各种疾病。此外，社区内组织要关注老年人心理健康，建立老年人心理疏导机制，帮助老年人保持心理健康。

第二，政府要出台反年龄歧视政策或法规，并制定保护老年人劳动权利的再就业法，以立法形式保护退休人员再就业所取得的合法收入。政府部门要为老年人再就业提供支持和保障措施，如为再就业老年人提供工伤保险、制定老年人再就业环境标准规范等。政府部门可引导社会组织创设示范性的老年人就业组织、项目和岗位等。此外，政府人力资源和社会保障部门要为老年人再就业提供职业培训计划，为其提供职业技能培训和就业指导，满足老年人再就业的需求。

第三，制定老年人社会参与激励机制。政府和社会组织要为老年人的社会参与给予个人社会荣誉激励及适当的经济回报，并将这种激励机制制度化。

第四，着力发展社区老年教育，提升老年人口素质。目前老年人口的受教育程度不高，限制了有意愿进入劳动力市场的老年人获得再就业的机会。目前老年教育状况一方面存在发展不平衡的现象，另一方面接受老年教育的老年人所占比例较少，多数老年人没有得到应有的受教育的权利，这是制定老年社区教育计划时需要考虑的重要方面。

第五，大力开发老年就业岗位，拓展老年再就业空间。政府相关部门要建立老年人力资源信息库，全面掌握老年人口的基本信息，为人力资源开发奠定基础；要定期评估老年人就业需求，了解老年人参与社会工作的动机和角色期待，为老年人就业项目设计奠定基础；要制定老年人力资源配置计划，根据老年人的就业意愿，结合经济社会发展的需要，合理配置老年人力资源。

第六，适应延退趋势，延长老年人口红利期。基于广州市大多数老年人身体状况良好的考虑，政府应根据目前的人口结构特征和就业市场需求，响应全国延迟退休年龄的趋势，适当延长工作年龄。可借鉴国外的一些先进经验，如采用渐进式方式提高退休年龄、实行弹性退休制、由个人自主决定退休年龄但规定领取养老金的最小年龄和养老金缴费的最低年限、制定延迟退休的激励政策等，并在此基础上提高目前的劳动和社会保障水平。

参考文献

广州市统计局、广州市人口普查办公室：《广州市 2010 年人口普查资料》，中国统计出版社，2012。

广州市统计局、广州市第六次全国人口普查领导小组办公室：《广州市第六次全国人口普查资料开发应用成果选编》，广东省出版集团花城出版社，2013。

李宗华：《近 30 年来关于老年人社会参与研究的综述》，《东岳论丛》2009 年第 8 期。

裴晓梅：《从"疏离"到"参与"：老年人与社会发展关系探讨》，《学海》2004 年第 1 期。

宋全成、崔瑞宁：《人口高速老龄化的理论应对——从健康老龄化到积极老龄化》，《山东社会科学》2013 年第 4 期。

邬沧萍、杜鹏：《老龄社会与和谐社会》，中国人口出版社，2013。

B.12

老年人与发展：广州基层老年协会的
发展现状及政策建议

朱亚鹏　李斯旸*

摘　要：　为应对社会经济与人口结构的挑战，广州市积极落实
发展型老年福利政策，转变老龄与养老观念，通过推
动基层老年协会规范化建设，促进老年人参与社会发
展与实现自身社会价值。本文报告了广州市基层老年
协会的发展概况，梳理了推进基层老年协会规范化建
设的政策文本与实践做法，指出目前面临的一系列挑
战及可能的政策建议。

关键词：　广州市　老年人　发展　基层老年协会

一　引言

　　人口老龄化是 21 世纪人类经济社会面临的全球性挑战之一。
据 2014 年 10 月广州市老龄工作委员会、广州市民政局、广州市统
计局联合发布的《2013 年广州市老年人口和老龄事业数据手册》

---

　　* 朱亚鹏，中山大学中国公共管理研究中心副主任，中山大学政治与公共事务管理学院教授、
博士生导师，中山大学社会政策与社会保障研究生副所长，《公共行政评论》编辑部主任；
李斯旸，中山大学政治与公共事务管理学院博士研究生。

显示，①截至 2013 年末广州户籍人口总量为 829. 85 万，其中 60 岁及以上老年人口为 133. 04 万，占户籍人口总量的 16. 03%，已初步进入中度老龄化社会。从广州市各区老龄化程度来看，越秀区、海珠区、荔湾区三个老城区的老龄化已超过 20%，其中越秀区、海珠区 60 岁及以上老年人口数量超过 20 万，分别为 24. 07 万和 20. 06 万，荔湾区老年人口数为 15. 89 万。白云区、增城区和番禺区的老年人数均超 10 万。②从性别上看，随着年龄增长，女性老年人所占比例越高：60 ~ 64 岁组女性 70. 57 万，男性 62. 46 万，男女性别比约 88. 52%；但超过 80 岁后男女性别比则降为 77. 51%，90 岁后下降到 48. 61%。③广州"纯老家庭"（独居老人、老夫妇两人共同生活、两代以上老人共同生活以及家庭实际居住成员均在 60 岁以上等情况）数量持续攀升，"纯老家庭"人数已达到 26. 15 万，占老年人口总量的 19. 65%，其中越秀区"纯老家庭"人数最多，为 4. 16 万人，占总数的 16%。④另外，独居老人的数量也持续攀升。2013 年广州市共有独居老人 11. 23 万，花都区和南沙区、增城区三地独居老人数量占全市独居老人总数的 47%。⑤失独老人的数量也有所增加。在提供社会化养老服务方面，广州市民政局相关负责人坦陈，尽管目前广州已初步建立起以居家为基础、社区为依托、机构为支撑的养老服务体系，但目前全市老年人口仍以居家养老为主，与目前广州老龄化的形势并不相适应。①

在我国，老年福利是社会福利制度的重要组成部分。按老年福利的主体与内容可具体分为广义与狭义老年福利。广义老年福利指国家和社会通过社会化福利体系提升老年群体生活质量的一系列服务的社

① 《广州老年人逾 133 万，每百名就有 16 名老人》，《羊城晚报》2014 年 10 月 23 日，http：// news. ycwb. com/2014 – 10/23/content_ 7986311. htm。

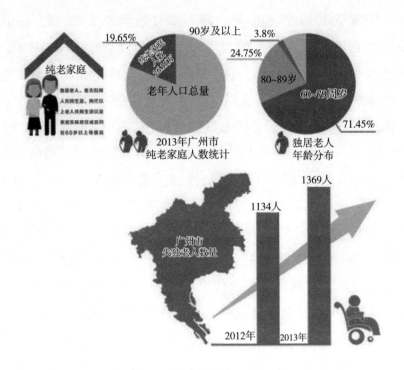

图1　2012～2013年广州市老年人结构状况

资料来源：《广州老年人逾133万，每百名就有16名老人》，《羊城晚报》2014年10月23日。

会政策；狭义老年福利则具体指根据老年人自身特点，由社会化供给的老年人照料服务①。为了保障老年人合法权益，发展老年事业，弘扬中华民族敬老、养老的美德，1996年8月29日由第八届中华人民共和国全国人民代表大会常务委员会第二十一次会议通过《中华人民共和国老年人权益保障法》②，后由中华人民共和国第十一届全国人民代表大会常务委员会第三十次会议于2012年12月

---

① 彭华民：《老年福利》，天津南开大学出版社，2002，第262～276页；转引自周婷婷《我国老年福利研究综述》，《劳动保障世界》2010年第7期。
② 中华人民共和国中央人民政府网站，《中华人民共和国老年人权益保障法》，2015年7月16日，http://www.gov.cn/banshi/2005-08/04/content_20203.htm。

28 日修订，修订后的《中华人民共和国老年人权益保障法》自
2013 年 7 月 1 日起施行①。《中华人民共和国老年人权益保障法》
是维护和保障老年人权益与福利的基本法律基础。在此框架下，
我国社会福利发展制度的选择是一种提倡多元或混合的社会福利
的社会投资、有责任有分工和机制多样化的实践，既区别于西方
福利国家基于高税负的高水平福利制度，也不是完全依靠自我和
个人主义的自由市场国家。因而，建立并完善现代老年福利制度，
要充分认识国家、市场、社会组织与家庭（个人）之间的相互依
赖与责任共担关系②，充分发挥国家、市场、社会组织与家庭在提
供现代老年服务的优势与特长，以实现老年人自身与社会的共同
发展。

二 老年人与发展：理论框架与全球实践

（一）理论框架：老龄观的发展与变革

人口结构既是人类生活的侧面反映也同时对人类生活的方方
面面有着极其深远的影响。正处在进程中的人口老龄化将会改变
社会消费与投资、劳动力市场、医疗、住房、人口流动、政治参
与等，从而在更深的层次上引发经济、社会与政治领域的变化乃
至变革。另外，社会与政治制度对老龄及老龄化的建构与认知，
也与经济、社会、政治、文化等因素紧密相关，并随着经济社会
的发展而改变。例如在 20 世纪前半叶，老年人口被视作完全的依

---

① 中华人民共和国中央人民政府网站，《中华人民共和国老年人权益保障法》，2015 年 7 月
16 日，http://www.gov.cn/flfg/2012-12/28/content_2305570.htm。
② 熊跃根：《新时期社会政策的整体效应与创新社会治理的策略》，《社会工作》2014 年第 10 期。

赖性人口[①]，老年人口在研究中基本等同于依赖者[②]。其原因正如希克斯（Hicks, 1939）所指出的，是因为历史上对人口的关注主要是基于人口在创造财富和战争中的作用，所以年轻人被重视，年老者则被视作负担。而进入 20 世纪下半叶后，随着工业文明与经济社会的发展，消极老龄观思想被逐步破除，渐趋向积极老龄观变革，其间主要经历了以下形态。

1. 成功老龄观

20 世纪 50 年代美国学者在活跃理论的框架下最早提出"成功老龄化"概念。尽管这一概念有助于反驳老年退出论和社会排斥的消极影响，但由于活跃理论本身的局限，这一主张也遭到批评[③]。直到 1987 年约翰和卡恩（John and Kahn）《人的老龄化：普通与成功》一文将"成功"的意涵更多地向没有疾病、身心健康方面扩展后，成功老龄观才在研究中较为广泛地被使用，且主要围绕"身体健康"这个核心指标进行[④]。

2. 健康老龄观

健康老龄观作为对成功老龄观的修正[⑤]，首次出现于 1987 年 5 月召开的世界卫生大会。它着眼于提高老年群体的生命长度和生活质量，最大限度地保障老年人在晚年保持躯体、心理和社会功能的健康状态，将疾病和生活不能自理的时间推迟到生命的最后阶段。基于老龄群体自身需求的健康老龄观是应对老龄化挑战的基本战略之一，但这一概念仍然存在将老年人视为社会的负担而非财富的缺陷，并且忽视了如何促使老龄人口成为社会发展的生产性力量的考量，因而不足

---

① 穆光宗：《我国人口老龄化的发展趋势及其战略应对》，《华中师范大学学报》2011 年第 9 期。
② 陈社英：《积极老龄化与中国：观点与问题透视》，《南方人口》2010 年第 4 期。
③ 陈社英：《积极老龄化与中国：观点与问题透视》，《南方人口》2010 年第 4 期。
④ Depp et al. 2006. 转引自刘文、焦佩《国际视野中的积极老龄化研究》，《中山大学学报》2005 年第 1 期。
⑤ 刘文、焦佩：《国际视野中的积极老龄化研究》，《中山大学学报》2005 年第 1 期。

以成为积极应对老龄化挑战的真正出路①。

3.积极老龄观

1982年罗伯特（Butler，Robert，1982）首次提出"生产性老龄化"概念，指出所谓的老年人缺乏劳动生产率是一个根本不实的概念——在自身健康与社会经济条件有利的条件下，老年人完全有能力参与经济与生产生活。在此基础上，国际社会展开了积极老龄化的一系列探索：1997年西方七国丹佛会议首次提出积极老龄化概念；1999年欧盟召开关于积极老龄化的会议，从理论与实践上探讨了积极老龄化的相关问题；2002年世界卫生组织融合成功老龄观、健康老龄观、生产性老龄观等重要理论内涵，扩展老年人在经济生活之外对于社会、文化、体育与公共事务的公共参与，强调为提高老年人的生活质量而优化其健康、参与及保障的机会。积极老龄观相较于先前老龄观最重大的变革在于从"以老年人需求为基础"即将老年群体认定为依赖者，转变为"以公民权利为基础"即为老年人提供平等机会、责任与发展的权利。在实践中，积极老龄观倡导继续教育与灵活工作时间，对家庭和社区负责，追求自我价值实现等。

（二）全球响应：老年人与发展

国际社会在不断探索积极老龄化的实现机制方面也做出一系列尝试。联合国就老年问题先后通过《维也纳老年问题国际行动计划》、《联合国老年人原则》、《世界老年人宣言》等文件②。2002年世界卫生组织（WHO）公布《积极老龄化：一个政策框架》发展报告。报告针对发展中国家未富先老现象提出"优化其健康、参与以及保障的机会的过程"（WHO，2002）进行应对。同年，第二次世界老龄大

---

① 穆光宗：《老年发展论——21世纪成功老龄化战略的基本框架》，《人口研究》2002年第11期。
② 陈立行、柳中权：《向社会福祉跨越：中国老年社会福祉研究的新视角》，中国人民大学出版社，2007；转引自周婷婷《我国老年福利研究综述》，《劳动保障世界》2010年第7期。

会通过《2002 年马德里老龄问题国际行动计划》，列出三个优先采取行动的方向，其中"老年人与发展"是第一优先方向。具体包括承认老年人在社会、文化、经济和政治方面的贡献，帮助老年人积极参与各级决策进程、参与社会和发展；在成人教育、培训和进修以及就业指导和职业介绍方面终身机会平等，保障老年人获取知识、教育和培训机会的权利①。将促进老年人自身与社会的共同发展作为实现积极老龄化战略的出发点和落脚点，不仅是国际社会的共识也是各国引导各国老年福利服务的行动指南。在此框架下，我国积极推动老年社团、基层老年协会等以老年人为主要群体的社会互助组织的规范化建设，并取得了显著成就。

积极推动老年社团与老年协会发展，既是发展型福利模式的内在要求，又是实现老年人参与社会发展的重要途径。老年社团是以老年群体为主要参与主体，以职业、兴趣、共同的情感诉求等为基础的社会组织；基层老年协会是以街区、村为基础的老年人互助发展组织。目前老年社团与基层老年协会都得到了蓬勃发展，政府工作的基本思路是通过基层老年协会的规范化建设统筹各式各样老年社团的发展与管理。例如，经调研发现 2015 年广州市各区县民政部门老龄服务的重点工作之一是通过推进基层老年协会登记制度带动老年社团等老年人自发互助社会组织的规范化管理。目前我国较大的全国性老年社团有中国老龄产业协会、中国老龄事业发展基金会、中国老年学学会、中国老年大学协会、中国老年人体育协会、中国老摄影家协会以及中国老年保健协会、中国铁路老战士协会、中国老科技工作者协会、中国老教授协会、中国老年法律工作者协会、中国老年保健医学研究会、中国老年书画研究会、中国健康促进基金会老年颐养专项基金等。这

---

① 赖剑鸣：《老龄问题研究论文集（十二）——积极老龄化研究之四——老年人与发展》，2008。

些老年人群团组织在政策推动、养老保障、健康支持、老年维权、群众工作、老年文化教育体育等方面取得突出成绩[1]。基层老年协会作为老年人互助发展组织，是老年人自我管理、自我服务、自我教育、自我发展的重要主体，具有最广大的群众基础，是上情下达、下情上传的重要桥梁，是"积极应对人口老龄化，大力发展老龄服务事业和产业"的重要社会平台[2]。基层老年协会通过老年学校、老年文体团队、老年自管互助小组、老年人才服务、老年医疗救助、老年法律援助等方式，在积极参与社区实践的过程中满足自我情感、价值、教育、社交等发展型精神需求[3]，是实现发展型老年福利的重要途径之一。2014年2月27日，全国老龄办在北京启动基层老年协会建设"乐龄工程"，数据显示，目前全国基层老年协会已达到近48万个，全国69.42%的村、78.23%的城市社区建立了老年协会，在维护老年人权益、开展老年文体活动、老年社会管理以及参与社会公益事业等方面发挥了积极作用[4]。根据《中国老龄事业发展"十二五"规划》要求，到"十二五"末，城乡老年协会覆盖率分别应达到95%和80%[5]。

三 广州市基层老年协会规范化建设的发展现状与取得成就

广州市以贯彻落实《中华人民共和国老年人权益保障法》为核心、以《文化类民办非企业单位登记审查管理暂行办法》等为

---

[1] 全国老龄办宣传部：《积极组织老年人参与社会发展——2011年全国性老年社团重点工作概述》，《中国社会工作》2011年第5期。

[2] 蓝青：《推动基层老年协会健康快速发展》，《中国老年报》2012年3月1日。

[3] 穆光宗：《老年发展论——21世纪成功老龄化战略的基本框架》，《人口研究》2002年第6期。

[4] 《"乐龄工程"启动，我国基层老龄协会已达48万个》，人民网，2014年2月28日，2015年8月30日，http://politics.people.com.cn/n/2014/0228/c1026-24491478.html。

[5] 冯扬：《多措并举，加快推进基层老年协会发展》，《中国社会报》2013年4月19日。

依据，积极推动基层老年协会发展。近年来，随着广州市人口老龄化现状的不断加剧以及政府重视程度的不断提升，广州市政府及相关部门颁布了例如《广州市民政局广州市老龄工作委员会办公室关于加强基层老年协会规范化建设的意见》、《广州市福利彩票公益资助老年文化宣传项目管理办法》、《广州市福利彩票公益金资助广州市老龄工作委员会办公室项目评审办法》（穗老龄办〔2014〕65 号）、《广州市老龄工作委员会办公室关于做好 2015 年优秀老年文艺团体资助申报工作的通知》（穗老龄办〔2015〕3 号）、《广州市福利彩票公益资助示范性基层老年协会项目资金管理办法》等部门文件。一系列为老服务与福利政策为广州市基层老年协会规范化建设搭建有力的制度保障，积极推动广州市基层老年协会规范化建设实践。

（一）广州市基层老年协会规范化建设发展现状

1. 发展概况

据统计，广州市共有 168 个街镇，2613 个社区（村）居委会，基层老年协会已基本覆盖全市各社区（村）居委会①。《2013 年广州市老年人口和老龄事业数据手册》显示，2013 年全市老年学术组织 5 个；全市老年协会 1105 个；老年基金会 6 个；老年人才服务机构 2 个；老年文艺团队 1468 个；老年体育团队 425 个；老年体协 51 个（见表 1）。

以基层老年协会与社团为依托，广州市开展了形式多样的老年文化工作。例如广州市老龄办从 2006 年始就与广州市中老年文化艺术协会共同培育"美在金秋"老年文化品牌，2014 年参与第十一届

---

① 全国老龄工作委员会办公室：《广州市出台关于加强基层老年协会规范化建设的意见》，2015 年 7 月 16 日，http://www.cncaprc.gov.cn/contents/10/69674.html。

表1　2013年广州分地区老年社团数据

单位：个

区市	老年学术组织	老年协会	老年基金会	老年人才服务机构	老年文艺团队	老年体育团队	老年体协
	5	1105	6	2	1468	425	51
越秀区	1	267	1	0	145	37	3
海珠区	1	171	0	0	219	93	17
荔湾区	0	132	0	0	100	23	11
天河区	0	58	0	0	226	64	0
白云区	0	273	2	0	208	48	8
黄埔区	0	29	0	0	101	37	2
花都区	3	40	0	2	303	76	7
番禺区	0	15	0	0	92	30	1
南沙区	0	43	0	0	31	5	2
萝岗区	0	65	0	0	33	9	0
从化市	0	11	3	0	9	1	0
增城市	0	1	0	0	1	2	0

资料来源：《2013年广州市老年人口和老龄事业数据手册》，第91、92页。

"美在金秋"的团队多达299个，参与人数超过5000人，直接传播影响人群超过10万；2014年市老龄办与市广播电台"老友记"老年人节目合作开展电台版"美在金秋"歌唱大赛；2014年市老龄办推荐优秀老年文艺团体参加第四届全国老年艺术节，其中广州老百姓艺术团、广州市公安局离退休警官艺术团舞蹈队在"2014全国舞蹈大赛"中均获金奖，海珠区退管办艺术团获银奖，广州义工联艺术团在中国老年文化艺术节服饰大赛中获得铜奖；2014年6月，市老龄委与广州新闻电台首次合作开办老年人电台节目《老友记》，与原有《广州老龄》工作简报、《情满夕阳》老年人电视节目一并形成广州市老龄事业"电台－刊物－电视"的立体宣传平台；创新改版《情满夕阳》

电视栏目，新增 4 个系列专题宣传节目、老龄事业宣传片；合编印发
《中华人民共和国老年人权益保障法法律知识解答》并赠阅敬老宣传
资料共计 1 万多册、宣传光碟 1000 多张，切实加强《老年法》宣传
工作，传承健康、向上、奋发、有为的积极老龄文化[1]；2015 年 1 月
16 日成立广州市老年人大学艺术团[2]等。

2. 功能与定位

基层老年协会是开展基层老年工作的重要力量，在维护老年人合
法权益、促进老年人参与社会活动方面起着积极的作用。2014 年施
行的《广东省老年人优待办法》指出，应加强基层老年协会建设，
发挥老年协会在维护老年人权益、参与社会公益事务、组织老年人参
与经济社会建设及开展文体活动等方面的作用[3]。为进一步推进基层
老年协会规范化建设工作，使基层老年协会规范化建设有法可依，
2014 年 11 月广州市民政局、广州市老龄工作委员会办公室联合发布
《关于加强基层老年协会规范化建设的意见》（下文简称《意见》）。
《意见》要求，一是理顺基层老年协会的管理体系，明确市老龄委、
市民政局、市老龄办、各区民政局、各街镇、各村委会职责。二是解
决基层老年协会的身份问题。对基层老年协会实行分类管理，引导符
合条件的基层老年协会进行登记注册，纳入规范管理范围；对暂时达
不到登记条件的基层老年协会进行自愿申报管理，加强培育引导，促
进健康发展。三是建立基层老年协会的孵化培育机制。大力支持有条
件的基层老年协会承接政府公共服务和社区公益服务，政府部门购买
社区有关老年服务，优先购买依法登记注册的基层老年协会提供的专

---

① 《中国老年文化艺术节，广州市老年文化创建工作再上新台阶》，2014 年 12 月 24 日，
http：//www.cnlnysj.com/_d276913434.htm。
② 《广州市民政局，市老年中心：举行广州市老年人大学艺术团成立仪式》，2015 年 2 月 3
日，http：//www.gzmz.gov.cn/jsdwxx/201502/2829575.shtml。
③ 《广东省老年人优待办法》，2015 年 8 月 12 日获取，好搜百科，http://baike.haosou.com/
doc/7910020-8184115.html。

业社会工作服务。同时，广州市老龄工作委员会办公室拟自 2015 年至 2017 年，分三年时间通过市福利彩票公益金立项申请经费 300 万元，每年支持培育 10 个示范性基层老年协会建设，以点带面，通过示范效应全力推动广州市基层老年协会规范建立并持续健康发展①。基层老年协会具有以下功能。

（1）基层老年协会作为老年人权利保障的媒介与平台，是促进基层社会治理与社会和谐发展的重要因素。第一，基层老年协会有助于反映利益诉求、化解社会矛盾。基层老年协会不仅能及时、真实地反映老年人利益诉求，有助于决策的科学化和民主化。第二，通过这样一个自我管理的非正式平台，基层老年协会还能够有效协调利益主体之间的内部矛盾，是政府的有效"减压阀"和"稳定器"②。

（2）基层老年协会作为政府老龄工作职能转移的促进者与主要承接者，是促进民主建设的重要力量。第一，我国"未富先老"的经济社会发展实际决定了我国建立的社会福利体系需要依靠社会组织的积极参与。第二，我国政府老龄工作职能的转型也使得老年人管理和服务逐步走向社会化和社区化。第三，基层老年协会的民主运行机制能够扩大与深化我国基层群众自治制度的实践，进而成为民主建设的重要力量。③

（3）基层老年协会作为老年群体自我管理、自我服务、自我教育的自发互助群体，是促进良好的社会秩序、积极应对老龄化挑战的重要形式。一方面，基层老年协会共享的平等、互助、互惠、互利精神，有助于推动基层精神文明建设，培育良好的社会公共参与氛围；另一

---

① 《广州市出台关于加强基层老年协会规范化建设的意见》，2015 年 1 月 26 日，http：//www. gzmz. gov. cn/jsdwxx/201501/2828921. shtml。

② 孔伟：《老龄社会条件下基层老年群众组织社会治理功能探析》，《老龄科学研究》2014 年第 5 期。

③ 黄乾、原新：《构建和谐社会过程中基层老年群众组织作用研究——以老年人协会为例》，《人口学刊》2006 年第 3 期。

方面，基层老年协会能够最大化地发挥老年群体余热，协助参与社会治理，并在参与公共事务的过程中满足老年群体精神发展需要、实现其社会价值，是充分发掘老龄人口红利、积极应对老龄化的有效举措。此外，基层老年协会还能整合已有的多样老年社团，使基层老年群众组织真正走上规范化发展路径，助力老年群众组织长效发展。

3. 机构

从机构的视角看，主要负责广州市基层老年协会规范化建设的政府部门有广州市老龄工作委员会及其办公室、广州市福利彩票发行中心、广州市及各区县民政局相关部门、各区县街道等。其中广州市老龄工作委员会是市政府主管老龄工作的议事协调机构，其主要职能是研究制定全市老龄事业发展战略及重大政策，协调和推动有关部门实施老龄事业发展规划；协调和推动有关部门做好维护老年人权益的保障工作；协调和推动有关部门加强对老龄工作的宏观指导和综合管理，推动开展有利于老年人身心健康的各种活动；指导、督促和检查全市的老龄工作；承办全国老龄工作委员会、省老龄工作委员会和市政府交办的其他事项。其下设办公室，办公室设在市民政局[①]。广州市老龄工作委员会办公室的主要职能为宣传党和政府有关老龄工作的方针、政策，动员各部门、各行业和全社会关心、支持老龄事业；承办市老龄委决定的有关事项，联系、协调市老龄委成员单位，统筹、协调、督促和检查各区（县级市）的老龄工作，负责《广州市老年人优待办法》的组织和实施；研究撰写广州市老龄事业发展规划，开展老龄问题和老龄工作调研；督促检查市老年文化、教育、体育、老龄产业发展，组织开展全市性敬老、助老活动，指导为老服务、老年活动和老年群众组织的工作；开展与老龄问题有关的信息、咨询服

---

① 《关于组建新一届广州市老龄工作委员会的通知》，法律教育网，2001 年 3 月 26 日，http://www.chinalawedu.com/news/1200/21752/21759/21818/21823/2006/4/pa7147024224460026660 - 0.htm。

务，组织、协调有关老龄事务的重大活动。①

4. 福彩金资助

2014年市老龄办向市福利彩票公益金申请资助老年文化宣传项目共190万元，共计资助五个子项目："情满夕阳"老年人电视节目专栏、"美在金秋"老年人风采大赛、优秀老年文艺团体和各类平台宣传等。其中2014年资助优秀老年文艺团队共49个，资助金额达35万元。2015年市福利彩票公益金将继续立项资助全市老年文化宣传项目，助力老龄工作形成合力，为老年人提供更优质的服务、更高品质的文化产品②。

2015年5月，广州市民政局印发《广州市福利彩票公益资助示范性基层老年协会项目资金管理办法》，明确2015～2017年每年由广州市老龄办立项申请100万元市福彩公益金资助示范性基层老年协会，用于改善基层老年协会办公条件和开展活动所需的设备、活动器材、学习资料等。

（1）资助方式。

广州市老龄办申请市福彩公益金立项后，对符合该办法并通过验收的居（村）级基层老年协会给予一次性10万元资助，原则上每年资助基层老年协会10个，3年共资助基层老年协会30个。

（2）申请条件。

受资助的居（村）级基层老年协会必须具有"五有"条件：有组织，在民政部门正式登记；有完善的组织机构、健全的协会章程，能实现自我管理、自我服务、自我教育、自我发展，发挥示范性基层老年协会在基层养老服务中的辐射作用；有场所，有固定的活动场所，并有专人管理和管理制度，能为基层老年协会提供活动场所；有

---

① 广州市民政局网站，2015年8月12日获取，http://www.gzmz.gov.cn/GZ09/1.2/201007/c3a766cd2d8c4e0eaf56d250d3c7701b.shtml。

② 广州市民政局：《广州市老年文化创建工作再上新台阶》，2014年12月29日，http://www.gzmz.gov.cn/gzdtyw/201412/2824108.shtml。

设施，配置有必需的文化娱乐和健身设施，能够指导帮助基层老年协会结合精神文明建设定期组织开展形式多样、老年人喜闻乐见的文体娱乐活动，能满足老年人的精神文化需求；有经费，各市（县区）安排有一定的专项活动经费，能确保基层老年协会正常运行和持续发展[①]。

2015 年广州市老龄委在全市各区县范围内选出首批 10 个基层老年协会作为受福彩金资助的首批试点协会，海珠区环秀坊社区与赤沙社区老年协会入选。海珠区官洲街赤沙社区老年协会是广州市首批入选福彩金资助的基层老年协会之一。2010 年 4 月，赤沙社区在上级部门和街道领导的指导下开始组织老年协会团体，2015 年 5 月 13 日成功登记《社会团体法人登记证书》，"广州市海珠区官洲街赤沙社区老年协会"正式成立。赤沙社区户籍人口 4660 人，其中 60 岁以上老年人口 749 人，占总人数的 16.07%，协会主要由社区 60 岁以上的离退休老年人和居民老年人组成，到目前为止，协会共发展了 172 名成员，其中有党员 9 名。社区老年人协会的 8 名负责人由老年人直选产生，其中 1 名会长，1 名副会长，1 名秘书，4 名理事，1 名监事。在社区居委会的领导下，参与老年设施管理，组织健康有益的文化、体育、娱乐活动；反映会员诉求，维护会员权益；搭建交流平台，加强信息沟通；开展业务培训，提供良好服务；按规定承接政府职能转移、委托以及购买参与服务等事项；开展各类文体活动和互助活动；参与社区建设和管理，在开展的老龄工作中发挥了积极的作用。目前已基本达到了"四化"、"六有"标准："管理工作规范化、选举民主化、活动制度化、财务公开化"，老年协会有章程、有好的领导班子、有职责分明的工作规程、有男女会员、有文化活动室，配置了各种活动器材，为老年协会的发展提供了有力保障。目前，赤沙社区老

---

① 《广州：3 年内每年投百万福彩公益金资助基层老年协会》，《凤凰财经》2015 年 7 月 16 日。

年组织协会开展了①社区党建活动。鼓励老年协会中的党员参与党员志愿者服务队，协助举办党员进社区等活动，充分发挥党员成员在社区服务中的作用。②文化娱乐活动。社区老年协会成立了歌舞队、粤剧团、龙船队、志愿服务队等团体，每星期定期组织活动，每逢端午、中秋、国庆、春节等重大节日为街道、社区举行义演。③社区老年医疗服务。社区卫生服务中心为 60 岁以上的老年人提供免费身体健康检查服务，建立老年人健康档案，追踪健康动态；并通过老年协会鼓励村民参加社区医疗保险，为村民提供就医和保健知识的咨询与服务。④积极开展结对帮扶。老年协会建立"一帮一、多帮一"机制，与困难户结为帮扶对子，重大节日与街道、联社领导一起去慰问孤寡老人、困难户，为他们送去米、面、油、衣物等慰问品。⑤积极参与街道各项工作。老年协会积极参与计生检查、创文、创卫、消防检查等各项工作，服务街坊、奉献社区。①

（二）广州市基层老年协会规范化建设取得的成就与经验

广州市在积极推进基层老年协会规范化建设中取得了显著成就、积累了宝贵经验。

（1）积极创新基层老年协会规范化管理政策。广州市民政局、广州市老龄工作委员会办公室《关于加强基层老年协会规范化建设的意见》明确了加强基层老年协会规范化建设的指导思想、基本原则、建设目标和基本内容；明确了基层老年协会与各相关部门的任务与职责；规范了建设基层老年协会的工作要求，为广州市推进基层老年协会规范化建设提供政策保障。

（2）积极探索基层老年协会登记管理办法。《意见》指出，对基层老年协会实行分类管理，引导符合条件的基层老年协会进行登记注

---

① 《官洲街赤沙社区老年协会简介》，于 2015 年 9 月 23 日在赤沙社区调研获得。

册，纳入规范管理范围；对暂时达不到登记条件的基层老年协会进行自愿申报管理，加强培育引导，促进其健康发展。各区、县级市老龄委要及时摸查辖区内基层老年协会情况，建立健全基层老年协会登记和申报管理信息机制。分类引导的管理办法符合目前广州市基层老年协会发展实际，既有助于符合登记条件的协会规范化发展，也对那些暂时不具备登记资格的老年协会提供帮助。调研获悉，2015年广州市各区县民政部门的工作重点之一是鼓励符合条件的基层老年协会登记注册，积极引导未登记的老年协会向规范化建设发展。

（3）积极扩大基层老年协会规范化建设的经费来源渠道。2010年广州市出台《广州市财政支持社会工作发展实施办法（试行）》，规范财政支持社会工作发展的行为，探索建立财政支持社会工作发展的运作机制[①]。2015年印发《广州市福利彩票公益金资助示范性基层老年协会项目资金管理办法》，自2015年至2017年三年累计投入福彩金300万元，每年原则上向10个基层老年协会提供10万元的资助。

（4）积极统筹街区基础设施参与基层老年协会建设。2015年广州市联合各区县民政部门及街道（村）共同开展基层老年协会摸底排查，全面了解基层老年协会的机构建设、场地建设、制度建设、队伍建设以及经费来源、活动开展和作用发挥等基本情况，积极进行基层老年协会登记备案工作。

四　广州市基层老年协会规范化建设的困难与挑战

调研发现，广州市基层老年协会规范化建设存在着思想认识不到

---

① 中华人民共和国民政部：《广州市财政支持社会工作发展实施办法（试行）》，2010年10月11日，http：//sw.mca.gov.cn/article/dfzc/201010/20101000108127.shtml。

位、区域发展不均衡、内外部能力建设不充分等问题，进一步推动基层老年协会发展面临一系列挑战。

首先，推进基层老年协会规范化发展的思想意识薄弱。一方面反映在一些地方的政府相关部门对老年协会等基层老年群众组织的重视程度不足，这直接导致有些地方的基层老年协会组织机构不健全、活动内容单一、基础设施薄弱等问题，也在一定程度上导致宏观范围的基层老年协会发展不均衡现象。另一方面，部分老年协会或自发成立的基层老年社团组织对向民政部门登记注册存有顾虑，未能充分意识到老年协会的规范化建设对参与基层治理、积极应对老龄化挑战，推动社会发展的重要意义，也忽视了老年协会规范化建设对老年群体自身融入社会发展、实现社会价值的意涵。

其次，基层老年协会普遍存在经费不足、场地不够等现实问题。经费短缺和稳定的活动场地不足是制约基层老年协会规范化发展的普遍问题。调研发现，目前基层老年协会的经费来源主要为经营性收入，如场地出租、企业宣传、活动室茶水费，政府拨款力度与社会捐赠收入不足[1]。然而，稳定且充足的活动经费与场地是考核基层老年协会规范化发展的重要指标，直接影响进一步接受福彩金资助等一系列物质扶持计划。因此早期投入不足的基层老年协会发展受到更多限制。

此外，老年协会自身定位与内部管理机制也存在漏洞。大部分老年协会将自身简单定位为热爱文娱的老年人自我活动的组织，欠缺在社区自治、社会治理方面发挥作用。另外，由于基层老年协会受到重视的时间较短，因而协会内部的管理机制仍有模糊、交叉或重叠之处，职业化和专业化程度较弱，如老年协会的会长多由居委会或村领

---

[1] 冯扬：《多措并举，加快推进基层老年协会发展》，《中国社会报》2013 年 4 月 19 日。

导兼任，制约了老年协会自治功能的发挥，甚至在有些地方演变成为行政机构的隶属单位。[①]

五 广州市基层老年协会未来发展的政策建议

针对广州市在推进基层老年协会规范化建设中面临的问题与困境，本报告提出以下建议。

（1）地方及相关部门党政领导应加强重视。首先从思想上认识基层老年协会规范化建设对于应对老龄化挑战、推进社区自治与社会治理的重要作用，增强基层老年协会规范化管理的制度建设与经费投入，切实改善基层老年协会发展条件，将基层老年协会建设纳入重要工作议程。其次应注意做好与基层老年协会的沟通，打消部分老年协会对登记注册存有的顾虑，建立起良好的信任与伙伴关系，共同推动老年协会规范化发展。

（2）拓宽基层老年协会规范化发展的资金来源渠道，增强市场与社会力量在共同构建老年人福利体系的作用，在统筹地区经济社会发展实际的前提下，拓宽资金来源渠道；动员社会力量如企事业单位、社会组织、慈善公益机构和个人通过物品捐助、资金捐助、志愿服务、提供培训等多种方式参与老年福利体系建设，帮助基层老年协会改善活动设施和场所，为老年协会提供健康培训、文化指导；充分借助区街（村）已有的基础设施，保证足量、固定的老年活动场所，力争做到有场所、有活动、有设施、有经费。

（3）积极推动社区自治，增强基层老年协会功能。广州市及各区县民政部门及相关政府部门应多元统筹政府、市场、社会组织及家

---

① 黄乾、原新：《构建和谐社会过程中基层老年群众组织作用研究——以老年人协会为例》，《人口学刊》2006 年第 3 期。

庭在老年人福利供给的优势，将老龄工作中的公益性、社会性、群众性的职能下放给社区（村）老年人协会，更多地向基层老年协会赋权，增强社区（村）老年人协会功能。尝试依托基层老年协会建立为老志愿服务站，动员社会组织或公民个人通过这个平台参与老年志愿服务。

（4）建立健全基层老年协会内部运作机制。一是建立一支高素质的老年协会人才队伍，发展一批热心公益事业，具有较高政治觉悟、较强组织纪律的老同志。二是充分发扬民主，真正做到民主选举、民主参与、民主管理、民主监督，依照老年协会章程开展各项工作。三是不断完善老年公共教育机制，进一步培育和增强老年群体参与社会治理的能力，从而提升老年协会在服务社区自治、参与社会治理方面的整体水平。四是加大力度开展老年服务专业化培训和相关人才培养工作，提升为老服务的职业化水平和专业化技能。

大 事 记

Important Events

B.13

2014年广州社会保障大事记

1月

1日起，广州市执行新的城镇最低生活保障标准、农村最低生活保障标准。

9日，广州市民政局印发《广州市公办养老机构入住评估轮候试行办法》。

20日，广州市正式启用老年人优待卡制发新流程，原制发流程即日废止。

20日，广州市人力资源和社会保障局印发《广州市就业困难人员就业援助实施办法》。

24日，广州市医保开展社区定点医疗机构增扩医保服务试点工作。

3月

28 日，广州市民政局举办"广州市殡仪馆开放日"活动。

4月

10 日，广州市人力资源和社会保障局印发《广州市社会医疗保险定点医疗机构分级管理办法》。

28 日，广州市人力资源和社会保障局、广州市总工会、广州市企业联合会/企业家协会、广州市工商业联合会发布《广州市劳动关系三方协商会议议事规则》。

5月

6 日，广州市人力资源和社会保障局印发《2014 年广州市劳动关系工作要点》。

6月

10 日，广州市发展和改革委员会、广州市人力资源和社会保障局印发《广州市引进人才入户管理办法实施细则》。

28 日，广州市医保局与云南省医保中心在云南省昆明市共同举行泛珠三角区域社会医疗保险异地就医合作业务启动会，正式启动广州市医疗保险参保人在云南省的异地就医即时结算。

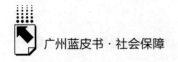

7月

1日起，广州市提高城镇"三无人员"供养标准、提高低收入困难家庭认定标准、提高孤儿养育和福利机构政府供养人员供养标准。

18日，广州市人力资源和社会保障局、广州市财政局制定《关于进一步落实高校毕业生就业创业补贴政策的通知》。

23日，广州市住房公积金管理中心颁布《广州住房公积金贷款风险管理制度（试行）》。

25日，广州市人力资源和社会保障局、广州市财政局、广州市卫生局发布《广州市社会医疗保险医疗费用结算办法》。

8月

18日，广州市民政局局长庄悦群在市政府新闻发布会发布《广州市养老服务机构设施布局规划（2013－2020）》。

20日，广州市人民政府办公室颁布《广州市城乡居民社会医疗保险试行办法》。

25日，广州市人民政府办公室颁布《广州市城乡居民大病医疗保险试行办法》。

27日，广州市人力资源和社会保障局、广州市财政局制定并公布《2015年广州市城乡居民医保筹资标准的通知》。

9月

16日，广州市人力资源和社会保障局颁发《广州市人力资源服务行政许可规程》。

28日，广州市人力资源和社会保障局、广州市财政局印发《关于调整广州市农转居人员基本养老金的通知》。

12月

5日，广州市政府召开全市住房公积金缴存管理工作会议。这是广州市建立住房公积金制度23年以来首次召开全市性住房公积金存缴管理工作会议。

❖ 皮书起源 ❖

"皮书"起源于十七、十八世纪的英国,主要指官方或社会组织正式发表的重要文件或报告,多以"白皮书"命名。在中国,"皮书"这一概念被社会广泛接受,并被成功运作、发展成为一种全新的出版形态,则源于中国社会科学院社会科学文献出版社。

❖ 皮书定义 ❖

皮书是对中国与世界发展状况和热点问题进行年度监测,以专业的角度、专家的视野和实证研究方法,针对某一领域或区域现状与发展态势展开分析和预测,具备原创性、实证性、专业性、连续性、前沿性、时效性等特点的公开出版物,由一系列权威研究报告组成。

❖ 皮书作者 ❖

皮书系列的作者以中国社会科学院、著名高校、地方社会科学院的研究人员为主,多为国内一流研究机构的权威专家学者,他们的看法和观点代表了学界对中国与世界的现实和未来最高水平的解读与分析。

❖ 皮书荣誉 ❖

皮书系列已成为社会科学文献出版社的著名图书品牌和中国社会科学院的知名学术品牌。2011年,皮书系列正式列入"十二五"国家重点出版规划项目;2012~2015年,重点皮书列入中国社会科学院承担的国家哲学社会科学创新工程项目;2016年,46种院外皮书使用"中国社会科学院创新工程学术出版项目"标识。

中国皮书网

www.pishu.cn

发布皮书研创资讯，传播皮书精彩内容
引领皮书出版潮流，打造皮书服务平台

栏目设置：

- □ 资讯：皮书动态、皮书观点、皮书数据、
    皮书报道、皮书发布、电子期刊
- □ 标准：皮书评价、皮书研究、皮书规范
- □ 服务：最新皮书、皮书书目、重点推荐、在线购书
- □ 链接：皮书数据库、皮书博客、皮书微博、在线书城
- □ 搜索：资讯、图书、研究动态、皮书专家、研创团队

中国皮书网依托皮书系列"权威、前沿、原创"的优质内容资源，通过文字、图片、音频、视频等多种元素，在皮书研创者、使用者之间搭建了一个成果展示、资源共享的互动平台。

自 2005 年 12 月正式上线以来，中国皮书网的 IP 访问量、PV 浏览量与日俱增，受到海内外研究者、公务人员、商务人士以及专业读者的广泛关注。

2008 年、2011 年中国皮书网均在全国新闻出版业网站荣誉评选中获得"最具商业价值网站"称号；2012 年，获得"出版业网站百强"称号。

2014 年，中国皮书网与皮书数据库实现资源共享，端口合一，将提供更丰富的内容，更全面的服务。

法 律 声 明

权威报告·热点资讯·特色资源

皮书数据库
ANNUAL REPORT(YEARBOOK)
DATABASE

当代中国与世界发展高端智库平台

S子库介绍
ub-Database Introduction

中国经济发展数据库

涵盖宏观经济、农业经济、工业经济、产业经济、财政金融、交通旅游、商业贸易、劳动经济、企业经济、房地产经济、城市经济、区域经济等领域，为用户实时了解经济运行态势、把握经济发展规律、洞察经济形势、做出经济决策提供参考和依据。

中国社会发展数据库

全面整合国内外有关中国社会发展的统计数据、深度分析报告、专家解读和热点资讯构建而成的专业学术数据库。涉及宗教、社会、人口、政治、外交、法律、文化、教育、体育、文学艺术、医药卫生、资源环境等多个领域。

中国行业发展数据库

以中国国民经济行业分类为依据，跟踪分析国民经济各行业市场运行状况和政策导向，提供行业发展最前沿的资讯，为用户投资、从业及各种经济决策提供理论基础和实践指导。内容涵盖农业，能源与矿产业，交通运输业，制造业，金融业，房地产业，租赁和商务服务业，科学研究，环境和公共设施管理，居民服务业，教育，卫生和社会保障，文化、体育和娱乐业等100余个行业。

中国区域发展数据库

以特定区域内的经济、社会、文化、法治、资源环境等领域的现状与发展情况进行分析和预测。涵盖中部、西部、东北、西北等地区，长三角、珠三角、黄三角、京津冀、环渤海、合肥经济圈、长株潭城市群、关中—天水经济区、海峡经济区等区域经济体和城市圈，北京、上海、浙江、河南、陕西等34个省份。

中国文化传媒数据库

包括文化事业、文化产业、宗教、群众文化、图书馆事业、博物馆事业、档案事业、语言文字、文学、历史地理、新闻传播、广播电视、出版事业、艺术、电影、娱乐等多个子库。

世界经济与国际政治数据库

以皮书系列中涉及世界经济与国际政治的研究成果为基础，全面整合国内外有关世界经济与国际政治的统计数据、深度分析报告、专家解读和热点资讯构建而成的专业学术数据库。包括世界经济、世界政治、世界文化、国际社会、国际关系、国际组织、区域发展、国别发展等多个子库。

权威·前沿·原创

社会科学文献出版社

皮 书 系 列

2016年

盘点年度资讯　预测时代前程

社会科学文献出版社 学术传播中心 编制

社会科学文献出版社
SOCIAL SCIENCES ACADEMIC PRESS (CHINA)

社会科学文献出版社成立于1985年，是直属于中国社会科学院的人文社会科学专业学术出版机构。

成立以来，特别是1998年实施第二次创业以来，依托于中国社会科学院丰厚的学术出版和专家学者两大资源，坚持"创社科经典，出传世文献"的出版理念和"权威、前沿、原创"的产品定位，社科文献立足内涵式发展道路，从战略层面推动学术出版五大能力建设，逐步走上了智库产品与专业学术成果系列化、规模化、数字化、国际化、市场化发展的经营道路。

先后策划出版了著名的图书品牌和学术品牌"皮书"系列、"列国志"、"社科文献精品译库"、"全球化译丛"、"全面深化改革研究书系"、"近世中国"、"甲骨文"、"中国史话"等一大批既有学术影响又有市场价值的系列图书，形成了较强的学术出版能力和资源整合能力。2015年社科文献出版社发稿5.5亿字，出版图书约2000种，承印发行中国社科院院属期刊74种，在多项指标上都实现了较大幅度的增长。

凭借着雄厚的出版资源整合能力，社科文献出版社长期以来一直致力于从内容资源和数字平台两个方面实现传统出版的再造，并先后推出了皮书数据库、列国志数据库、"一带一路"数据库、中国田野调查数据库、台湾大陆同乡会数据库等一系列数字产品。数字出版已经初步形成了产品设计、内容开发、编辑标引、产品运营、技术支持、营销推广等全流程体系。

在国内原创著作、国外名家经典著作大量出版，数字出版突飞猛进的同时，社科文献出版社从构建国际话语体系的角度推动学术出版国际化。先后与斯普林格、博睿、牛津、剑桥等十余家国际出版机构合作面向海外推出了"皮书系列""改革开放30年研究书系""中国梦与中国发展道路研究丛书""全面深化改革研究书系"等一系列在世界范围内引起强烈反响的作品；并持续致力于中国学术出版走出去，组织学者和编辑参加国际书展，筹办国际性学术研讨会，向世界展示中国学者的学术水平和研究成果。

此外，社科文献出版社充分利用网络媒体平台，积极与中央和地方各类媒体合作，并联合大型书店、学术书店、机场书店、网络书店、图书馆，逐步构建起了强大的学术图书内容传播平台。学术图书的媒体曝光率居全国之首，图书馆藏率居于全国出版机构前十位。

上述诸多成绩的取得，有赖于一支以年轻的博士、硕士为主体，一批从中国社科院刚退出科研一线的各学科专家为支撑的300多位高素质的编辑、出版和营销队伍，为我们实现学术立社，以学术品位、学术价值来实现经济效益和社会效益这样一个目标的共同努力。

作为已经开启第三次创业梦想的人文社会科学学术出版机构，我们将以改革发展为动力，以学术资源建设为中心，以构建智慧型出版社为主线，以"整合、专业、分类、协同、持续"为各项工作指导原则，全力推进出版社数字化转型，坚定不移地走专业化、数字化、国际化发展道路，全面提升出版社核心竞争力，为实现"社科文献梦"奠定坚实基础。

经济类　皮书系列 重点推荐

经 济 类

经济类皮书涵盖宏观经济、城市经济、大区域经济，
提供权威、前沿的分析与预测

经济蓝皮书
2016 年中国经济形势分析与预测

李　扬 / 主编　　2015 年 12 月出版　　定价 :79.00 元

◆　本书为总理基金项目，由著名经济学家李扬领衔，联合
中国社会科学院等数十家科研机构、国家部委和高等院校的专
家共同撰写，系统分析了 2015 年的中国经济形势并预测 2016
年我国经济运行情况。

世界经济黄皮书
2016 年世界经济形势分析与预测

王洛林　张宇燕 / 主编　　2015 年 12 月出版　　定价 :79.00 元

◆　本书由中国社会科学院世界经济与政治研究所的研究团
队撰写，2015 年世界经济增长继续放缓，增长格局也继续分化，
发达经济体与新兴经济体之间的增长差距进一步收窄。2016
年世界经济增长形势不容乐观。

产业蓝皮书
中国产业竞争力报告（2016）NO.6

张其仔 / 主编　　2016 年 12 月出版　　估价 :98.00 元

◆　本书由中国社会科学院工业经济研究所研究团队在深入实
际、调查研究的基础上完成。通过运用丰富的数据资料和最新
的测评指标，从学术性、系统性、预测性上分析了 2015 年中
国产业竞争力，并对未来发展趋势进行了预测。

G20 国家创新竞争力黄皮书

二十国集团（G20）国家创新竞争力发展报告（2016）

李建平 李闽榕 赵新力 / 主编   2016 年 11 月出版   估价 :138.00 元

◆   本报告在充分借鉴国内外研究者的相关研究成果的基础上，紧密跟踪技术经济学、竞争力经济学、计量经济学等学科的最新研究动态，深入分析 G20 国家创新竞争力的发展水平、变化特征、内在动因及未来趋势，同时构建了 G20 国家创新竞争力指标体系及数学模型。

国际城市蓝皮书

国际城市发展报告（2016）

屠启宇 / 主编   2016 年 1 月出版   估价 :79.00 元

◆   本书作者以上海社会科学院从事国际城市研究的学者团队为核心，汇集同济大学、华东师范大学、复旦大学、上海交通大学、南京大学、浙江大学相关城市研究专业学者。立足动态跟踪介绍国际城市发展实践中，最新出现的重大战略、重大理念、重大项目、重大报告和最佳案例。

金融蓝皮书

中国金融发展报告（2016）

李 扬 王国刚 / 主编   2015 年 12 月出版   定价 :79.00 元

◆   本书由中国社会科学院金融研究所组织编写，概括和分析了 2015 年中国金融发展和运行中的各方面情况，研讨和评论了 2015 年发生的主要金融事件。本书由业内专家和青年精英联合编著，有利于读者了解掌握 2015 年中国的金融状况，把握 2016 年中国金融的走势。

农村绿皮书

中国农村经济形势分析与预测（2015 ～ 2016）

中国社会科学院农村发展研究所   国家统计局农村社会经济调查司 / 著
2016 年 4 月出版   估价 :69.00 元

◆   本书描述了 2015 年中国农业农村经济发展的一些主要指标和变化，以及对 2016 年中国农业农村经济形势的一些展望和预测。

西部蓝皮书

中国西部发展报告（2016）

姚慧琴　徐璋勇 / 主编　　2016 年 7 月出版　　估价 : 89.00 元

◆　本书由西北大学中国西部经济发展研究中心主编，汇集了源自西部本土以及国内研究西部问题的权威专家的第一手资料，对国家实施西部大开发战略进行年度动态跟踪，并对 2016 年西部经济、社会发展态势进行预测和展望。

民营经济蓝皮书

中国民营经济发展报告 No.12（2015 ~ 2016）

王钦敏 / 主编　　2016 年 1 月出版　　估价 : 75.00 元

◆　改革开放以来，民营经济从无到有、从小到大，是最具活力的增长极。本书是中国工商联课题组的研究成果，对 2015 年度中国民营经济的发展现状、趋势进行了详细的论述，并提出了合理的建议。是广大民营企业进行政策咨询、科学决策和理论创新的重要参考资料，也是理论工作者进行理论研究的重要参考资料。

经济蓝皮书夏季号

中国经济增长报告（2015 ~ 2016）

李　扬 / 主编　　2016 年 8 月出版　　估价 : 69.00 元

◆　中国经济增长报告主要探讨 2015~2016 年中国经济增长问题，以专业视角解读中国经济增长，力求将其打造成一个研究中国经济增长、服务宏微观各级决策的周期性、权威性读物。

中三角蓝皮书

长江中游城市群发展报告（2016）

秦尊文 / 主编　　2016 年 10 月出版　　估价 : 69.00 元

◆　本书是湘鄂赣皖四省专家学者共同研究的成果，从不同角度、不同方位记录和研究长江中游城市群一体化，提出对策措施，以期为将"中三角"打造成为继珠三角、长三角、京津冀之后中国经济增长第四极奉献学术界的聪明才智。

社 会 政 法 类

社会政法类皮书聚焦社会发展领域的热点、难点问题，
提供权威、原创的资讯与视点

社会蓝皮书

2016 年中国社会形势分析与预测

李培林　陈光金　张　翼/主编　2015 年 12 月出版　定价:79.00 元

◆　本书由中国社会科学院社会学研究所组织研究机构专家、高校学者和政府研究人员撰写，聚焦当下社会热点，对 2015 年中国社会发展的各个方面内容进行了权威解读，同时对 2016 年社会形势发展趋势进行了预测。

法治蓝皮书

中国法治发展报告 No.14（2016）

李　林　田　禾/主编　　2016 年 3 月出版　　估价:105.00 元

◆　本年度法治蓝皮书回顾总结了 2015 年度中国法治发展取得的成就和存在的不足，并对 2016 年中国法治发展形势进行了预测和展望。

反腐倡廉蓝皮书

中国反腐倡廉建设报告 No.6

李秋芳　张英伟/主编　2017 年 1 月出版　　估价:79.00 元

◆　本书抓住了若干社会热点和焦点问题，全面反映了新时期新阶段中国反腐倡廉面对的严峻局面，以及中国共产党反腐倡廉建设的新实践新成果。根据实地调研、问卷调查和舆情分析，梳理了当下社会普遍关注的与反腐败密切相关的热点问题。

生态城市绿皮书

中国生态城市建设发展报告（2016）

刘举科　孙伟平　胡文臻 / 主编　2016 年 6 月出版　估价 :98.00 元

◆　报告以绿色发展、循环经济、低碳生活、民生宜居为理念，以更新民众观念、提供决策咨询、指导工程实践、引领绿色发展为宗旨，试图探索一条具有中国特色的城市生态文明建设新路。

公共服务蓝皮书

中国城市基本公共服务力评价（2016）

钟　君　吴正杲 / 主编　2016 年 12 月出版　估价 :79.00 元

◆　中国社会科学院经济与社会建设研究室与华图政信调查组成联合课题组，从 2010 年开始对基本公共服务力进行研究，研创了基本公共服务力评价指标体系，为政府考核公共服务与社会管理工作提供了理论工具。

教育蓝皮书

中国教育发展报告（2016）

杨东平 / 主编　2016 年 5 月出版　估价 :79.00 元

◆　本书由国内的中青年教育专家合作研究撰写。深度剖析 2015 年中国教育的热点话题，并对当下中国教育中出现的问题提出对策建议。

生态文明绿皮书

中国省域生态文明建设评价报告（ECI 2016）

严耕 / 主编　　2016 年 12 月出版　　估价 :85.00 元

◆　本书基于国家最新发布的权威数据，对我国的生态文明建设状况进行科学评价，并开展相应的深度分析，结合中央的政策方针和各省的具体情况，为生态文明建设推进，提出针对性的政策建议。

行 业 报 告 类

行业报告类皮书立足重点行业、新兴行业领域，
提供及时、前瞻的数据与信息

房地产蓝皮书

中国房地产发展报告 No.13（2016）

魏后凯　李景国 / 主编　　2016 年 5 月出版　　估价 :79.00 元

◆　蓝皮书秉承客观公正、科学中立的宗旨和原则，追踪 2015 年我国房地产市场最新资讯，深度分析，剖析因果，谋划对策，并对 2016 年房地产发展趋势进行了展望。

旅游绿皮书

2015 ~ 2016 年中国旅游发展分析与预测

宋　瑞 / 主编　　2016 年 1 出版　　估价 :98.00 元

◆　本书中国社会科学院旅游研究中心组织相关专家编写的年度研究报告，对 2015 年旅游行业的热点问题进行了全面的综述并提出专业性建议，并对 2016 年中国旅游的发展趋势进行展望。

互联网金融蓝皮书

中国互联网金融发展报告（2016）

李东荣 / 主编　　2016 年 8 月出版　　估价 :79.00 元

◆　近年来，许多基于互联网的金融服务模式应运而生并对传统金融业产生了深刻的影响和巨大的冲击，"互联网金融"成为社会各界关注的焦点。本书探析了 2015 年互联网金融的特点和 2016 年互联网金融的发展方向和亮点。

资产管理蓝皮书

中国资产管理行业发展报告（2016）

智信资产管理研究院 / 编著　　2016 年 6 月出版　　估价 :89.00 元

◆　中国资产管理行业刚刚兴起，未来将中国金融市场最有看点的行业，也会成为快速发展壮大的行业。本书主要分析了 2015 年度资产管理行业的发展情况，同时对资产管理行业的未来发展做出科学的预测。

老龄蓝皮书

中国老龄产业发展报告（2016）

吴玉韶 党俊武 / 编著
2016 年 9 月出版　估价 :79.00 元

◆　本书着眼于对中国老龄产业的发展给予系统介绍，深入解析，并对未来发展趋势进行预测和展望，力求从不同视角、不同层面全面剖析中国老龄产业发展的现状、取得的成绩、存在的问题以及重点、难点等。

金融蓝皮书

中国金融中心发展报告（2016）

王 力 黄育华 / 编著　　2017 年 11 月出版　　估价 :75.00 元

◆　本报告将提升中国金融中心城市的金融竞争力作为研究主线，全面、系统、连续地反映和研究中国金融中心城市发展和改革的最新进展，展示金融中心理论研究的最新成果。

流通蓝皮书

中国商业发展报告（2016）

荆林波 / 编著　　2016 年 5 月出版　　估价 :89.00 元

◆　本书是中国社会科学院财经院与利丰研究中心合作的成果，从关注中国宏观经济出发，突出了中国流通业的宏观背景，详细分析了批发业、零售业、物流业、餐饮产业与电子商务等产业发展状况。

国别与地区类

国别与地区类皮书关注全球重点国家与地区，
提供全面、独特的解读与研究

美国蓝皮书

美国研究报告（2016）

黄　平　郑秉文 / 主编　2016 年 7 月出版　估价 : 89.00 元

◆　本书是由中国社会科学院美国所主持完成的研究成果，
它回顾了美国 2015 年的经济、政治形势与外交战略，对 2016
年以来美国内政外交发生的重大事件以及重要政策进行了较
为全面的回顾和梳理。

拉美黄皮书

拉丁美洲和加勒比发展报告（2015~2016）

吴白乙 / 主编　2016 年 5 月出版　估价 : 89.00 元

◆　本书对 2015 年拉丁美洲和加勒比地区诸国的政治、经济、
社会、外交等方面的发展情况做了系统介绍，对该地区相关
国家的热点及焦点问题进行了总结和分析，并在此基础上对
该地区各国 2016 年的发展前景做出预测。

日本经济蓝皮书

日本经济与中日经贸关系研究报告（2016）

王洛林　张季风 / 编著　2016 年 5 月出版　估价 : 79.00 元

◆　本书系统、详细地介绍了 2015 年日本经济以及中日
经贸关系发展情况，在进行了大量数据分析的基础上，对
2016 年日本经济以及中日经贸关系的大致发展趋势进行了
分析与预测。

俄罗斯黄皮书

俄罗斯发展报告（2016）

李永全 / 编著   2016 年 7 月出版   估价：79.00 元

◆   本书系统介绍了 2015 年俄罗斯经济政治情况，并对 2015 年该地区发生的焦点、热点问题进行了分析与回顾；在此基础上，对该地区 2016 年的发展前景进行了预测。

国际形势黄皮书

全球政治与安全报告（2016）

李慎明   张宇燕 / 主编   2015 年 12 月出版   定价：69.00 元

◆   本书旨在对本年度全球政治及安全形势的总体情况、热点问题及变化趋势进行回顾与分析，并提出一定的预测及对策建议。作者通过事实梳理、数据分析、政策分析等途径，阐释了本年度国际关系及全球安全形势的基本特点，并在此基础上提出了具有启示意义的前瞻性结论。

德国蓝皮书

德国发展报告（2016）

郑春荣   伍慧萍 / 主编   2016 年 6 月出版   估价：69.00 元

◆   本报告由同济大学德国研究所组织编撰，由该领域的专家学者对德国的政治、经济、社会文化、外交等方面的形势发展情况，进行全面的阐述与分析。

中欧关系蓝皮书

中欧关系研究报告（2016）

周弘 / 编著   2016 年 12 月出版   估价：98.00 元

◆   本书由欧洲所暨欧洲学会推出，旨在分析、评估和预测年度中欧关系发展态势。本报告的作者均为欧洲方面的专家，他们对欧洲与中国在各个领域的发展情况进行了深入地分析和研究，对读者了解和把握中欧关系是非常有益的参考。

地方发展类

地方发展类皮书关注中国各省份、经济区域，提供科学、多元的预判与资政信息

北京蓝皮书

北京公共服务发展报告（2015~2016）

施昌奎／主编　2016年1月出版　估价：69.00元

◆　本书是由北京市政府职能部门的领导、首都著名高校的教授、知名研究机构的专家共同完成的关于北京市公共服务发展与创新的研究成果。

河南蓝皮书

河南经济发展报告（2016）

河南省社会科学院／编著　2016年12月出版　估价：79.00元

◆　本书以国内外经济发展环境和走向为背景，主要分析当前河南经济形势，预测未来发展趋势，全面反映河南经济发展的最新动态、热点和问题，为地方经济发展和领导决策提供参考。

京津冀蓝皮书

京津冀发展报告（2016）

文　魁　祝尔娟／编著　2016年4月出版　估价：89.00元

◆　京津冀协同发展作为重大的国家战略，已进入顶层设计、制度创新和全面推进的新阶段。本书以问题为导向，围绕京津冀发展中的重要领域和重大问题，研究如何推进京津冀协同发展。

文 化 传 媒 类

文化传媒类皮书透视文化领域、文化产业，
探索文化大繁荣、大发展的路径

新媒体蓝皮书

中国新媒体发展报告 No.7（2016）

唐绪军/主编　　2016 年 6 月出版　　估价：79.00 元

◆　本书是由中国社会科学院新闻与传播研究所组织编写的关
于新媒体发展的最新年度报告，旨在全面分析中国新媒体的发
展现状，解读新媒体的发展趋势，探析新媒体的深刻影响。

移动互联网蓝皮书

中国移动互联网发展报告（2016）

官建文/编著　　2016 年 6 月出版　　估价：79.00 元

◆　本书着眼于对中国移动互联网 2015 年度的发展情况做深
入解析，对未来发展趋势进行预测，力求从不同视角、不同层
面全面剖析中国移动互联网发展的现状、年度突破以及热点趋
势等。

文化蓝皮书

中国文化产业发展报告（2016）

张晓明　王家新　章建刚/主编　　2016 年 4 月出版　　估价：79.00 元

◆　本书由中国社会科学院文化研究中心编写。从 2012 年开
始，中国社会科学院文化研究中心设立了国内首个文化产业的
研究类专项资金——"文化产业重大课题研究计划"，开始在
全国范围内组织多学科专家学者对我国文化产业发展重大战略
问题进行联合攻关研究。本书集中反映了该计划的研究成果。

经济类

G20国家创新竞争力黄皮书
二十国集团（G20）国家创新竞争力发展报告（2016）
著(编)者:李建平 李闽榕 赵新力
2016年11月出版 / 估价:138.00元

产业蓝皮书
中国产业竞争力报告（2016）NO.6
著(编)者:张其仔　2016年12月出版 / 估价:98.00元

城市创新蓝皮书
中国城市创新报告（2016）
著(编)者:周天勇 旷建伟　2016年8月出版 / 估价:69.00元

城市蓝皮书
中国城市发展报告 NO.9
著(编)者:潘家华 魏后凯　2016年9月出版 / 估价:69.00元

城市群蓝皮书
中国城市群发展指数报告（2016）
著(编)者:刘士林 刘新静　2016年10月出版 / 估价:69.00元

城乡一体化蓝皮书
中国城乡一体化发展报告（2015～2016）
著(编)者:汝信 付崇兰　2016年7月出版 / 估价:85.00元

城镇化蓝皮书
中国新型城镇化健康发展报告（2016）
著(编)者:张占斌　2016年5月出版 / 估价:79.00元

创新蓝皮书
创新型国家建设报告（2015～2016）
著(编)者:詹正茂　2016年11月出版 / 估价:69.00元

低碳发展蓝皮书
中国低碳发展报告（2016）
著(编)者:齐晔　2016年3月出版 / 估价:89.00元

低碳经济蓝皮书
中国低碳经济发展报告（2016）
著(编)者:薛进军 赵忠秀　2016年6月出版 / 估价:85.00元

东北蓝皮书
中国东北地区发展报告（2016）
著(编)者:马克 黄文艺　2016年8月出版 / 估价:79.00元

工业化蓝皮书
中国工业化进程报告（2016）
著(编)者:黄群慧 吕铁 李晓华 等
2016年11月出版 / 估价:89.00元

管理蓝皮书
中国管理发展报告（2016）
著(编)者:张晓东　2016年9月出版 / 估价:98.00元

国际城市蓝皮书
国际城市发展报告（2016）
著(编)者:屠启宇　2016年1月出版 / 估价:79.00元

国家创新蓝皮书
中国创新发展报告（2016）
著(编)者:陈劲　2016年9月出版 / 估价:69.00元

金融蓝皮书
中国金融发展报告（2016）
著(编)者:李扬 王国刚　2015年12月出版 / 定价:79.00元

京津冀产业蓝皮书
京津冀产业协同发展报告（2016）
著(编)者:中智科博（北京）产业经济发展研究院
2016年6月出版 / 估价:69.00元

京津冀蓝皮书
京津冀发展报告（2016）
著(编)者:文魁 祝尔娟　2016年4月出版 / 估价:89.00元

经济蓝皮书
2016年中国经济形势分析与预测
著(编)者:李扬　2015年12月出版 / 定价:79.00元

经济蓝皮书·春季号
2016年中国经济前景分析
著(编)者:李扬　2016年5月出版 / 估价:79.00元

经济蓝皮书·夏季号
中国经济增长报告（2015～2016）
著(编)者:李扬　2016年8月出版 / 估价:99.00元

经济信息绿皮书
中国与世界经济发展报告（2016）
著(编)者:杜平　2015年12月出版 / 定价:89.00元

就业蓝皮书
2016年中国本科生就业报告
著(编)者:麦可思研究院　2016年6月出版 / 估价:98.00元

就业蓝皮书
2016年中国高职高专生就业报告
著(编)者:麦可思研究院　2016年6月出版 / 估价:98.00元

临空经济蓝皮书
中国临空经济发展报告（2016）
著(编)者:连玉明　2016年11月出版 / 估价:79.00元

民营经济蓝皮书
中国民营经济发展报告 NO.12（2015～2016）
著(编)者:王钦敏　2016年1月出版 / 估价:75.00元

农村绿皮书
中国农村经济形势分析与预测（2015～2016）
著(编)者:中国社会科学院农村发展研究所
国家统计局农村社会经济调查司
2016年4月出版 / 估价:69.00元

农业应对气候变化蓝皮书
气候变化对中国农业影响评估报告 No.2
著(编)者:矫梅燕　2016年8月出版 / 估价:98.00元

企业公民蓝皮书
中国企业公民报告 NO.4
著(编)者:邹东涛　2016年1月出版 / 估价:79.00元

气候变化绿皮书
应对气候变化报告（2016）
著(编)者:王伟光 郑国光　2016年11月出版 / 估价:98.00元

区域蓝皮书
中国区域经济发展报告（2015～2016）
著(编)者:梁昊光　2016年5月出版 / 估价:79.00元

全球环境竞争力绿皮书
全球环境竞争力报告（2016）
著(编)者:李建平 李闽榕 王金南
2016年12月出版 / 估价:198.00元

人口与劳动绿皮书
中国人口与劳动问题报告 NO.17
著(编)者:蔡昉 张车伟　2016年11月出版 / 估价:69.00元

商务中心区蓝皮书
中国商务中心区发展报告 NO.2（2016）
著(编)者:魏后凯 李国红　2016年1月出版 / 估价:89.00元

世界经济黄皮书
2016年世界经济形势分析与预测
著(编)者:王洛林 张宇燕　2015年12月出版 / 定价:79.00元

世界旅游城市绿皮书
世界旅游城市发展报告（2016）
著(编)者:鲁勇 周正宇 宋宇　2016年6月出版 / 估价:88.00元

西北蓝皮书
中国西北发展报告（2016）
著(编)者:孙发平 苏海红 鲁顺元
2015年12月出版 / 估价:79.00元

西部蓝皮书
中国西部发展报告（2016）
著(编)者:姚慧琴 徐璋勇　2016年7月出版 / 估价:89.00元

县域发展蓝皮书
中国县域经济增长能力评估报告（2016）
著(编)者:王力　2016年10月出版 / 估价:69.00元

新型城镇化蓝皮书
新型城镇化发展报告（2016）
著(编)者:李伟 宋敏 沈体雁　2016年11月出版 / 估价:98.00元

新兴经济体蓝皮书
金砖国家发展报告（2016）
著(编)者:林跃勤 周文　2016年7月出版 / 估价:79.00元

长三角蓝皮书
2016年全面深化改革中的长三角
著(编)者:张伟斌　2016年10月出版 / 估价:69.00元

中部竞争力蓝皮书
中国中部经济社会竞争力报告（2016）
著(编)者:教育部人文社会科学重点研究基地
　　　　南昌大学中国中部经济社会发展研究中心
2016年10月出版 / 估价:79.00元

中部蓝皮书
中国中部地区发展报告（2016）
著(编)者:宋亚平　2016年12月出版 / 估价:78.00元

中国省域竞争力蓝皮书
中国省域经济综合竞争力发展报告（2015～2016）
著(编)者:李建平 李闽榕 高燕京
2016年2月出版 / 估价:198.00元

中三角蓝皮书
长江中游城市群发展报告（2016）
著(编)者:秦尊文　2016年10月出版 / 估价:69.00元

中小城市绿皮书
中国中小城市发展报告（2016）
著(编)者:中国城市经济学会中小城市经济发展委员会
　　　　中国城镇化促进会中小城市发展委员会
　　　　《中国中小城市发展报告》编纂委员会
　　　　中小城市发展战略研究院
2016年10月出版 / 估价:98.00元

中原蓝皮书
中原经济区发展报告（2016）
著(编)者:李英杰　2016年6月出版 / 估价:88.00元

自贸区蓝皮书
中国自贸区发展报告（2016）
著(编)者:王力 王吉培　2016年10月出版 / 估价:69.00元

社会政法类

北京蓝皮书
中国社区发展报告（2016）
著(编)者:于燕燕　2017年2月出版 / 估价:79.00元

殡葬绿皮书
中国殡葬事业发展报告（2016）
著(编)者:李伯森　2016年4月出版 / 估价:158.00元

城市管理蓝皮书
中国城市管理报告（2016）
著(编)者:谭维克 刘林　2017年2月出版 / 估价:118.00元

城市生活质量蓝皮书
中国城市生活质量报告（2016）
著(编)者:张连城 张平 杨春学 郎丽华
2016年7月出版 / 估价:89.00元

城市政府能力蓝皮书
中国城市政府公共服务能力评估报告（2016）
著(编)者:何艳玲   2016年7月出版 / 估价:69.00元

创新蓝皮书
中国创业环境发展报告（2016）
著(编)者:姚凯 曹祎遐   2016年1月出版 / 估价:69.00元

慈善蓝皮书
中国慈善发展报告（2016）
著(编)者:杨团   2016年6月出版 / 估价:79.00元

地方法治蓝皮书
中国地方法治发展报告 NO.2（2016）
著(编)者:李林 田禾   2016年1月出版 / 估价:98.00元

法治蓝皮书
中国法治发展报告 NO.14（2016）
著(编)者:李林 田禾   2016年3月出版 / 估价:105.00元

反腐倡廉蓝皮书
中国反腐倡廉建设报告 NO.6
著(编)者:李秋芳 张英伟   2017年1月出版 / 估价:79.00元

非传统安全蓝皮书
中国非传统安全研究报告（2015~2016）
著(编)者:余潇枫 魏志江   2016年5月出版 / 估价:79.00元

妇女发展蓝皮书
中国妇女发展报告 NO.6
著(编)者:王金玲   2016年9月出版 / 估价:148.00元

妇女教育蓝皮书
中国妇女教育发展报告 NO.3
著(编)者:张孝玺   2016年10月出版 / 估价:78.00元

妇女绿皮书
中国性别平等与妇女发展报告（2016）
著(编)者:谭琳   2016年12月出版 / 估价:99.00元

公共服务蓝皮书
中国城市基本公共服务力评价（2016）
著(编)者:钟君 吴正杲   2016年12月出版 / 估价:79.00元

公共管理蓝皮书
中国公共管理发展报告（2016）
著(编)者:贡森 李国强 杨维富
2016年4月出版 / 估价:69.00元

公共外交蓝皮书
中国公共外交发展报告（2016）
著(编)者:赵启正 雷蔚真   2016年4月出版 / 估价:89.00元

公民科学素质蓝皮书
中国公民科学素质报告（2016）
著(编)者:李群 许佳军   2016年3月出版 / 估价:79.00元

公益蓝皮书
中国公益发展报告（2016）
著(编)者:朱健刚   2016年5月出版 / 估价:78.00元

国际人才蓝皮书
海外华侨华人专业人士报告（2016）
著(编)者:王辉耀 苗绿   2016年8月出版 / 估价:69.00元

国际人才蓝皮书
中国国际移民报告（2016）
著(编)者:王辉耀   2016年2月出版 / 估价:79.00元

国际人才蓝皮书
中国海归发展报告（2016）NO.3
著(编)者:王辉耀 苗绿   2016年10月出版 / 估价:69.00元

国际人才蓝皮书
中国留学发展报告（2016）NO.5
著(编)者:王辉耀 苗绿   2016年10月出版 / 估价:79.00元

国家公园蓝皮书
中国国家公园体制建设报告（2016）
著(编)者:苏杨 张玉钧 石金莲 刘锋 等
2016年10月出版 / 估价:69.00元

海洋社会蓝皮书
中国海洋社会发展报告（2016）
著(编)者:崔凤 宋宁而   2016年7月出版 / 估价:89.00元

行政改革蓝皮书
中国行政体制改革报告（2016）NO.5
著(编)者:魏礼群   2016年4月出版 / 估价:98.00元

华侨华人蓝皮书
华侨华人研究报告（2016）
著(编)者:贾益民   2016年12月出版 / 估价:98.00元

环境竞争力绿皮书
中国省域环境竞争力发展报告（2016）
著(编)者:李建平 李闽榕 王金南
2016年11月出版 / 估价:198.00元

环境绿皮书
中国环境发展报告（2016）
著(编)者:刘鉴强   2016年5月出版 / 估价:79.00元

基金会蓝皮书
中国基金会发展报告（2016）
著(编)者:刘忠祥   2016年4月出版 / 估价:69.00元

基金会绿皮书
中国基金会发展独立研究报告（2016）
著(编)者:基金会中心网 中央民族大学基金会研究中心
2016年6月出版 / 估价:88.00元

基金会透明度蓝皮书
中国基金会透明度发展研究报告（2016）
著(编)者:基金会中心网 清华大学廉政与治理研究中心
2016年9月出版 / 估价:85.00元

教师蓝皮书
中国中小学教师发展报告（2016）
著(编)者:曾晓东 鱼霞   2016年6月出版 / 估价:69.00元

教育蓝皮书
中国教育发展报告（2016）
著(编)者:杨东平　2016年5月出版 / 估价:79.00元

科普蓝皮书
中国科普基础设施发展报告（2016）
著(编)者:任福君　2016年6月出版 / 估价:69.00元

科学教育蓝皮书
中国科学教育发展报告（2016）
著(编)者:罗晖　王康友　2016年10月出版 / 估价:79.00元

劳动保障蓝皮书
中国劳动保障发展报告（2016）
著(编)者:刘燕斌　2016年8月出版 / 估价:158.00元

连片特困区蓝皮书
中国连片特困区发展报告（2016）
著(编)者:游俊　冷志明　丁建军
2016年3月出版 / 估价:98.00元

民间组织蓝皮书
中国民间组织报告（2016）
著(编)者:黄晓勇　2016年12月出版 / 估价:79.00元

民调蓝皮书
中国民生调查报告（2016）
著(编)者:谢耘耕　2016年5月出版 / 估价:128.00元

民族发展蓝皮书
中国民族发展报告（2016）
著(编)者:郝时远　王延中　王希恩
2016年4月出版 / 估价:98.00元

女性生活蓝皮书
中国女性生活状况报告 NO.10（2016）
著(编)者:韩湘景　2016年4月出版 / 估价:79.00元

汽车社会蓝皮书
中国汽车社会发展报告（2016）
著(编)者:王俊秀　2016年1月出版 / 估价:69.00元

青年蓝皮书
中国青年发展报告（2016）NO.4
著(编)者:廉思 等　2016年4月出版 / 估价:69.00元

青少年蓝皮书
中国未成年人互联网运用报告（2016）
著(编)者:李文革　沈杰　季为民
2016年11月出版 / 估价:89.00元

青少年体育蓝皮书
中国青少年体育发展报告（2016）
著(编)者:郭建军　杨桦　2016年9月出版 / 估价:69.00元

区域人才蓝皮书
中国区域人才竞争力报告 NO.2
著(编)者:桂昭明　王辉耀
2016年6月出版 / 估价:69.00元

群众体育蓝皮书
中国群众体育发展报告（2016）
著(编)者:刘国永　杨桦　2016年10月出版 / 估价:69.00元

人才蓝皮书
中国人才发展报告（2016）
著(编)者:潘晨光　2016年9月出版 / 估价:85.00元

人权蓝皮书
中国人权事业发展报告 NO.6（2016）
著(编)者:李君如　2016年9月出版 / 估价:128.00元

社会保障绿皮书
中国社会保障发展报告（2016）NO.8
著(编)者:王延中　2016年4月出版 / 估价:99.00元

社会工作蓝皮书
中国社会工作发展报告（2016）
著(编)者:民政部社会工作研究中心
2016年8月出版 / 估价:79.00元

社会管理蓝皮书
中国社会管理创新报告 NO.4
著(编)者:连玉明　2016年11月出版 / 估价:89.00元

社会蓝皮书
2016年中国社会形势分析与预测
著(编)者:李培林　陈光金　张翼
2015年12月出版 / 定价:79.00元

社会体制蓝皮书
中国社会体制改革报告（2016）NO.4
著(编)者:龚维斌　2016年4月出版 / 估价:79.00元

社会心态蓝皮书
中国社会心态研究报告（2016）
著(编)者:王俊秀　杨宜音　2016年10月出版 / 估价:69.00元

社会组织蓝皮书
中国社会组织评估发展报告（2016）
著(编)者:徐家良　廖鸿　2016年12月出版 / 估价:69.00元

生态城市绿皮书
中国生态城市建设发展报告（2016）
著(编)者:刘举科　孙伟平　胡文臻
2016年9月出版 / 估价:148.00元

生态文明绿皮书
中国省域生态文明建设评价报告（ECI 2016）
著(编)者:严耕　2016年12月出版 / 估价:85.00元

世界社会主义黄皮书
世界社会主义跟踪研究报告（2015～2016）
著(编)者:李慎明　2016年4月出版 / 估价:258.00元

水与发展蓝皮书
中国水风险评估报告（2016）
著(编)者:王浩　2016年9月出版 / 估价:69.00元

体育蓝皮书
长三角地区体育产业发展报告（2016）
著(编)者:张林　2016年4月出版 / 估价:79.00元

体育蓝皮书
中国公共体育服务发展报告（2016）
著(编)者:戴健　2016年12月出版 / 估价:79.00元

土地整治蓝皮书
中国土地整治发展研究报告 NO.3
著(编)者:国土资源部土地整治中心
2016年5月出版 / 估价:89.00元

土地政策蓝皮书
中国土地政策发展报告（2016）
著(编)者:高延利　李宪文　唐健
2016年12月出版 / 估价:69.00元

危机管理蓝皮书
中国危机管理报告（2016）
著(编)者:文学国　范正青　2016年8月出版 / 估价:89.00元

形象危机应对蓝皮书
形象危机应对研究报告（2016）
著(编)者:唐钧　2016年6月出版 / 估价:149.00元

医改蓝皮书
中国医药卫生体制改革报告（2016）
著(编)者:文学国　房志武　2016年11月出版 / 估价:98.00元

医疗卫生绿皮书
中国医疗卫生发展报告 NO.7（2016）
著(编)者:申宝忠　韩玉珍　2016年4月出版 / 估价:75.00元

政治参与蓝皮书
中国政治参与报告（2016）
著(编)者:房宁　2016年7月出版 / 估价:108.00元

政治发展蓝皮书
中国政治发展报告（2016）
著(编)者:房宁　杨海蛟　2016年5月出版 / 估价:88.00元

智慧社区蓝皮书
中国智慧社区发展报告（2016）
著(编)者:罗昌智　张辉德　2016年7月出版 / 估价:69.00元

中国农村妇女发展蓝皮书
农村流动女性城市生活发展报告（2016）
著(编)者:谢丽华　2016年12月出版 / 估价:79.00元

宗教蓝皮书
中国宗教报告（2016）
著(编)者:邱永辉　2016年5月出版 / 估价:79.00元

行业报告类

保健蓝皮书
中国保健服务产业发展报告 NO.2
著(编)者:中国保健协会　中共中央党校
2016年7月出版 / 估价:198.00元

保健蓝皮书
中国保健食品产业发展报告 NO.2
著(编)者:中国保健协会
　　　　中国社会科学院食品药品产业发展与监管研究中心
2016年7月出版 / 估价:198.00元

保健蓝皮书
中国保健用品产业发展报告 NO.2
著(编)者:中国保健协会
　　　　国务院国有资产监督管理委员会研究中心
2016年2月出版 / 估价:198.00元

保险蓝皮书
中国保险业创新发展报告（2016）
著(编)者:项俊波　2016年12月出版 / 估价:69.00元

保险蓝皮书
中国保险业竞争力报告（2016）
著(编)者:项俊波　2015年12月出版 / 估价:99.00元

采供血蓝皮书
中国采供血管理报告（2016）
著(编)者:朱永明　耿鸿武　2016年8月出版 / 估价:69.00元

彩票蓝皮书
中国彩票发展报告（2016）
著(编)者:益彩基金　2016年4月出版 / 估价:98.00元

餐饮产业蓝皮书
中国餐饮产业发展报告（2016）
著(编)者:邢颖　2016年4月出版 / 估价:69.00元

测绘地理信息蓝皮书
测绘地理信息转型升级研究报告（2016）
著(编)者:库热西·买合苏提　2016年12月出版 / 估价:98.00元

茶业蓝皮书
中国茶产业发展报告（2016）
著(编)者:杨江帆　李闽榕　2016年10月出版 / 估价:78.00元

产权市场蓝皮书
中国产权市场发展报告（2015～2016）
著(编)者:曹和平　2016年5月出版 / 估价:89.00元

产业安全蓝皮书
中国出版传媒产业安全报告（2016）
著(编)者:北京印刷学院文化产业安全研究院
2016年4月出版 / 估价:69.00元

产业安全蓝皮书
中国文化产业安全报告（2016）
著(编)者:北京印刷学院文化产业安全研究院
2016年4月出版 / 估价:89.00元

产业安全蓝皮书
中国新媒体产业安全报告（2016）
著(编)者:北京印刷学院文化产业安全研究院
2016年5月出版 / 估价:69.00元

大数据蓝皮书
网络空间和大数据发展报告（2016）
著(编)者:杜平　2016年2月出版 / 估价:69.00元

电子商务蓝皮书
中国电子商务服务业发展报告 NO.3
著(编)者:荆林波 梁春晓　2016年5月出版 / 估价:69.00元

电子政务蓝皮书
中国电子政务发展报告（2016）
著(编)者:洪毅 杜平　2016年11月出版 / 估价:79.00元

杜仲产业绿皮书
中国杜仲橡胶资源与产业发展报告（2016）
著(编)者:杜红岩 胡文臻 俞锐
2016年1月出版 / 估价:85.00元

房地产蓝皮书
中国房地产发展报告 NO.13（2016）
著(编)者:魏后凯 李景国　2016年5月出版 / 估价:79.00元

服务外包蓝皮书
中国服务外包产业发展报告（2016）
著(编)者:王晓红 刘德军
2016年6月出版 / 估价:89.00元

服务外包蓝皮书
中国服务外包竞争力报告（2016）
著(编)者:王力 刘春生 黄育华
2016年11月出版 / 估价:85.00元

工业和信息化蓝皮书
世界网络安全发展报告（2016）
著(编)者:洪京一　2016年4月出版 / 估价:69.00元

工业和信息化蓝皮书
世界信息化发展报告（2016）
著(编)者:洪京一　2016年4月出版 / 估价:69.00元

工业和信息化蓝皮书
世界信息技术产业发展报告（2016）
著(编)者:洪京一　2016年4月出版 / 估价:79.00元

工业和信息化蓝皮书
世界制造业发展报告（2016）
著(编)者:洪京一　2016年4月出版 / 估价:69.00元

工业和信息化蓝皮书
移动互联网产业发展报告（2016）
著(编)者:洪京一　2016年4月出版 / 估价:79.00元

工业设计蓝皮书
中国工业设计发展报告（2016）
著(编)者:王晓红 于炜 张立群
2016年9月出版 / 估价:138.00元

互联网金融蓝皮书
中国互联网金融发展报告（2016）
著(编)者:李东荣　2016年8月出版 / 估价:79.00元

会展蓝皮书
中外会展业动态评估年度报告（2016）
著(编)者:张敏　2016年1月出版 / 估价:78.00元

节能汽车蓝皮书
中国节能汽车产业发展报告（2016）
著(编)者:中国汽车工程研究院股份有限公司
2016年12月出版 / 估价:69.00元

金融监管蓝皮书
中国金融监管报告（2016）
著(编)者:胡滨　2016年4月出版 / 估价:89.00元

金融蓝皮书
中国金融中心发展报告（2016）
著(编)者:王力 黄育华　2017年11月出版 / 估价:75.00元

金融蓝皮书
中国商业银行竞争力报告（2016）
著(编)者:王松奇　2016年5月出版 / 估价:69.00元

经济林产业绿皮书
中国经济林产业发展报告（2016）
著(编)者:李芳东 胡文臻 乌云塔娜 杜红岩
2016年12月出版 / 估价:69.00元

客车蓝皮书
中国客车产业发展报告（2016）
著(编)者:姚蔚　2016年2月出版 / 估价:85.00元

老龄蓝皮书
中国老龄产业发展报告（2016）
著(编)者:吴玉韶 党俊武　2016年9月出版 / 估价:79.00元

流通蓝皮书
中国商业发展报告（2016）
著(编)者:荆林波　2016年5月出版 / 估价:89.00元

旅游安全蓝皮书
中国旅游安全报告（2016）
著(编)者:郑向敏 谢朝武　2016年5月出版 / 估价:128.00元

旅游绿皮书
2015～2016年中国旅游发展分析与预测
著(编)者:宋瑞　2016年1月出版 / 估价:98.00元

煤炭蓝皮书
中国煤炭工业发展报告（2016）
著(编)者:岳福斌　2016年12月出版 / 估价:79.00元

民营企业社会责任蓝皮书
中国民营企业社会责任年度报告（2016）
著(编)者:中华全国工商业联合会
2016年7月出版 / 估价:69.00元

民营医院蓝皮书
中国民营医院发展报告（2016）
著(编)者:庄一强　　　2016年10月出版 / 估价:75.00元

能源蓝皮书
中国能源发展报告（2016）
著(编)者:崔民选 王军生 陈义和
2016年8月出版 / 估价:79.00元

农产品流通蓝皮书
中国农产品流通产业发展报告（2016）
著(编)者:贾敬敦 张东科 张玉玺 张鹏毅 周伟
2016年1月出版 / 估价:89.00元

期货蓝皮书
中国期货市场发展报告(2016)
著(编)者:李群 王在荣　2016年11月出版 / 估价:69.00元

企业公益蓝皮书
中国企业公益研究报告（2016）
著(编)者:钟宏武 汪杰 顾一 黄晓娟 等
2016年12月出版 / 估价:69.00元

企业公众透明度蓝皮书
中国企业公众透明度报告（2016）NO.2
著(编)者:黄速建 王晓光 肖红军
2016年1月出版 / 估价:98.00元

企业国际化蓝皮书
中国企业国际化报告（2016）
著(编)者:王辉耀　　　2016年11月出版 / 估价:98.00元

企业蓝皮书
中国企业绿色发展报告 NO.2（2016）
著(编)者:李红玉 朱光辉　2016年8月出版 / 估价:79.00元

企业社会责任蓝皮书
中国企业社会责任研究报告（2016）
著(编)者:黄群慧 钟宏武 张蒽 等
2016年11月出版 / 估价:79.00元

企业社会责任能力蓝皮书
中国上市公司社会责任能力成熟度报告（2016）
著(编)者:肖红军 王晓光 李伟阳
2016年11月出版 / 估价:69.00元

汽车安全蓝皮书
中国汽车安全发展报告（2016）
著(编)者:中国汽车技术研究中心
2016年7月出版 / 估价:89.00元

汽车电子商务蓝皮书
中国汽车电子商务发展报告（2016）
著(编)者:中华全国工商业联合会汽车经销商商会
　　　　北京易观智库网络科技有限公司
2016年5月出版 / 估价:128.00元

汽车工业蓝皮书
中国汽车工业发展年度报告（2016）
著(编)者:中国汽车工业协会 中国汽车技术研究中心
　　　　丰田汽车（中国）投资有限公司
2016年4月出版 / 估价:128.00元

汽车蓝皮书
中国汽车产业发展报告（2016）
著(编)者:国务院发展研究中心产业经济研究部
　　　　中国汽车工程学会 大众汽车集团（中国）
2016年8月出版 / 估价:158.00元

清洁能源蓝皮书
国际清洁能源发展报告（2016）
著(编)者:苏树辉 袁国林 李玉崙
2016年11月出版 / 估价:99.00元

人力资源蓝皮书
中国人力资源发展报告（2016）
著(编)者:余兴安　2016年12月出版 / 估价:79.00元

融资租赁蓝皮书
中国融资租赁业发展报告（2015～2016）
著(编)者:李光荣 王力　2016年1月出版 / 估价:89.00元

软件和信息服务业蓝皮书
中国软件和信息服务业发展报告（2016）
著(编)者:洪京一　2016年12月出版 / 估价:198.00元

商会蓝皮书
中国商会发展报告NO.5（2016）
著(编)者:王钦敏　2016年7月出版 / 估价:89.00元

上市公司蓝皮书
中国上市公司社会责任信息披露报告（2016）
著(编)者:张旺 张杨　2016年11月出版 / 估价:69.00元

上市公司蓝皮书
中国上市公司质量评价报告（2015～2016）
著(编)者:张跃文 王力　2016年11月出版 / 估价:118.00元

设计产业蓝皮书
中国设计产业发展报告（2016）
著(编)者:陈冬亮 梁昊光　2016年3月出版 / 估价:89.00元

食品药品蓝皮书
食品药品安全与监管政策研究报告（2016）
著(编)者:唐民皓　2016年7月出版 / 估价:69.00元

世界能源蓝皮书
世界能源发展报告（2016）
著(编)者:黄晓勇　2016年6月出版 / 估价:99.00元

水利风景区蓝皮书
中国水利风景区发展报告（2016）
著(编)者:兰思仁　2016年8月出版 / 估价:69.00元

私募市场蓝皮书
中国私募股权市场发展报告（2016）
著(编)者:曹和平　2016年12月出版 / 估价:79.00元

碳市场蓝皮书
中国碳市场报告（2016）
著(编)者:宁金彪　2016年11月出版 / 估价:69.00元

体育蓝皮书
中国体育产业发展报告（2016）
著(编)者:阮伟 钟秉枢　2016年7月出版 / 估价:69.00元

投资蓝皮书
中国投资发展报告（2016）
著(编)者:谢平　2016年4月出版 / 估价:128.00元

土地市场蓝皮书
中国农村土地市场发展报告（2016）
著(编)者:李光荣 高传捷　2016年1月出版 / 估价:69.00元

网络空间安全蓝皮书
中国网络空间安全发展报告（2016）
著(编)者:惠志斌 唐涛　2016年4月出版 / 估价:79.00元

物联网蓝皮书
中国物联网发展报告（2016）
著(编)者:黄桂田 龚六堂 张全升
2016年1月出版 / 估价:69.00元

西部工业蓝皮书
中国西部工业发展报告（2016）
著(编)者:方行明 甘犁 刘方健 姜凌 等
2016年9月出版 / 估价:79.00元

西部金融蓝皮书
中国西部金融发展报告（2016）
著(编)者:李忠民　2016年8月出版 / 估价:75.00元

协会商会蓝皮书
中国行业协会商会发展报告（2016）
著(编)者:景朝阳 李勇　2016年4月出版 / 估价:99.00元

新能源汽车蓝皮书
中国新能源汽车产业发展报告（2016）
著(编)者:中国汽车技术研究中心
　　　日产（中国）投资有限公司 东风汽车有限公司
2016年8月出版 / 估价:89.00元

新三板蓝皮书
中国新三板市场发展报告（2016）
著(编)者:王力　2016年6月出版 / 估价:69.00元

信托市场蓝皮书
中国信托业市场报告（2015～2016）
著(编)者:用益信托工作室
2016年2月出版 / 估价:198.00元

信息安全蓝皮书
中国信息安全发展报告（2016）
著(编)者:张晓东　2016年2月出版 / 估价:69.00元

信息化蓝皮书
中国信息化形势分析与预测（2016）
著(编)者:周宏仁　2016年8月出版 / 估价:98.00元

信用蓝皮书
中国信用发展报告（2016）
著(编)者:章政 田侃　2016年4月出版 / 估价:99.00元

休闲绿皮书
2016年中国休闲发展报告
著(编)者:宋瑞
2016年10月出版 / 估价:79.00元

药品流通蓝皮书
中国药品流通行业发展报告（2016）
著(编)者:佘鲁林 温再兴
2016年8月出版 / 估价:158.00元

医药蓝皮书
中国中医药产业园战略发展报告（2016）
著(编)者:裴长洪 房书亭 吴瀞心
2016年3月出版 / 估价:89.00元

邮轮绿皮书
中国邮轮产业发展报告（2016）
著(编)者:汪泓　2016年10月出版 / 估价:79.00元

智能养老蓝皮书
中国智能养老产业发展报告（2016）
著(编)者:朱勇　2016年10月出版 / 估价:89.00元

中国SUV蓝皮书
中国SUV产业发展报告 （2016）
著(编)者:靳军　2016年12月出版 / 估价:69.00元

中国金融行业蓝皮书
中国债券市场发展报告（2016）
著(编)者:谢多　2016年7月出版 / 估价:69.00元

中国上市公司蓝皮书
中国上市公司发展报告（2016）
著(编)者:中国社会科学院上市公司研究中心
2016年9月出版 / 估价:98.00元

中国游戏蓝皮书
中国游戏产业发展报告 （2016）
著(编)者:孙立军 刘跃军 牛兴侦
2016年4月出版 / 估价:69.00元

中国总部经济蓝皮书
中国总部经济发展报告（2015～2016）
著(编)者:赵弘　2016年9月出版 / 估价:79.00元

资本市场蓝皮书
中国场外交易市场发展报告（2016）
著(编)者:高峦　2016年8月出版 / 估价:79.00元

资产管理蓝皮书
中国资产管理行业发展报告（2016）
著(编)者:智信资产管理研究院
2016年6月出版 / 估价:89.00元

21

文化传媒类

传媒竞争力蓝皮书
中国传媒国际竞争力研究报告（2016）
著(编)者：李本乾　刘强
2016年11月出版 / 估价：148.00元

传媒蓝皮书
中国传媒产业发展报告（2016）
著(编)者：崔保国　2016年5月出版 / 估价：98.00元

传媒投资蓝皮书
中国传媒投资发展报告（2016）
著(编)者：张向东　谭云明
2016年6月出版 / 估价：128.00元

动漫蓝皮书
中国动漫产业发展报告（2016）
著(编)者：卢斌　郑玉明　牛兴侦
2016年7月出版 / 估价：79.00元

非物质文化遗产蓝皮书
中国非物质文化遗产发展报告（2016）
著(编)者：陈平　2016年5月出版 / 估价：98.00元

广电蓝皮书
中国广播电影电视发展报告（2016）
著(编)者：国家新闻出版广电总局发展研究中心
2016年7月出版 / 估价：98.00元

广告主蓝皮书
中国广告主营销传播趋势报告 NO.9
著(编)者：黄升民　杜国清　邵华冬　等
2016年10月出版 / 估价：148.00元

国际传播蓝皮书
中国国际传播发展报告（2016）
著(编)者：胡正荣　李继东　姬德强
2016年11月出版 / 估价：89.00元

纪录片蓝皮书
中国纪录片发展报告（2016）
著(编)者：何苏六　2016年10月出版 / 估价：79.00元

科学传播蓝皮书
中国科学传播报告（2016）
著(编)者：詹正茂　2016年7月出版 / 估价：69.00元

两岸创意经济蓝皮书
两岸创意经济研究报告（2016）
著(编)者：罗昌智　董泽平　2016年12月出版 / 估价：98.00元

两岸文化蓝皮书
两岸文化产业合作发展报告（2016）
著(编)者：胡惠林　李保宗　2016年7月出版 / 估价：79.00元

媒介与女性蓝皮书
中国媒介与女性发展报告(2015~2016)
著(编)者：刘利群　2016年8月出版 / 估价：118.00元

媒体融合蓝皮书
中国媒体融合发展报告（2016）
著(编)者：梅宁华　宋建武　2016年7月出版 / 估价：79.00元

全球传媒蓝皮书
全球传媒发展报告（2016）
著(编)者：胡正荣　李继东　唐晓芬
2016年12月出版 / 估价：79.00元

少数民族非遗蓝皮书
中国少数民族非物质文化遗产发展报告（2016）
著(编)者：肖远平（彝）　柴立（满）
2016年6月出版 / 估价：128.00元

视听新媒体蓝皮书
中国视听新媒体发展报告（2016）
著(编)者：国家新闻出版广电总局发展研究中心
2016年7月出版 / 估价：98.00元

文化创新蓝皮书
中国文化创新报告（2016）NO.7
著(编)者：于平　傅才武　2016年7月出版 / 估价：98.00元

文化建设蓝皮书
中国文化发展报告（2016）
著(编)者：江畅　孙伟平　戴茂堂
2016年4月出版 / 估价：108.00元

文化科技蓝皮书
文化科技创新发展报告（2016）
著(编)者：于平　李凤亮　2016年10月出版 / 估价：89.00元

文化蓝皮书
中国公共文化服务发展报告（2016）
著(编)者：刘新成　张永新　张旭　2016年10月出版 / 估价：98.00

文化蓝皮书
中国公共文化投入增长测评报告（2016）
著(编)者：王亚南　2016年12月出版 / 估价：79.00元

文化蓝皮书
中国少数民族文化发展报告（2016）
著(编)者：武翠英　张晓明　任乌晶
2016年9月出版 / 估价：69.00元

文化蓝皮书
中国文化产业发展报告（2016）
著(编)者：张晓明　王家新　章建刚
2016年4月出版 / 估价：79.00元

文化蓝皮书
中国文化产业供需协调检测报告（2016）
著(编)者：王亚南　2016年2月出版 / 估价：79.00元

文化蓝皮书
中国文化消费需求景气评价报告（2016）
著(编)者：王亚南　2016年2月出版 / 估价：79.00元

文化品牌蓝皮书
中国文化品牌发展报告（2016）
著(编)者:欧阳友权　2016年4月出版 / 估价:89.00元

文化遗产蓝皮书
中国文化遗产事业发展报告（2016）
著(编)者:刘世锦　2016年3月出版 / 估价:89.00元

文学蓝皮书
中国文情报告（2015~2016）
著(编)者:白烨　2016年5月出版 / 估价:69.00元

新媒体蓝皮书
中国新媒体发展报告NO.7（2016）
著(编)者:唐绪军　2016年7月出版 / 估价:79.00元

新媒体社会责任蓝皮书
中国新媒体社会责任研究报告（2016）
著(编)者:钟瑛　2016年10月出版 / 估价:79.00元

移动互联网蓝皮书
中国移动互联网发展报告（2016）
著(编)者:官建文　2016年6月出版 / 估价:79.00元

舆情蓝皮书
中国社会舆情与危机管理报告（2016）
著(编)者:谢耘耕　2016年8月出版 / 估价:98.00元

地方发展类

安徽经济蓝皮书
芜湖创新型城市发展报告（2016）
著(编)者:张志宏　2016年4月出版 / 估价:69.00元

安徽蓝皮书
安徽社会发展报告（2016）
著(编)者:程桦　2016年4月出版 / 估价:89.00元

安徽社会建设蓝皮书
安徽社会建设分析报告（2015~2016）
著(编)者:黄家海　王开玉　蔡宪
2016年4月出版 / 估价:89.00元

澳门蓝皮书
澳门经济社会发展报告（2015~2016）
著(编)者:吴志良　郝雨凡　2016年5月出版 / 估价:79.00元

北京蓝皮书
北京公共服务发展报告（2015~2016）
著(编)者:施昌奎　2016年1月出版 / 估价:69.00元

北京蓝皮书
北京经济发展报告（2015~2016）
著(编)者:杨松　2016年6月出版 / 估价:79.00元

北京蓝皮书
北京社会发展报告（2015~2016）
著(编)者:李伟东　2016年7月出版 / 估价:79.00元

北京蓝皮书
北京社会治理发展报告（2015~2016）
著(编)者:殷星辰　2016年6月出版 / 估价:79.00元

北京蓝皮书
北京文化发展报告（2015~2016）
著(编)者:李建盛　2016年5月出版 / 估价:79.00元

北京旅游绿皮书
北京旅游发展报告（2016）
著(编)者:北京旅游学会　2016年7月出版 / 估价:88.00元

北京人才蓝皮书
北京人才发展报告（2016）
著(编)者:于淼　2016年12月出版 / 估价:128.00元

北京社会心态蓝皮书
北京社会心态分析报告（2015~2016）
著(编)者:北京社会心理研究所
2016年8月出版 / 估价:79.00元

北京社会组织管理蓝皮书
北京社会组织发展与管理（2015~2016）
著(编)者:黄江松　2016年4月出版 / 估价:78.00元

北京体育蓝皮书
北京体育产业发展报告（2016）
著(编)者:钟秉枢　陈杰　杨铁黎
2016年10月出版 / 估价:79.00元

北京养老产业蓝皮书
北京养老产业发展报告（2016）
著(编)者:周明明　冯喜良　2016年4月出版 / 估价:69.00元

滨海金融蓝皮书
滨海新区金融发展报告（2016）
著(编)者:王爱俭　张锐钢　2016年9月出版 / 估价:79.00元

城乡一体化蓝皮书
中国城乡一体化发展报告·北京卷（2015~2016）
著(编)者:张宝秀　黄序　2016年5月出版 / 估价:79.00元

创意城市蓝皮书
北京文化创意产业发展报告（2016）
著(编)者:张京成　王国华　2016年12月出版 / 估价:69.00元

创意城市蓝皮书
青岛文化创意产业发展报告（2016）
著(编)者:马达　张丹妮　2016年6月出版 / 估价:79.00元

创意城市蓝皮书
台北文化创意产业发展报告（2016）
著(编)者:陈耀竹 邱琪瑄　2016年11月出版 / 估价:89.00元

创意城市蓝皮书
无锡文化创意产业发展报告（2016）
著(编)者:谭军 张鸣年　2016年10月出版 / 估价:79.00元

创意城市蓝皮书
武汉文化创意产业发展报告（2016）
著(编)者:黄永林 陈汉桥　2016年12月出版 / 估价:89.00元

创意城市蓝皮书
重庆创意产业发展报告（2016）
著(编)者:程宇宁　2016年4月出版 / 估价:89.00元

地方法治蓝皮书
南宁法治发展报告（2016）
著(编)者:杨维超　2016年12月出版 / 估价:69.00元

福建妇女发展蓝皮书
福建省妇女发展报告（2016）
著(编)者:刘群英　2016年11月出版 / 估价:88.00元

甘肃蓝皮书
甘肃经济发展分析与预测（2016）
著(编)者:朱智文 罗哲　2016年1月出版 / 估价:79.00元

甘肃蓝皮书
甘肃社会发展分析与预测（2016）
著(编)者:安文华 包晓霞　2016年1月出版 / 估价:79.00元

甘肃蓝皮书
甘肃文化发展分析与预测（2016）
著(编)者:安文华 周小华　2016年1月出版 / 估价:79.00元

甘肃蓝皮书
甘肃县域社会发展评价报告（2016）
著(编)者:刘进军 柳民 王建兵
2016年1月出版 / 估价:79.00元

甘肃蓝皮书
甘肃舆情分析与预测（2016）
著(编)者:陈双梅 郝树声　2016年1月出版 / 估价:79.00元

甘肃蓝皮书
甘肃商务发展报告（2016）
著(编)者:杨志武 王福生 王晓芳
2016年1月出版 / 估价:69.00元

广东蓝皮书
广东全面深化改革发展报告（2016）
著(编)者:周林生 涂成林　2016年11月出版 / 估价:69.00元

广东蓝皮书
广东社会工作发展报告（2016）
著(编)者:罗观翠　2016年6月出版 / 估价:89.00元

广东蓝皮书
广东省电子商务发展报告（2016）
著(编)者:程晓 邓顺国　2016年7月出版 / 估价:79.00元

广东社会建设蓝皮书
广东省社会建设发展报告（2016）
著(编)者:广东省社会工作委员会
2016年12月出版 / 估价:99.00元

广东外经贸蓝皮书
广东对外经济贸易发展研究报告（2015~2016）
著(编)者:陈万灵　2016年5月出版 / 估价:89.00元

广西北部湾经济区蓝皮书
广西北部湾经济区开放开发报告（2016）
著(编)者:广西北部湾经济区规划建设管理委员会办公室
　　　　广西社会科学院广西北部湾发展研究院
2016年10月出版 / 估价:79.00元

广州蓝皮书
2016年中国广州经济形势分析与预测
著(编)者:庾建设 沈奎 谢博能　2016年6月出版 / 估价:79.00元

广州蓝皮书
2016年中国广州社会形势分析与预测
著(编)者:张强 陈怡霓 杨秦　2016年6月出版 / 估价:79.00元

广州蓝皮书
广州城市国际化发展报告（2016）
著(编)者:朱名宏　2016年11月出版 / 估价:69.00元

广州蓝皮书
广州创新型城市发展报告（2016）
著(编)者:尹涛　2016年10月出版 / 估价:69.00元

广州蓝皮书
广州经济发展报告（2016）
著(编)者:朱名宏　2016年7月出版 / 估价:69.00元

广州蓝皮书
广州农村发展报告（2016）
著(编)者:朱名宏　2016年8月出版 / 估价:69.00元

广州蓝皮书
广州汽车产业发展报告（2016）
著(编)者:杨再高 冯兴亚　2016年9月出版 / 估价:69.00元

广州蓝皮书
广州青年发展报告（2015~2016）
著(编)者:魏国华 张强　2016年7月出版 / 估价:69.00元

广州蓝皮书
广州商贸业发展报告（2016）
著(编)者:李江涛 肖振宇 荀振英
2016年7月出版 / 估价:69.00元

广州蓝皮书
广州社会保障发展报告（2016）
著(编)者:蔡国萱　2016年10月出版 / 估价:65.00元

广州蓝皮书
广州文化创意产业发展报告（2016）
著(编)者:甘新　2016年8月出版 / 估价:79.00元

广州蓝皮书
中国广州城市建设与管理发展报告（2016）
著(编)者:董皞 陈小钢 李江涛　2016年7月出版 / 估价:69.00元

广州蓝皮书
中国广州科技和信息化发展报告（2016）
著(编)者:邹采荣 马正勇 冯元 2016年8月出版 / 估价:79.00元

广州蓝皮书
中国广州文化发展报告（2016）
著(编)者:徐俊忠 陆志强 顾涧清 2016年7月出版 / 估价:69.00元

贵阳蓝皮书
贵阳城市创新发展报告·白云篇（2016）
著(编)者:连玉明 2016年10月出版 / 估价:89.00元

贵阳蓝皮书
贵阳城市创新发展报告·观山湖篇（2016）
著(编)者:连玉明 2016年10月出版 / 估价:89.00元

贵阳蓝皮书
贵阳城市创新发展报告·花溪篇（2016）
著(编)者:连玉明 2016年10月出版 / 估价:89.00元

贵阳蓝皮书
贵阳城市创新发展报告·开阳篇（2016）
著(编)者:连玉明 2016年10月出版 / 估价:89.00元

贵阳蓝皮书
贵阳城市创新发展报告·南明篇（2016）
著(编)者:连玉明 2016年10月出版 / 估价:89.00元

贵阳蓝皮书
贵阳城市创新发展报告·清镇篇（2016）
著(编)者:连玉明 2016年10月出版 / 估价:89.00元

贵阳蓝皮书
贵阳城市创新发展报告·乌当篇（2016）
著(编)者:连玉明 2016年10月出版 / 估价:89.00元

贵阳蓝皮书
贵阳城市创新发展报告·息烽篇（2016）
著(编)者:连玉明 2016年10月出版 / 估价:89.00元

贵阳蓝皮书
贵阳城市创新发展报告·修文篇（2016）
著(编)者:连玉明 2016年10月出版 / 估价:89.00元

贵阳蓝皮书
贵阳城市创新发展报告·云岩篇（2016）
著(编)者:连玉明 2016年10月出版 / 估价:89.00元

贵州房地产蓝皮书
贵州房地产发展报告NO.3（2016）
著(编)者:武廷方 2016年6月出版 / 估价:89.00元

贵州蓝皮书
册亨经济社会发展报告（2016）
著(编)者:黄德林 2016年1月出版 / 估价:69.00元

贵州蓝皮书
贵安新区发展报告（2016）
著(编)者:马长青 吴大华 2016年4月出版 / 估价:69.00元

贵州蓝皮书
贵州法治发展报告（2016）
著(编)者:吴大华 2016年5月出版 / 估价:79.00元

贵州蓝皮书
贵州民航业发展报告（2016）
著(编)者:申振东 吴大华 2016年10月出版 / 估价:69.00元

贵州蓝皮书
贵州人才发展报告（2016）
著(编)者:于杰 吴大华 2016年9月出版 / 估价:69.00元

贵州蓝皮书
贵州社会发展报告（2016）
著(编)者:王兴骥 2016年5月出版 / 估价:79.00元

海淀蓝皮书
海淀区文化和科技融合发展报告（2016）
著(编)者:陈名杰 孟景伟 2016年5月出版 / 估价:75.00元

海峡西岸蓝皮书
海峡西岸经济区发展报告（2016）
著(编)者:福建省人民政府发展研究中心
　　　　福建省人民政府发展研究中心咨询服务中心
2016年9月出版 / 估价:65.00元

杭州都市圈蓝皮书
杭州都市圈发展报告（2016）
著(编)者:董祖德 沈翔 2016年5月出版 / 估价:89.00元

杭州蓝皮书
杭州妇女发展报告（2016）
著(编)者:魏颖 2016年4月出版 / 估价:79.00元

河北经济蓝皮书
河北省经济发展报告（2016）
著(编)者:马树强 金浩 刘兵 张贵
2016年3月出版 / 估价:89.00元

河北蓝皮书
河北经济社会发展报告（2016）
著(编)者:周文夫 2016年1月出版 / 估价:79.00元

河北食品药品安全蓝皮书
河北食品药品安全研究报告（2016）
著(编)者:丁锦霞 2016年6月出版 / 估价:79.00元

河南经济蓝皮书
2016年河南经济形势分析与预测
著(编)者:胡五岳 2016年2月出版 / 估价:69.00元

河南蓝皮书
2016年河南社会形势分析与预测
著(编)者:刘道兴 牛苏林 2016年4月出版 / 估价:69.00元

河南蓝皮书
河南城市发展报告（2016）
著(编)者:谷建全 王建国 2016年3月出版 / 估价:79.00元

河南蓝皮书
河南法治发展报告（2016）
著(编)者:丁同民 闫德民 2016年6月出版 / 估价:79.00元

河南蓝皮书
河南工业发展报告（2016）
著(编)者:龚绍东 赵西三 2016年1月出版 / 估价:79.00元

河南蓝皮书
河南金融发展报告（2016）
著(编)者:河南省社会科学院
2016年6月出版 / 估价:69.00元

河南蓝皮书
河南经济发展报告（2016）
著(编)者:河南省社会科学院
2016年12月出版 / 估价:79.00元

河南蓝皮书
河南农业农村发展报告（2016）
著(编)者:吴海峰　2016年4月出版 / 估价:69.00元

河南蓝皮书
河南文化发展报告（2016）
著(编)者:卫绍生　2016年3月出版 / 估价:79.00元

河南商务蓝皮书
河南商务发展报告（2016）
著(编)者:焦锦淼 穆荣国　2016年4月出版 / 估价:88.00元

黑龙江产业蓝皮书
黑龙江产业发展报告（2016）
著(编)者:于渤　2016年10月出版 / 估价:79.00元

黑龙江蓝皮书
黑龙江经济发展报告（2016）
著(编)者:曲伟　2016年1月出版 / 估价:79.00元

黑龙江蓝皮书
黑龙江社会发展报告（2016）
著(编)者:张新颖　2016年1月出版 / 估价:79.00元

湖南城市蓝皮书
区域城市群整合（主题待定）
著(编)者:童中贤 韩未名　2016年12月出版 / 估价:79.00元

湖南蓝皮书
2016年湖南产业发展报告
著(编)者:梁志峰　2016年5月出版 / 估价:98.00元

湖南蓝皮书
2016年湖南电子政务发展报告
著(编)者:梁志峰　2016年5月出版 / 估价:98.00元

湖南蓝皮书
2016年湖南经济展望
著(编)者:梁志峰　2016年5月出版 / 估价:128.00元

湖南蓝皮书
2016年湖南两型社会与生态文明发展报告
著(编)者:梁志峰　2016年5月出版 / 估价:98.00元

湖南蓝皮书
2016年湖南社会发展报告
著(编)者:梁志峰　2016年5月出版 / 估价:88.00元

湖南蓝皮书
2016年湖南县域经济社会发展报告
著(编)者:梁志峰　2016年5月出版 / 估价:98.00元

湖南蓝皮书
湖南城乡一体化发展报告（2016）
著(编)者:陈文胜 刘祚祥 邝奕轩 等
2016年7月出版 / 估价:89.00元

湖南县域绿皮书
湖南县域发展报告 NO.3
著(编)者:袁准 周小毛　2016年9月出版 / 估价:69.00元

沪港蓝皮书
沪港发展报告（2015～2016）
著(编)者:尤安山　2016年4月出版 / 估价:89.00元

吉林蓝皮书
2016年吉林经济社会形势分析与预测
著(编)者:马克　2016年2月出版 / 估价:89.00元

济源蓝皮书
济源经济社会发展报告（2016）
著(编)者:喻新安　2016年4月出版 / 估价:69.00元

健康城市蓝皮书
北京健康城市建设研究报告（2016）
著(编)者:王鸿春　2016年4月出版 / 估价:79.00元

江苏法治蓝皮书
江苏法治发展报告 NO.5（2016）
著(编)者:李力 龚廷泰　2016年9月出版 / 估价:98.00元

江西蓝皮书
江西经济社会发展报告（2016）
著(编)者:张勇 姜玮 梁勇　2016年10月出版 / 估价:79.00元

江西文化产业蓝皮书
江西文化产业发展报告（2016）
著(编)者:张圣才 汪春翔　2016年10月出版 / 估价:128.00元

经济特区蓝皮书
中国经济特区发展报告（2016）
著(编)者:陶一桃　2016年12月出版 / 估价:89.00元

辽宁蓝皮书
2016年辽宁经济社会形势分析与预测
著(编)者:曹晓峰 张晶 梁启东
2016年12月出版 / 估价:79.00元

拉萨蓝皮书
拉萨法治发展报告（2016）
著(编)者:车明怀　2016年7月出版 / 估价:79.00元

洛阳蓝皮书
洛阳文化发展报告（2016）
著(编)者:刘福兴 陈启明　2016年7月出版 / 估价:79.00元

南京蓝皮书
南京文化发展报告（2016）
著(编)者:徐宁　2016年12月出版 / 估价:79.00元

内蒙古蓝皮书
内蒙古反腐倡廉建设报告 NO.2
著(编)者:张志华 无极　2016年12月出版 / 估价:69.00元

浦东新区蓝皮书
上海浦东经济发展报告（2016）
著(编)者:沈开艳 陆沪根　2016年1月出版 / 估价:69.00元

青海蓝皮书
2016年青海经济社会形势分析与预测
著(编)者:赵宗福　2015年12月出版 / 估价:69.00元

人口与健康蓝皮书
深圳人口与健康发展报告（2016）
著(编)者:陆杰华 罗乐宣 苏杨
2016年11月出版 / 估价:89.00元

山东蓝皮书
山东经济形势分析与预测（2016）
著(编)者:李广杰　2016年11月出版 / 估价:89.00元

山东蓝皮书
山东社会形势分析与预测（2016）
著(编)者:涂可国　2016年6月出版 / 估价:89.00元

山东蓝皮书
山东文化发展报告（2016）
著(编)者:张华 唐洲雁　2016年6月出版 / 估价:98.00元

山西蓝皮书
山西资源型经济转型发展报告（2016）
著(编)者:李志强　2016年5月出版 / 估价:89.00元

陕西蓝皮书
陕西经济发展报告（2016）
著(编)者:任宗哲 白宽犁 裴成荣
2016年1月出版 / 估价:69.00元

陕西蓝皮书
陕西社会发展报告（2016）
著(编)者:任宗哲 白宽犁 牛昉
2016年1月出版 / 估价:69.00元

陕西蓝皮书
陕西文化发展报告（2016）
著(编)者:任宗哲 白宽犁 王长寿
2016年1月出版 / 估价:65.00元

陕西蓝皮书
丝绸之路经济带发展报告（2016）
著(编)者:任宗哲 石英 白宽犁
2016年8月出版 / 估价:79.00元

上海蓝皮书
上海传媒发展报告（2016）
著(编)者:强荧 焦雨虹　2016年1月出版 / 估价:69.00元

上海蓝皮书
上海法治发展报告（2016）
著(编)者:叶青　2016年5月出版 / 估价:69.00元

上海蓝皮书
上海经济发展报告（2016）
著(编)者:沈开艳　2016年1月出版 / 估价:69.00元

上海蓝皮书
上海社会发展报告（2016）
著(编)者:杨雄 周海旺　2016年1月出版 / 估价:69.00元

上海蓝皮书
上海文化发展报告（2016）
著(编)者:荣跃明　2016年1月出版 / 估价:74.00元

上海蓝皮书
上海文学发展报告（2016）
著(编)者:陈圣来　2016年1月出版 / 估价:69.00元

上海蓝皮书
上海资源环境发展报告（2016）
著(编)者:周冯琦 汤庆合 任文伟
2016年1月出版 / 估价:69.00元

上饶蓝皮书
上饶发展报告（2015～2016）
著(编)者:朱寅健　2016年3月出版 / 估价:128.00元

社会建设蓝皮书
2016年北京社会建设分析报告
著(编)者:宋贵伦 冯虹　2016年7月出版 / 估价:79.00元

深圳蓝皮书
深圳法治发展报告（2016）
著(编)者:张骁儒　2016年5月出版 / 估价:69.00元

深圳蓝皮书
深圳经济发展报告（2016）
著(编)者:张骁儒　2016年6月出版 / 估价:89.00元

深圳蓝皮书
深圳劳动关系发展报告（2016）
著(编)者:汤庭芬　2016年6月出版 / 估价:79.00元

深圳蓝皮书
深圳社会建设与发展报告（2016）
著(编)者:张骁儒 陈东平　2016年6月出版 / 估价:79.00元

深圳蓝皮书
深圳文化发展报告(2016)
著(编)者:张骁儒　2016年1月出版 / 估价:69.00元

四川法治蓝皮书
四川依法治省年度报告 NO.2（2016）
著(编)者:李林 杨天宗 田禾
2016年3月出版 / 估价:108.00元

四川蓝皮书
2016年四川经济形势分析与预测
著(编)者:杨钢　2016年1月出版 / 估价:89.00元

四川蓝皮书
四川城镇化发展报告（2016）
著(编)者:侯水平 范秋美　2016年4月出版 / 估价:79.00元

四川蓝皮书
四川法治发展报告（2016）
著(编)者:郑泰安　2016年1月出版 / 估价:69.00元

四川蓝皮书
四川企业社会责任研究报告（2015～2016）
著(编)者:侯水平 盛毅　2016年4月出版 / 估价:79.00元

四川蓝皮书
四川社会发展报告（2016）
著(编)者:郭晓鸣　2016年4月出版 / 估价:79.00元

四川蓝皮书
四川生态建设报告（2016）
著(编)者:李晟之　2016年4月出版 / 估价:79.00元

四川蓝皮书
四川文化产业发展报告（2016）
著(编)者:侯水平　2016年4月出版 / 估价:79.00元

体育蓝皮书
上海体育产业发展报告（2015～2016）
著(编)者:张林 黄海燕　2016年10月出版 / 估价:79.00元

体育蓝皮书
长三角地区体育产业发展报告（2015～2016）
著(编)者:张林　2016年4月出版 / 估价:79.00元

天津金融蓝皮书
天津金融发展报告（2016）
著(编)者:王爱俭 孔德昌　2016年9月出版 / 估价:89.00元

图们江区域合作蓝皮书
图们江区域合作发展报告（2016）
著(编)者:李铁　2016年4月出版 / 估价:98.00元

温州蓝皮书
2016年温州经济社会形势分析与预测
著(编)者:潘忠强 王春光 金浩　2016年4月出版 / 估价:69.00元

扬州蓝皮书
扬州经济社会发展报告（2016）
著(编)者:丁纯　2016年12月出版 / 估价:89.00元

长株潭城市群蓝皮书
长株潭城市群发展报告（2016）
著(编)者:张萍　2016年10月出版 / 估价:69.00元

郑州蓝皮书
2016年郑州文化发展报告
著(编)者:王哲　2016年9月出版 / 估价:65.00元

中医文化蓝皮书
北京中医药文化传播发展报告（2016）
著(编)者:毛嘉陵　2016年5月出版 / 估价:79.00元

珠三角流通蓝皮书
珠三角商圈发展研究报告（2016）
著(编)者:王先庆 林至颖　2016年7月出版 / 估价:98.00元

遵义蓝皮书
遵义发展报告（2016）
著(编)者:曾征 龚永育　2016年12月出版 / 估价:69.00元

国别与地区类

阿拉伯黄皮书
阿拉伯发展报告（2015～2016）
著(编)者:罗林　2016年11月出版 / 估价:79.00元

北部湾蓝皮书
泛北部湾合作发展报告（2016）
著(编)者:吕余生　2016年10月出版 / 估价:69.00元

大湄公河次区域蓝皮书
大湄公河次区域合作发展报告（2016）
著(编)者:刘稚　2016年9月出版 / 估价:79.00元

大洋洲蓝皮书
大洋洲发展报告（2015～2016）
著(编)者:喻常森　2016年10月出版 / 估价:89.00元

德国蓝皮书
德国发展报告（2016）
著(编)者:郑春荣 伍慧萍
2016年5月出版 / 估价:69.00元

东北亚黄皮书
东北亚地区政治与安全（2016）
著(编)者:黄凤志 刘清才 张慧智 等
2016年5月出版 / 估价:69.00元

东盟黄皮书
东盟发展报告（2016）
著(编)者:杨晓强 庄国土　2016年12月出版 / 估价:75.00元

东南亚蓝皮书
东南亚地区发展报告（2015～2016）
著(编)者:厦门大学东南亚研究中心　王勤
2016年4月出版 / 估价:79.00元

俄罗斯黄皮书
俄罗斯发展报告（2016）
著(编)者:李永全　2016年7月出版 / 估价:79.00元

非洲黄皮书
非洲发展报告 NO.18（2015～2016）
著(编)者:张宏明　2016年9月出版 / 估价:79.00元

国际形势黄皮书
全球政治与安全报告（2016）
著(编)者:李慎明 张宇燕
2015年12月出版 / 定价:69.00元

韩国蓝皮书
韩国发展报告（2016）
著(编)者:牛林杰 刘宝全
2016年12月出版 / 估价:89.00元

加拿大蓝皮书
加拿大发展报告（2016）
著(编)者:仲伟合 2016年4月出版 / 估价:89.00元

拉美黄皮书
拉丁美洲和加勒比发展报告（2015～2016）
著(编)者:吴白乙 2016年5月出版 / 估价:89.00元

美国蓝皮书
美国研究报告（2016）
著(编)者:郑秉文 黄平
2016年6月出版 / 估价:89.00元

缅甸蓝皮书
缅甸国情报告（2016）
著(编)者:李晨阳 2016年8月出版 / 估价:79.00元

欧洲蓝皮书
欧洲发展报告（2015～2016）
著(编)者:周弘 黄平 江时学
2016年7月出版 / 估价:89.00元

日本经济蓝皮书
日本经济与中日经贸关系研究报告（2016）
著(编)者:王洛林 张季风
2016年5月出版 / 估价:79.00元

日本蓝皮书
日本研究报告（2016）
著(编)者:李薇 2016年4月出版 / 估价:69.00元

上海合作组织黄皮书
上海合作组织发展报告（2016）
著(编)者:李进峰 吴宏伟 李伟
2016年7月出版 / 估价:98.00元

世界创新竞争力黄皮书
世界创新竞争力发展报告（2016）
著(编)者:李闽榕 李建平 赵新力
2016年1月出版 / 估价:148.00元

土耳其蓝皮书
土耳其发展报告（2016）
著(编)者:郭长刚 刘义 2016年7月出版 / 估价:69.00元

亚太蓝皮书
亚太地区发展报告（2016）
著(编)者:李向阳 2016年1月出版 / 估价:69.00元

印度蓝皮书
印度国情报告（2016）
著(编)者:吕昭义 2016年5月出版 / 估价:89.00元

印度洋地区蓝皮书
印度洋地区发展报告（2016）
著(编)者:汪戎 2016年5月出版 / 估价:89.00元

英国蓝皮书
英国发展报告（2015～2016）
著(编)者:王展鹏 2016年10月出版 / 估价:89.00元

越南蓝皮书
越南国情报告（2016）
著(编)者:广西社会科学院 罗梅 李碧华
2016年8月出版 / 估价:69.00元

越南蓝皮书
越南经济发展报告（2016）
著(编)者:黄志勇 2016年10月出版 / 估价:69.00元

以色列蓝皮书
以色列发展报告（2016）
著(编)者:张倩红 2016年9月出版 / 估价:89.00元

中东黄皮书
中东发展报告 No.18（2015～2016）
著(编)者:杨光 2016年10月出版 / 估价:89.00元

中欧关系蓝皮书
中欧关系研究报告（2016）
著(编)者:周弘 2016年12月出版 / 估价:98.00元

中亚黄皮书
中亚国家发展报告（2016）
著(编)者:孙力 吴宏伟 2016年8月出版 / 估价:89.00元

❖ 皮书起源 ❖

"皮书"起源于十七、十八世纪的英国，主要指官方或社会组织正式发表的重要文件或报告，多以"白皮书"命名。在中国，"皮书"这一概念被社会广泛接受，并被成功运作、发展成为一种全新的出版形态，则源于中国社会科学院社会科学文献出版社。

❖ 皮书定义 ❖

皮书是对中国与世界发展状况和热点问题进行年度监测，以专业的角度、专家的视野和实证研究方法，针对某一领域或区域现状与发展态势展开分析和预测，具备原创性、实证性、专业性、连续性、前沿性、时效性等特点的公开出版物，由一系列权威研究报告组成。

❖ 皮书作者 ❖

皮书系列的作者以中国社会科学院、著名高校、地方社会科学院的研究人员为主，多为国内一流研究机构的权威专家学者，他们的看法和观点代表了学界对中国与世界的现实和未来最高水平的解读与分析。

❖ 皮书荣誉 ❖

皮书系列已成为社会科学文献出版社的著名图书品牌和中国社会科学院的知名学术品牌。2011年，皮书系列正式列入"十二五"国家重点出版规划项目；2012~2015年，重点皮书列入中国社会科学院承担的国家哲学社会科学创新工程项目；2016年，46种院外皮书使用"中国社会科学院创新工程学术出版项目"标识。

中国皮书网

www.pishu.cn

发布皮书研创资讯，传播皮书精彩内容
引领皮书出版潮流，打造皮书服务平台

栏目设置：

- ☐ 资讯：皮书动态、皮书观点、皮书数据、
  皮书报道、皮书发布、电子期刊
- ☐ 标准：皮书评价、皮书研究、皮书规范
- ☐ 服务：最新皮书、皮书书目、重点推荐、在线购书
- ☐ 链接：皮书数据库、皮书博客、皮书微博、在线书城
- ☐ 搜索：资讯、图书、研究动态、皮书专家、研创团队

中国皮书网依托皮书系列"权威、前沿、原创"的优质内容资源，通过文字、图片、音频、视频等多种元素，在皮书研创者、使用者之间搭建了一个成果展示、资源共享的互动平台。

自 2005 年 12 月正式上线以来，中国皮书网的 IP 访问量、PV 浏览量与日俱增，受到海内外研究者、公务人员、商务人士以及专业读者的广泛关注。

2008 年、2011 年，中国皮书网均在全国新闻出版业网站荣誉评选中获得"最具商业价值网站"称号；2012 年，获得"出版业网站百强"称号。

2014 年，中国皮书网与皮书数据库实现资源共享，端口合一，将提供更丰富的内容，更全面的服务。

首页 数据库检索 学术资源群 我的文献库 皮书全动态 有奖调查 皮书报道 皮书研究 联系我们 读者导航　搜索报告

权威报告　热点资讯　海量资源

当代中国与世界发展的高端智库平台

皮书数据库 www.pishu.com.cn

　　皮书数据库是专业的人文社会科学综合学术资源总库，以大型连续性图书——皮书系列为基础，整合国内外相关资讯构建而成。包含六大子库，涵盖两百多个主题，囊括了近十几年间中国与世界经济社会发展报告，覆盖经济、社会、政治、文化、教育、国际问题等多个领域。

　　皮书数据库以篇章为基本单位，方便用户对皮书内容的阅读需求。用户可进行全文检索，也可对文献题目、内容提要、作者名称、作者单位、关键字等基本信息进行检索，还可对检索到的篇章再做二次筛选，进行在线阅读或下载阅读。智能多维度导航，可使用户根据自己熟知的分类标准进行分类导航筛选，使查找和检索更高效、便捷。

　　权威的研究报告，独特的调研数据，前沿的热点资讯，皮书数据库已发展成为国内最具影响力的关于中国与世界现实问题研究的成果库和资讯库。

皮书俱乐部会员服务指南

1. 谁能成为皮书俱乐部成员？
   - 皮书作者自动成为俱乐部会员
   - 购买了皮书产品（纸质书/电子书）的个人用户
2. 会员可以享受的增值服务
   - 免费获赠皮书数据库100元充值卡
   - 加入皮书俱乐部，免费获赠该纸质图书的电子书
   - 免费定期获赠皮书电子期刊
   - 优先参与各类皮书学术活动
   - 优先享受皮书产品的最新优惠
3. 如何享受增值服务？

（1）免费获赠100元皮书数据库体验卡
　　第1步 刮开皮书附赠充值的涂层（右下）；
　　第2步 登录皮书数据库网站
　　（www.pishu.com.cn），注册账号；

　　第3步 登录并进入"会员中心"——"在线充值"——"充值卡充值"，充值成功后即可使用。
（2）加入皮书俱乐部，凭数据库体验卡获赠该书的电子书
　　第1步 登录社会科学文献出版社官网
　　（www.ssap.com.cn），注册账号；
　　第2步 登录并进入"会员中心"——"皮书俱乐部"，提交加入皮书俱乐部申请；
　　第3步 审核通过后，再次进入皮书俱乐部，填写页面所需图书、体验卡信息即可自动兑换相应电子书。
4. 声明
　　解释权归社会科学文献出版社所有

皮书大事记
（2015）

☆ 2015年11月9日，社会科学文献出版社2015年皮书编辑出版工作会议召开，会议就皮书装帧设计、生产营销、皮书评价以及质检工作中的常见问题等进行交流和讨论，为2016年出版社的融合发展指明了方向。

☆ 2015年11月，中国社会科学院2015年度纳入创新工程后期资助名单正式公布，《社会蓝皮书：2015年中国社会形势分析与预测》等41种皮书纳入2015年度"中国社会科学院创新工程学术出版资助项目"。

☆ 2015年8月7~8日，由中国社会科学院主办，社会科学文献出版社和湖北大学共同承办的"第十六次全国皮书年会（2015）：皮书研创与中国话语体系建设"在湖北省恩施市召开。中国社会科学院副院长李培林，国家新闻出版广电总局原副总局长、中国出版协会常务副理事长邬书林，湖北省委宣传部副部长喻立平，中国社会科学院科研局局长马援，国家新闻出版广电总局出版管理司副司长许正明，中共恩施州委书记王海涛，社会科学文献出版社社长谢寿光，湖北大学党委书记刘建凡等相关领导出席开幕式。来自中国社会科学院、地方社会科学院及高校、政府研究机构的领导及近200个皮书课题组的380多人出席了会议，会议规模又创新高。会议宣布了2016年授权使用"中国社会科学院创新工程学术出版项目"标识的院外皮书名单，并颁发了第六届优秀皮书奖。

☆ 2015年4月28日，"第三届皮书学术评审委员会第二次会议暨第六届优秀皮书奖评审会"在京召开。中国社会科学院副院长李培林、蔡昉出席会议并讲话，国家新闻出版广电总局原副局长、中国出版协会常务副理事长邬书林也出席本次会议。会议分别由中国社会科学院科研局局长马援和社会科学文献出版社社长谢寿光主持。经分学科评审和大会汇评，最终匿名投票评选出第六届"优秀皮书奖"和"优秀皮书报告奖"书目。此外，该委员会还根据《中国社会科学院皮书管理办法》，审议并投票评选出2015年纳入中国社会科学院创新工程项目的皮书和2016年使用"中国社会科学院创新工程学术出版项目"标识的院外皮书。

☆ 2015年1月30~31日，由社会科学文献出版社皮书研究院组织的2014年版皮书评价复评会议在京召开。皮书学术评审委员会部分委员、相关学科专家、学术期刊编辑、资深媒体人等近50位评委参加本次会议。中国社会科学院科研局局长马援、社会科学文献出版社社长谢寿光出席开幕式并发表讲话，中国社会科学院科研成果处处长薛增朝出席闭幕式并做发言。

皮书数据库
www.pishu.com.cn

皮书数据库三期

- 皮书数据库（SSDB）是社会科学文献出版社整合现有皮书资源开发的在线数字产品，全面收录"皮书系列"的内容资源，并以此为基础整合大量相关资讯构建而成。

- 皮书数据库现有中国经济发展数据库、中国社会发展数据库、世界经济与国际政治数据库等子库，覆盖经济、社会、文化等多个行业、领域，现有报告30000多篇，总字数超过5亿字，并以每年4000多篇的速度不断更新累积。

- 新版皮书数据库主要围绕存量+增量资源整合、资源编辑标引体系建设、产品架构设置优化、技术平台功能研发等方面开展工作，并将中国皮书网与皮书数据库合二为一联体建设，旨在以"皮书研创出版、信息发布与知识服务平台"为基本功能定位，打造一个全新的皮书品牌综合门户平台，为您提供更优质更到位的服务。

更多信息请登录

中国皮书网
http://www.pishu.cn

中国皮书网的BLOG [编辑]
http://blog.sina.com.cn/pishu

中国皮书网
http://www.pishu.cn

皮书微博
http://weibo.com/pishu

皮书博客
http://blog.sina.com.cn/pishu

皮书微信
皮书说

请到各地书店皮书专架／专柜购买，也可办理邮购

咨询／邮购电话：010-59367028　59367070　　　　邮　　箱：duzhe@ssap.cn

邮购地址：北京市西城区北三环中路甲29号院3号楼华龙大厦13层读者服务中心

邮　　编：100029

银行户名：社会科学文献出版社

开户银行：中国工商银行北京北太平庄支行

账　　号：0200010019200365434

网上书店：010-59367070　　qq：1265056568

网　　址：www.ssap.com.cn　　　www.pishu.cn